ALLEN IVERSON
阿伦·艾弗森传

THE ANSWER

THE ANSWER

阿伦·艾弗森传

张佳玮 著

金城出版社
GOLD WALL PRESS

图书在版编目（CIP）数据

The Answer：阿伦·艾弗森传 / 张佳玮著. — 北京：金城出版社，2014.8

ISBN 978-7-5155-1136-8

I. ① T… II. ①张… III. ①艾弗森，A. –传记
IV. ① K837.125.47

中国版本图书馆 CIP 数据核字 (2014) 第 182840 号

The Answer：阿伦·艾弗森传

作　　者	张佳玮
责任编辑	李轶武
文字编辑	包金柱
开　　本	710 毫米 ×1000 毫米　1/16
印　　张	16
字　　数	150 千字
版　　次	2014 年 10 月第 1 版　2016 年 1 月第 4 次印刷
印　　刷	三河市腾飞印务有限公司
书　　号	ISBN 978-7-5155-1136-8
定　　价	49.90 元

出版发行	金城出版社　北京市朝阳区广泽路 2 号院（东区）14 号楼 邮编　100102
发 行 部	(010)84254364
编 辑 部	(010)64210080
总 辑 室	(010)64228516
网　　址	www.jccb.com.cn
电子信箱	jinchengchuban@163.com
法律顾问	陈鹰律师事务所　(010) 64970501

感谢小文，

是你坚持做自己，

让我们知道了

青春和成长该有的样子。

3

ALLEN IVERSON

序言

我至今仍然难以忘怀我第一次见到艾弗森本人时的情景：奥克兰全明星周末，一头地垄沟发式的 AI （艾弗森的别名，英文名的缩写）端坐里三层外三层的记者之中，用他轻蔑的目光对准了一个刚刚提问过的记者：“你说我不想给队友传球就不传是么？我有这权力吗？上帝啊！如果我想干什么就干什么，那么我现在就想有一百万美金，我能有吗？真是可笑。”记者先生讪讪地赔笑。而在艾弗森身后的墙边，他的母亲身处另一群记者包围之中，不停地在说她的儿子并不坏，而是媒体的错，把她的儿子写成了一个坏人。眼望着她周遭的记者均作尴尬的表情还要不停地记下她说的话，让我顿觉自己面对的是少见的、已经登堂入室却活得异常真实的母子。

即使那个时候，艾弗森还没有让太多人喜欢他。

新秀赛季他可以在媒体众目睽睽之下豪言：“在场上我没必要对乔丹有任何尊敬。”说这话之前，他刚在 76 人对公牛的比赛里用蝴蝶穿花般的跨下运球晃过乔丹一投中鹄，于是这言论引得公众勃然大怒。1997 年，艾弗森的球队成绩继续下滑，他自己又被从车后箱搜出大麻。直到 1998 年他还没有从孤独的阴影中走出来，那时他甚至和乔丹一样孤独。巴克利骂他自私，他反唇相讥：“你个大肥屁股最好拿了总冠军再和我说话！”其实现在想来，他所说的话和做的事只是随性而出，没有任何问题，两军斗者阵前，本该不讲情面，又何来保留和矜持可言？但公众不接受，更重要的是媒体不接受。于是艾弗森变成了牛魔王、白骨精、威震天，大反派的形象几乎根深蒂固，甚至有人怀疑若干年后大卫·斯特恩的“禁装令”矛头直指艾弗森。

艾弗森就像一块化作顽石的璞玉，找寻着属于他的机会。从 1999 年开始艾弗森星路转折，那个短赛季让查克·戴利的艾弗森法则不攻自破；2000 年入选全明星，季后赛被淘汰的泪水让所有人心动；2001 年艾弗森挺进总决赛，每一轮进军历程都是艰苦卓绝的悍战。AI 对麦迪、AI 对卡特、AI 对阿伦，得分高手们在艾弗森的进军之路上把任何一场都演绎到决战般精彩。

既然是决战，结束就会峰回路转；就像夜宴很难看，因为天下没有不散的夜宴。自此后艾弗森只有技术统计，再难有球队战绩；只有一己之力，再无左右之臂。费城之痛，痛由心生。艾弗森和费城的感觉完美结合，独立之城所具备的狂放不羁、自由自在、从心所欲以及天纵奇才都和他的特点丝丝入扣，使艾弗森在费城留得顺理成章，人们已经很习惯在提起费城时报出《独立宪章》和艾弗森的名字。从 1996 年到 2006 年的这蹉跎十年间，艾弗森已经和费城水乳交融。尽管他很叛逆，尽管他很孤独，但费城从第一联合中心换成沃乔维亚中心，球票上最醒目的永远都是艾弗森的身影。所以依照艾弗森的性格，他不容许球队有任何背叛他的行为，他不能容忍球队因为质疑而将他转手而出，关系实在过密的双方，一旦分离，就会像从伤口刚刚愈合的皮肤上硬生生撕去血痂，那是透彻心脾的痛。

艾弗森的确就像是费城的一道伤口。

此后无论是在丹佛、底特律，还是在孟菲斯，艾弗森的球路、秉性再也找不到那一群完美合拍的搭档，和那极为理想的环境。这也恰好会让我们明白：为什么他会对乔治城大学的桑普森教练敬若生父，因为那时的艾弗森就像一根桀骜的野草，桑普森给了他最为理想的阳光空气和雨露。

好吧好吧，这样一个充满着传奇色彩的人，这样一个曾经被媒体妖魔化的人，如同列侬、科特·柯本、迈克尔·杰克逊一样可以单纯到极致来卫护自己的追求，又岂能是我这粗潦几笔可以写尽的呢？所以我郑重向您推荐我的朋友张佳玮所写《The Answer：阿伦·艾弗森传》，他为了写这本书翻阅了大量的史料和技术统计，看过你也许会发现，我们所甚为熟悉的那个艾弗森，也许并不是那么遥不可及。

写这篇序言的过程中，我不停地回忆艾弗森曾经带给我们的一切。忽而就想起了 2005 年，艾弗森来到中国，在吴大维那座官邸酒吧的包厢里，我在他不设防的前提下私下和他聊了两个问题：一、对你来说篮球是什么？二、你有没想过退役后的生活？得到的回答平淡却震人心魄：篮球对于我是灵魂的救赎，因为没有篮球就没有我；退役之后我想天天陪着家里人，没人需要上班，因为我已经有了很多钱，我们不需要辛苦地生活。

好吧，现在我再次邀请你和我一起，跟着张佳玮，走进艾弗森的世界。

于嘉

3 ALLEN IVERSON 自序

我们所了解的 NBA 世界，绝大多数时候，是大片大片的比赛录像、新闻报道、言论和特写连缀而成。NBA 本身的商业性，又注定了媒介播放的千篇一律。比如，“J 博士”永远是一个飞翔者，多米尼克·威尔金斯永远做着他的大风车砸扣，拉里·伯德永远投得进压秒远射，“魔术师”和沃西永远在做一传一扣的 SHOW TIME 快攻，贾巴尔总在各种录像里不知疲倦地做着一个又一个勾手，乔治·格文在有限的几个视频片段里做他的低手绕指柔上篮，“大梦”永远左右摇摆，巴克利总是激情万丈，20 世纪 80 年代的底特律是一群凶恶的扳手钳工，卡尔·马龙总是接过斯托克顿的传球跳投，迈克尔·乔丹总在天空悬停不落，诸如此类。

但是你知道，历史并非如此。以我们的个人来说，每人每天的 24 小时每小时 60 分钟每分钟 60 秒，随时随地的所作所为，都是独一无二的。如此积聚起来的人生百变千幻，每一秒都如一片玻璃碎片般映射万千光芒。同样的道理。在传媒的世界里了解一个 NBA 球员，你会深感迷惑。

比如说，阿伦·艾弗森。

在漫长的十多年时间中，他呈现在公众舆论中的形象变幻不定。1997 年，一个不羁的少年天才；1999 年，一个独来独往的游侠；2001 年，篮球世界最为孤绝的英雄；2005 年，令费城爱恨交加的矛盾体；2007 年底，一个成熟顾家的职业球员；2008 年底，一个在底特律无所适从的人，2009 年夏天，一个到处找工作碰壁的落魄天才，2014 年春天，把自己球衣永远悬挂在费城球馆上空、被永远铭记的英雄。NBA 及其周遭的传媒是面镜子，世界从镜中望他：先被仇视，然后是惊叹，赞美，歌颂，膜拜，跌落凡尘，鄙夷，幸灾乐祸，落井下石，唏嘘，怀念。

因为传媒不是历史学家。他们无意做忠实的编年史，只是把他，阿伦·艾弗森，一个 NBA 球员，当作一件商品。他们需要在他身上提取一些概念，无论是他的自我、他的勇决、他的好胜，简单地提取出来，然后塑造成一个形象。在他顺利时歌颂之，在他不顺时鞭挞之。

在传媒那里，这一切必须简洁、新鲜而富有视觉冲击力。

因此，许多时候，变的并不是阿伦·艾弗森，而是他周遭的环境，以及世界审视他的角度。

阿伦·艾弗森在传媒上的孤傲形象，有一部分是因为，他并不愿意阿附传媒与世界。他并不在意世界如何看待他。于是一个奇妙的矛盾故事出现了：由于他不在乎世界对他的看法，拒绝传媒的复杂化与扭曲，于是大多数的镜头反而将他复杂化了。在各种不同的故事里，他似乎既纯粹又矛盾——这本身就很矛盾。

要完全了解一个人是件困难的事。但是，如果将他的无数细节串联起来，所得出的印象，会比传媒简单地罗列事例要真实得多。阿伦·艾弗森，1975 年出生。为什么会在 1993 年卷入保龄球馆斗殴事件？为什么会在 1994 年被名校乔治城录取？为什么他打破校规打完大二进入 NBA 时反而获得了教练的支持？他在 1997 年曾经面对怎样的媒体压力？为什么在 1997 年竭力攻击他的媒体会在 1999 年改弦更张？他和拉里·布朗在费城的恩怨为什么能绵延七年之久？为什么这番恩怨在 2001 年消解之后在 2003 年被旧事重提？如果将每个事件分离开来，阿伦·艾弗森在每件事中的角色都截然不同。但这些事情又确实发生在同一个人身上。

你无法用事件解释一个人。阿伦·艾弗森自 1975 年以来的 39 年人生是一个浑然的整体，一个漫长的故事。乔治城大学的闪电、费城的孤胆游侠、3 号的神话、NBA 史上最矮的得分王、嘻哈文化之王，那个愿意终老丹佛的掘金 3 号，那个以 350 万年薪签约孟菲斯的老将，那个落叶归根回到费城的费城之子，那个在 1997 年以垄沟头出现而 2009 年又剃平头发的弗吉尼亚青年，一个被世界误解、苛求、责备、赞叹、敬畏的人，一个奇妙的混合体。

如果说，有什么东西比他在场上疾风穿行更精彩的，那就是迄今为止他 39 年的命运故事——所有人的命运都是独一无二不可复制的，而他尤其如此。

张佳玮

目录

CONTENTS

ALLEN IVERSON

"I love you, Philadelphia! I love you for accepting me, and let me be me, let me make my mistakes, let me be human, let me learn from, just embrace me, and making this my home forever!"

Allen Iverson
March 3, 2014

HOYAS

ALLEN IVERSON

CHAPTER 1

少 年

“我就是我。”

“没有朋友就没有艾弗森。”

“无论如何都不要放弃。总要相信你的梦想是可以实现的，
并且努力地为它奋斗。”

01 母亲和街

15 岁时，安·艾弗森迎来了人生第二个转折点。三年前她 12 岁时，她的妹妹跑来告诉她“妈妈出事了”，随后她亲眼看着母亲因医疗事故死亡。而这一次，一个医务工作者面无表情地站在她面前，没心没肺地说了句让她天旋地转的话：

“您怀孕了。”

忽然之间，她就没法过以往的日子了——本来，15 岁小姑娘，可以在犹太区打架、吵嘴、作弄手脚慢的老商贩，胡作非为，快乐得像只狡猾的猫。她爸爸威廉·艾弗森和四个女人生了十七个孩子，她是老大。许多人都说她有乃父之风：健壮、结实、活泼好动，爱打篮球，街区的小伙子都爱和她闹。实际上，到怀孕五个月时，她还敢去打篮球。谁给她递个蔑视的眼色，她就敢上去和人打一架——可是，这样的日子一去不复返了。她有了个孩子。

好了，得想法子应付这个小玩意。

20 世纪 70 年代的美国黑人街区，15 岁怀孕的姑娘比遍地踢啤酒罐的野猫都多。好吧，那就等孩子出生呗。结果，为了抢男人，她和一个姑娘打架，被姑娘叫来的两个男人打败了。安·艾弗森去了弗吉尼亚的汉普顿，那里是她的娘家。一路上怨恨着那个男人：那个和她同学、和她在一起，最后造就了肚里这孩子，然后又抛弃了她的男人。

在汉普顿，她情绪宁定了下来。她决定生下这个孩子。女人迟早都要过这一关的，何况，周围七张八嘴地建议说，“生个男孩子，你会有所依靠。”她甚至早早决定了男孩儿的名字：“如果是男孩儿，就叫伊泽尔（Ezail）好了。”

可是，1975 年 6 月 7 日那天，当她的第一个男孩儿出生时，她却改了主意。她想起了那个混蛋——这时他本该在床边抱起孩子做慈父嘴脸的。算了吧，那时他也只有 15 岁，胡须都来不及长硬，在哈特福德念中学。可是，他毕竟是孩子的父亲。伊泽尔，留给孩子做中名。这个孩子的姓氏随了母亲——艾弗森。而名字，随了父亲——阿伦。

阿伦·艾弗森，1975 年 6 月 7 日，出生于弗吉尼亚州汉普顿。孩子的昵称用了两个舅舅的名字：布巴扎克。安·艾弗森后来说：“我发现他的手臂非常长。我想他能当个篮球手。”

那个给了阿伦名字和生命的家伙，也就是那个有爹名没爹样的二愣子，名叫阿伦·布鲁顿。这厮始终没去汉普顿看自己的孩子和女人。知道安·艾弗森怀孕后，他就跟所有闯了祸不知道如何收场的毛头小子一样，完全负不起责任——或者，不想负责任。很多年后，他接受采访时，蹦出来的理由显示他完全不算个爷们儿：“我也想过去看他们，可是我当时也只有 15 岁嘛。”

安迅速做了她人生的重大抉择。她没有像其他贫民窟女人一样，生个孩子当猫狗一样弃置不理，恍若无事地接着过日子。她转移了人生重点，迅速完成了一个好动少女到一个负责母亲的转变。阿伦·布鲁顿？既然这个可怜虫负不起责任也不想负责任，那就再见了。

汉普顿这个布满暴力、毒品，而且还害死自己母亲的城市，让安·艾弗森深感厌倦。一个单身母亲，带着孩子在这个腐烂的沼泽里成长，显然是桩艰难的事。幸而，不久她遇到了新男朋友迈克尔·弗里曼，一个至少可以依靠的男人。

这是阿伦·艾弗森的新父亲——虽然小艾弗森，很长时间，都不愿叫这个不爱笑的弗里曼做爸爸。

他们所住的地方，是汉普顿行政下的独立市——新港，这是个盛产运动员、流行斗狗的市井之地。新父亲也没有完全担负起一个父亲的责任。如果你剖开阿伦·艾弗森的脑袋，提取他的童年记忆，会发现布满了几个街区之外的枪声，角落里毒贩小声交流、打斗、谩骂，未成年人隐瞒年龄买来的酒瓶，停电、停水，空荡荡的厨房、下雨天泥泞的地板。安·艾弗森和弗里曼抓紧一切时间吵架，互相推搡谩骂，发泄对生活的不满，剩下的时间就各自出外谋生填饱肚子。弗里曼假装内行地去贩毒，做贼心虚地躲避警察。而安·艾弗森去打字、洗衣服、修电路、当司机，忙里偷闲还生了两个女儿。

可是，她从来没有向命运示弱。她没有去找过阿伦·艾弗森的生身父亲。她也没有怨恨这个改变了她命运的孩子。就在外面枪声四起、杀声连天、白粉飞扬的环境中，她教导艾弗森像她一样，用拳头去对付那些试图以强凌弱欺负他的孩子。她不断对阿伦·艾弗森说："你一定会有所作为，你一定要努力，好好生活。"

街区位于汉普顿的排污管道上。于是，每当排污管爆裂，街区就成了下水道的延伸。墙壁时常潮湿到发霉，房间里到处是腐烂和死亡的气味。这阴暗潮湿、随处是死亡与罪恶的街区，以及他那坚韧不拔的母亲，构成了阿伦·艾弗森的世界。他和他的母亲一样，就像在死亡沼泽里生长的植物一样，吸取一切可以吸收的养分生活着。他没有富家子弟那么幸福，能生活在阳光海岸名车别墅的世界。他的世界，阴暗与快乐参半，危险与幸福并存。他必须不择手段地抓住一切，以免沉沦进那已淹没他许多伙伴的泥潭。他变得机警、聪明而又坚韧。他身周围的伙伴在一次次枪击、追逐、逮捕和械斗中或伤或死，他亲眼看到过许多鲜血。在他的世界里，只有一线始终光明温暖的希望——母亲满头大汗、衣衫褴褛地对他说：

"一切都会好的，你一定会扬名立万。"

如此这般，阿伦·艾弗森在齐膝深的污水、灰头土脸的母亲和死亡如乌鸦般漫天乱飞的街道中长大了。在他后来名动天下的那些文身中，最重要的一个便是他心口上母亲的画像。

"我不崇拜任何明星，我只崇拜我的母亲。我庆幸，我是她的儿子。"

很多年后，他还会如此补上一句：

"我最怕的是妈妈死去。所以，为了免得痛苦，有时我真希望在她死时我已不在世上了。"

因为，在那风声鹤唳的岁月，当上帝、政府、父亲和朋友都似乎靠不住时，只有母亲在他身后，把手放在他肩上，对他说那些温煦的话语。母亲与自己的努力便是生活的全部，是与这黑暗之街战斗的武器。

02 橄榄球少年

2001 年，美国橄榄球联盟（NFL）的亚特兰大猎鹰队，在美国橄榄球大联盟选秀会上以状元签选中了四分卫迈克尔·维克。记者们纷纷问这位爷："您和阿隆·布鲁克斯哪个才是老家新港出过的最好四分卫哪？"维克一笑："都不是，咱老家出的最好四分卫，现在在打 NBA 呢。"

他指的是阿伦·艾弗森。

在几乎所有美国电影中，人们都会打趣橄榄球四分卫……传统观念里，这位置被白人垄断，球队灵魂，依靠大脑和传球指挥比赛，但就像所有坐办公室的领导，他们大多对抗能力平平，与橄榄球其他人相比显得弱不禁风……但是，随着时代发展，橄榄球逐渐出现了越来越多的黑人四分卫。他们除了在进攻端随机应变，负责担任球队组织、指挥球队运作，也时常越俎代庖，做些白人指挥官之外的事。运筹帷幄、排兵布阵如果不成功，他们也会一低头一狠心，化身为大将，骂一声娘之后，低头勇敢地朝对方大军列阵冲刺而去。他既要为将，还要为帅。而且，众所周知：橄榄球每次进攻启动，四分卫都是对手擒贼擒王的目标。

所以，少年时期，阿伦·艾弗森担当四分卫是这样的情景：开球时，对面的孩子们潮涌而来企图七手八脚把他按倒。而他需要在间不容发的瞬间做决定：找到队友，送出精准长传？还是自己冲刺过线？甚至，斗智斗勇在开球前就已上演：他必须阅读清楚对手的布阵，提前探测对手的动向，然后虚虚实实地做出决定。

除了四分卫外，他还兼任防守组的角卫。简单来说，他要在边角处盯紧对手的外接手冲刺。他要一步不让地与对手相撞，堵截对手的跑动；他要看破对手的假动作，争取跟上对手的变线跑动，贴住对手。然后，他还要留一眼在对手的四分卫身上。需要判断清楚对手的长传线路，然后一举断下。

最后，他还得偶尔担任特别组的接球回跑员。这玩意是一门纯粹的末日狂奔：跑锋也许还有队友们做掩护，可以玩玩老鹰捉小鸡的捉迷藏。可是接球回跑员就完全是速度的游戏：接球，对面蝗虫般的对手铺天盖地而来。你一个人挑战对手的人群，哪怕被拽住腿也要尽量多奔几步再倒下。

这是阿伦·艾弗森少年时最爱的运动：只要有空，他就会把时间消磨在橄榄球场上。没有护具，场地危杂，都没法阻挡他去寻求刺激。每场比赛，他会在进攻时长传指挥或亲自跑动，在防守时拼力阻截对方。在开球时，他需要独自带球向对方腹地冲刺，在被那些怪物们——

合计重量不啻为一卡车大肥猪——按倒前跑得越远越好。这就是他的高中：在某些夜晚尽量闪避对手、快速跑动上篮，在其他的夜晚则要与全州跑得最快的人们玩追逐游戏，而且躲避无数野牛般的追袭。

他爱上橄榄球的过程顺理成章。他没机会在少年时接触公子哥儿们的高尔夫球，也不可能好整以暇地摆弄球杆去对付桌球。橄榄球是美国街头巷尾最热烈的运动。碰撞、冲刺、斗智斗勇、瞬间决胜负。他是在枪械与毒品的街区长大的，子弹在窗外飞过时，死亡离他曾经只有几厘米。他什么都不怕。只有橄榄球这样刺激的运动，才能点燃他的血液。面对列阵而来的敌人，他一个人独对，把他们甩在身后，在倒地前扑过码线，然后起身嘲笑大个子，对他们做鬼脸看他们面红耳赤。这是他的最大乐趣。

他的朋友被街区的罪恶不断吞噬，因此，他习惯了自己一个人。他习惯一个人模拟与全世界战斗的游戏，然后满身大汗和伤痕回家。他的体格并不健壮，但正因为此，他才更爱橄

如果艾弗森没有去打职业篮球……他会成为NFL的超级四分卫吗？至今迈克尔·维克等天才橄榄球手都为这个可能性而激动。

榄球——因为除了打架之外，他还能把握橄榄球场上的机会来对抗更健壮、更凶恶的对手，然后战而胜之。

他的母亲和他的街区，教会了他丛林法则——丛林中的动物不懂得怜悯，只有弱肉强食才能生存。而他，就是在这残暴、智慧、弱肉强食的运动中获得了生活下去的乐趣。也在这项运动中，无意间，他获得了一些能力。在四分卫位置上，他学会了迅速决策、快速突袭和灵巧躲避对手，就像一只飞鸟逃避群兽的围击。在角卫位置上，他学会了捕捉球飞翔的线路，学得了纠缠对手的韧劲。在接球回跑的位置上，他更学会了末日狂奔的一往无前、始终不渝。在橄榄球中，他变成了一头眼光锐利、快似闪电，同时又坚韧不拔的猛禽。

速度、强韧、扼杀对手、末日狂奔、弱肉强食、你死我活。这些字句，随着橄榄球刻进了阿伦·艾弗森的灵魂之中。

03 | 篮球

安·艾弗森曾经打过教会女篮。她念念不忘孩子出生时的长胳膊，她觉得那是儿子的未来。阿伦·艾弗森九岁了，妈妈像赶一匹倔脾气的小驴子一样，把他拖去篮球场。孩子沿路号啕闹腾，简直像被逼着上刑场。

他从小养成了逆反心理和不顺从的脾气，所以，即便是亲妈，他也不愿意乖乖顺从。何况，篮球？上世纪 80 年代初的篮球运动在电视转播中呈现的是：运动员们短衣短裤，不戴护具，发生冲撞犯规时裁判便制止——拜托！这和身披盔甲、横扫千军的橄榄球差太远了。这种运动，温柔到近乎娘们。那应该是小姑娘们玩的游戏吧。

2001 年，安·艾弗森对《体育画报》（*SI*）杂志谈到艾弗森第一次打球的情景时，回忆起自己曾板着脸恶狠狠地喝令："今天你必须去练篮球！"

阿伦·艾弗森第一次被揪上了篮球场，开始了自己与篮架的对决……那里有许多他打橄榄球的朋友，一群穷极无聊、精力过剩的孩子们，这缓解了他的躁郁情绪。既然兄弟们不会因为他打篮球这种娘们运动而嘲笑他，那就无所谓啦……回家之时，他心里还是满揣着职业橄榄球员的梦想。

可是篮球？这运动也不坏嘛。

安·艾弗森忙于家务，有时每天要工作 18 个小时。做爹的弗里曼工作有一搭没一搭，于是有闲空来教阿伦打球。不过，他摆老师资格的时日也着实短暂。儿子无师自通，老爸不久就瞠乎其后。阿伦·艾弗森的个头始终没高起来——每天在齐膝深的污水里走路，打开冰箱空空如也，当然不可能跟每天火腿熏肉热狗高热量的白人胖子们比身高。然而他的快而健壮，却是天生。对他来说，篮球最容易过的第一关就是对抗——一个打惯橄榄球的孩子，视冲撞若等闲。篮球等级的碰撞对抗，在他看来犹如搔痒。

但是，弗里曼至少给了艾弗森一样东西：他是个粗人，打篮球时也不会轻声细语。和艾弗森一对一，在孩子面前得一分，他也会得意洋洋吼着："来呀，小子！"他一点都不像个慈父，但这对艾弗森有好处：从一开始他就明白了，篮球场上，没有情面和怜悯可讲。

篮球进入了生活之后，他便时常跑去附近的街头球场、公园里打球。与他唱对台戏的，是同样的贫民窟孩子，或是穷极无聊的小混混们。野路子厮混，压根不知道学院派篮球为何物。水准良莠不齐，动作七枝八叉。不规则的吹罚、野猫般的抓挠、恶意犯规、推搡、吵闹、垃圾话。阿伦·艾弗森在人群里跌跌撞撞地学习着篮球，对那些乱七八糟的聒噪甘之如饴。小孩子们即便凶恶，总比人高马大、不留情面的弗里曼好对付。

自己的家庭，除了母亲之外的一切都阴暗潮湿得令人绝望。橄榄球是光辉梦想但充满了奔杀、冲撞和令人喘不过气的紧张。只有篮球——这项还没来得及成为阿伦·艾弗森的未来理想的爱好，于是成为理想与现实之间的一个小桃花源。这里的对抗不算激烈，这里的对手迅速被他赶超。他可以把篮球当作纯粹的娱乐。他在橄榄球上的速度、强韧和敏锐，使他在篮球场上随心所欲。

而且，篮球还有一项橄榄球没有的特质。橄榄球强调整体配合，强调队友之间的信任，众志成城方能百战百胜。所以他必须在进攻端独自面对山呼海啸而来的对手，需要寻找队友……可是，篮球允许你独自去挑战对手。四目对视，晃动，欺骗，猜透对方心思，先出一步。玩弄对手，晃过，得分结束进攻。就像西部牛仔们在仙人掌与夕阳下的决斗一样过瘾。在每个一对一得分的瞬间，艾弗森可以像其他孩子一样，满足自己当英雄的欲望。

街头篮球不像学院派或职业球队：铁打营盘流水的兵，公园与篮架不变，队友则今是昨非。哪家的孩子又被拘留的，哪家的大人又被打伤了，哪家正忙于逃避警察追捕了。阿伦·艾弗森最初的篮球世界没有固定的队友。于是，他习惯于做一个英雄。街头篮球是若干组简化的一对一。拿著名街头篮球痞棍大师哈蒙德的话说，"如果你在街头篮球回避单挑或者规行矩步，大家就会像笑个娘们一样嘲笑你。"互递垃圾话，叫阵，一对一，战而胜之。艾弗森成为汉普顿街头篮球的名人。

他的风格逐渐成形。因为把篮球视做爱好，次于橄榄球，所以他从来没有把篮球技艺去仔细雕琢、打磨和矫正。没有人教导过他学院派篮球的标准，所以他也无所谓——以他的性格，即便有人告诉他篮球"应当如何打"，他也未必会当真。很多年后，他的投篮姿势依然不算标准。他的出手奇快，他的运球常让人产生翻腕的错觉，他有各种不规范、不标准的醉八仙姿势。实际上，他的大多数篮球技术细节，都是为一对一而生的：出手过快？因为他需要把握稍纵即逝的一对一空间；大幅度左右拉球？那是为了摆脱对手。学院派不会理解他的招式和套路，因为学院派从没经历过他在汉普顿的安德森公园那些摸爬滚打。在街头，胜者可以继续打球，败者就必须被淘汰出场，并且被嘲笑和羞辱。

13 岁时，艾弗森去参加了退役球员博·威廉姆斯在堪萨斯举办的篮球夏令营。这是他第一次跑这么远，去做跟篮球有关的事情。在那里，他初次领略到汉普顿之外的掌声。他的胆子正一点点变大。他发现，原来他也可以依靠篮球来博取掌声和荣耀——一种与橄榄球截然不同的玩意。当然，同样需要对抗那些强悍的对手。妈妈早就挥汗如雨地告诉他，世界上没有一个行当是容易的。

多年以后，阿伦·艾弗森这样说："我总是觉得我会投失前 20 投，并且相信那第 21 球一定会进。我只是不停奋斗。"那是夕阳下的街头球场给他的教训，一如他的街区一样，他的篮球世界也在告诉他弱肉强食、胜者生存的法则。

04 高中的明星，以及艺术家

进入 20 世纪 90 年代，安·艾弗森把她的儿子送进了贝泽高中——就是十几年前，她被那个叫阿伦的混蛋搞到怀孕的学校。美国的高中与大学偶尔势利，但还算宽容。艾弗森的逃学、街头晃荡，在他们来说都不算罪名：

孩子，只要你能打好橄榄球和篮球，为学校争面子，只要别把学校烧了，随你便。

虽然与母亲当年生自己时年岁相似，但入高中时，阿伦·艾弗森已经是当地名人。黑人贫民区最容易招人注意的，就是唱歌的和运动健将。20 世纪 90 年代，家家户户的屏幕上闪烁着三位 MJ 的形象——辉映了 80 年代的"魔术师"约翰逊、流行乐之神迈克尔·杰克逊，以及刚开始其伟大王朝的迈克尔·乔丹。黑人文化音乐人和体育明星正在不断击败骄傲的白人们。一个年轻的黑人篮球手？嗯，也许他将来能成名呢！

人们蜂拥到贝泽高中来看他打球，这是阿伦·艾弗森第一批固定的球迷。在此之前，他的名气，都是靠着街头口耳相传出来的。"有个叫阿伦·艾弗森的小子很快，你知道吗？""嗯，你说那个小子，我和他打过球。""是吗……？"诸如此类。现在，大家看到了他的能力：快若旋风，动似电闪，让你眨完眼后得拉着身旁观众的袖子问："我错过什么了吗？那小子又干啥了吗？"

另一边，他还在继续打橄榄球。他那新港史上头号四分卫的名气，就是在这时逐渐攒起来的。连对手都在置疑："听说他还打篮球……他哪来这么充沛的体力？"1991 年，贝泽高中以不败战绩，拿到了球队十五年来首个分区赛冠军。1992 年，贝泽高中拿下橄榄球州冠军，阿伦·艾弗森成为弗吉尼亚州 AAA 级橄榄球第一阵容，而且当选 MVP。球探们在场边对他虎视眈眈。不等他毕业，佛罗里达州、北卡、马里兰们已经纷纷打来了电话，像拍卖抬价一样喊出奖学金：来我们学校打四分卫吧，孩子！

可是，他却开始犹豫：是否要继续打橄榄球。

1992 年，当季首场高中篮球联赛，他得到 37 分。30 场比赛下来，他一共 948 分，场均 31.6 分外加 8.7 个篮板、9.2 次助攻。从第一场到最后一场，他的对手都像木偶般任他戏耍，就像拖拉机和跑车在同一条跑道竞技。这是自然的：早在他的高中生涯之前，他在街头球场遇到的那些或老或少的家伙，就给了他足够的一对一经验。应用到高中篮球场上应付同龄的孩子们，就如杀鸡用牛刀一样爽脆利落。

在高中篮球界，他遇到了一个可以当作朋友的长者：他的篮球教练迈克·伯利先生。伯利赏识他的能力，给他自由发挥的空间，督促他训练，教导给他各种比赛中的小技巧，矫正——但却并没有强制修改——他的一些不良习惯。开车送他上学放学，资助他的家庭。当然，他也不时耍点手腕，像父亲给孩子糖一样，用买一些东西来诱惑艾弗森“去训练”或者“去补习”。他的关爱，让阿伦·艾弗森可以对他开诚布公地说出那句话：

“教练，我有时真不想回家过夜。生活有时真不是我所期望的样子。可是，现实就这样了。”

以及“教练，将来我如果能够进 NBA，我就要买美洲豹车给我妈妈开”。

篮球可以让他远离家庭，逃避那些烦恼。因此，他喜欢把时间倾洒在高中球馆里，直至深夜，偶尔通宵。在篮球中获得快乐是那么简单：肆意舞蹈，把球抛进篮筐，这简单而明澈的小小乐趣令他开颜。而回家，意味着继续面对那些令人颓丧的现实。他对伯利教练，以及那些帮助他、鼓励他的邻居和老师充满感恩之情。“他们一直在支持我，鼓励我，照顾我的家人。”

也因此，在高中联赛的进程中，敏感的艾弗森可以接受伯利对他的挑剔。在对汉普顿高中的比赛里，伯利下半场雪藏了他。在对蒙奇维利的比赛中，伯利在中场批评了他。“你想做什么都可以，但你不能让我们输球。不管你怎么胡闹，你必须保证我们赢球。”

话说得很重，但艾弗森听进去了。他没有像在街头打球的那么敏感，那么好斗，甚至有逆反情绪。因为他了解伯利对他的真心关爱。

很多年后，伯利教练这么说：

“和他交流一点都不困难。我用真心对待他，于是获得了回报。我们彼此信任。他尊敬那些支持他、帮助他的人。你对他越真心付出，他就越会把你当作朋友。最忠诚的朋友。”

高中的阿伦·艾弗森就是如此简单。他的人生法则一目了然。打好篮球，打好橄榄球，热爱那些帮助自己、对自己付出真心的人，争取胜利，改善生活。高一的夏天，他取下了博·威廉姆斯篮球夏令营的 MVP。他的速度令人瞠目结舌。开始有人悄悄耳语：

“他能成为职业球员。”

“他也许能成为伟大的职业球员……比如，迈克尔·乔丹？……”

而他依然在打着橄榄球。因为他不想放弃自己的兴趣。他的体能足够支撑他接着玩。也就在橄榄球中，他获得了自己最重要的一课。

他的橄榄球教练丹尼斯·科兹洛维斯基先生，同时也兼任着贝泽高中的运动指导。他像艾弗森的私人医生：告诉他哪些事情有害身体，哪些习惯对健康不利，如何恢复，如何饮食，如何锻炼身体才能既增长力量又不失灵活。艾弗森去领年度最佳橄榄球员奖时，科兹洛维斯基出钱给艾弗森买了件新衣服。

当然，这位先生还是个心理控制的爱好者。他让阿伦·艾弗森读了本书：麦斯维尔·马尔茨先生 1960 年出版的《心理控制术》。

马尔茨是位整形外科博士，他在书中谈及，许多患者整形之后，内心的痛苦和缺乏安全感依然影响着自己的人生。心理压抑会使他们产生巨大错觉。因此，马尔茨借此书来讲述如何进行自我心理控制。高尔夫大师“金熊”杰克·尼克劳斯就从此书中受益匪浅。

科兹洛维斯基提示艾弗森，不要为各种成见或心理阴影所迷惑。他指了指艾弗森的鞋：“你先把鞋带系好。”

艾弗森单膝跪地，双手系鞋带，一面抬头迷惑不解地看教练：“有什么问题吗？”

“看到了吗？”科兹洛维斯基说，“你系鞋带时，甚至都不需要看自己的鞋？你系鞋带时连想都不用想？对了！我就是要你这么打球，就跟系你的鞋带一样——想都不用想，自动化。在做一件事前，你脑海里先已有一幅图画，然后你就自然操作完成——就这样！”

不久之后，科兹洛维斯基自食其果了一次——他教给了艾弗森“做事情自然而然，服从心里的反应和景象”，结果艾弗森回报给他一次抗命不遵。高中橄榄球锦标赛决赛前，艾弗森拒绝了冒雨训练。当然，这并没妨碍之后他们夺冠。

只是，从那之后直到今日，阿伦·艾弗森有一个奇妙的闲暇爱好——一支笔，一张纸，绘画。如果你去看他的画，你会大为震惊：他是一个地道的艺术家。他随时描绘各种所思所想，他的意识里有太多五彩斑斓的镜头可供他捕捉。而这也顺便成就了他的打球方式。不假思索，服从身体的本能，顺着大脑中的瞬间灵感不加停顿地运作。他的身上始终保留着黑人艺术家们的特征：斑斓、明丽、奇思妙想不断，以及与生俱来的节奏感。

这就像一个地道的美国梦故事，一台歌舞喜剧。阿伦·艾弗森穿越了污水的街区，被母亲托举到了一个看得见阳光的领域。篮球，橄榄球，高中时期的辉煌，好心人的帮助。他的生活一点一点有了阳光的踪迹。黑暗峡谷将要到头，明媚的未来似乎触手可及。一如科兹洛维斯基所说：“继续打橄榄球，你一定能成为职业选手，成为超级明星。”而伯利教练则说：“继续在篮球上努力，你能够创造任何奇迹。”

——一切直到那片乌云出现为止。

05 | 乌云

1993 年 2 月 14 日情人节，弗吉尼亚州 AAA 橄榄球赛 MVP、全美篮球第一阵容阿伦·艾弗森喜气洋洋，带着一群黑人孩子晃进了汉普顿保龄球馆。自从他成为全州著名的高中体育明星以来，他的拥趸、哥们和手下就是汉普顿街头一道风景。前呼后拥，七嘴八舌。他是这群孩子们的国王。孩子们，一如大多数黑人一样，喧哗、吵闹、唱歌、开玩笑，嚷着艾弗森的名号。

直到惹翻另一群白人孩子为止。

“黑鬼，你对人种有什么看法？”

如果你想在美国挑事，没哪句话比这个更简洁、更猛烈、更有杀伤力了。黑人孩子们的脑袋被点燃，发烫，爆炸。许多只手抓向发出这句话的孩子，更多的手尽兴推挡。人群交错、混战、乱成一团。五十多人参与斗殴，保龄球馆的椅子无辜地成了凶器。超过二十人受伤，三人重伤。

两天之后，艾弗森率领贝泽高中 69 比 67 击败了汉普顿队，拿到分区冠军和 AAA 级锦标赛比赛资格。他与队友击掌相庆的时分，汉普顿警方正在忙于录口供。受伤的白人们回忆事故当夜的斗殴，嘴唇嗫嚅着蹦不出个名字——最后，一个名字袭到了他们脑海，于是脱口而出：

“阿伦·艾弗森！”

两天之后，2 月 23 日，道貌岸然的警察上了门。

检察官如此念诵起诉状：“艾弗森用一把椅子猛击了一个女孩的头部，该女孩叫做芭芭拉·斯蒂尔。”

证据呢？

超过二十个证人信誓旦旦地说，他们看见阿伦·艾弗森用椅子砸人。但接下来的细节，让证词显得不大对劲——二十多号全是白人。

再进一步探究，就不只奇怪，简直是荒诞喜剧了——二十多号人对“艾弗森、椅子和小女孩”这几个关键词异常统一，可是他们描绘的椅子模样千奇百怪。为了怕他们打完架集体失忆，保龄球馆监控录像被调出。检察官们横竖分辨了半天，也没能在群殴场面里找到阿伦·艾弗森的身影。

芭芭拉，你知道谁打伤你的吗？

不，我指认不出来。

当事人无从指认，其他证人却众口一词；录像带里无影无踪，细节方面莫衷一是。为什么倒霉的是阿伦·艾弗森呢？因为有八个证人老实承认了：

“我们觉得，黑人都长得差不多……这些黑人小孩里，我们只认识阿伦·艾弗森。”

最后，被捕的四个少年全是黑人。此事在汉普顿区引起了一场巨大讨论。争论的焦点，可以用美国有色人种促进会的协调员一言以蔽之：

“太奇怪了。警方在众多参与者里挑出几个黑人少年——而且是最有名的人物。”

1993 年 9 月 8 日，四名少年被弗吉尼亚法院判了过失伤害罪，合计判了十五年监禁。阿伦·艾弗森因为“领头滋事”，被判五年，缓期十年执行。

他的世界瞬间蒙上了乌云。篮球明星？橄榄球明星？这些缤纷甜美的浮光掠影，忽然间成为了海市蜃楼。罪犯的声名一如烙印，在肌肤上洗之不去。不提职业体育，甚至大学都会对一个罪犯摇头。当然，大学体育和职业体育中犯事的混蛋和人渣不胜枚举，但他们敢于为非作歹，都是已经获得了赞助或者一笔合同。

而他阿伦·艾弗森，还一无所有。

比被定罪更残忍的，是那段混乱不堪的流程。二十个白人的扯淡证词，糊涂或是装糊涂的检察官，以及忙于落井下石、感叹"哈哈，黑人体育明星犯罪啦"的媒体。多年后，艾弗森说及此案时，强调他早在斗殴前就已离开了保龄球馆。

"在一个保龄球馆，所有人都认识我，我举起椅子去抽人还觉得一切会相安无事？太疯狂了吧？！而且，我拿一张椅子去抽一个姑娘的头？那我成什么人了？我倒宁愿他们说我拿椅子去抽一个爷们了，而不是那姑娘。"

话不顺耳，但都在理上。在街上混的黑小子也许不那么文质彬彬，但最讲究爷们气质。公开场合打人只有白痴才干；懂行的都会私下解决。至于打姑娘头，更是会被兄弟们不齿。

很简单：做证词的那些人，既侮辱了他的人格，又侮辱了他的智商。

为什么活该是他倒霉呢？因为他是那群孩子里最有名的一个，因为他是黑人。美国的种族歧视恩怨源远流长，而且像旧住宅的电线一样纠连密结。黑人与白人之间的仇视，对平等的诉求，反复的争执，仇恨，竞争，攀比。20 世纪 80 年代之后，当黑人演员、歌星、体育明星们大规模侵入时，怀有种族歧视概念的某些白人更加神经过敏。他们最希望看到的是黑人明星倒霉，希望黑人明星被钉上头脑简单、四肢发达的十字架。阿伦·艾弗森的优越成为他的罪过。NIKE 公司供给他及时参加训练营的机票，都成为了莫须有的罪证。控方在法庭上做出义愤填膺的姿态，认定艾弗森企图以球星身份来无视法律。

幸而，大多数人并不傻。

1993 年 10 月，150 位志愿者在汉普顿呼喊："释放汉普顿四人组！""没有公平，就没有和平！"他们在街上放声高唱"你站在哪一边？"他们在为四位被捕的孩子——西蒙斯、韦恩、斯蒂芬斯和艾弗森——鸣不平。汉普顿的一位教师乔伊斯·霍普森说的话极具代表性：

"诚实点吧！若非因为他是阿伦·艾弗森，这孩子根本不会进监狱！就这么回事！！"

率领篮球队拿到了 1993 年高中州冠军的他，被监禁了四个月。在此期间，律师们上诉，全国有色人种协进会也对最高法院发出呼吁。法院批准了假释。宽大处理意见也给出了：中学毕业后，他允许参加有组织的比赛。被假释两年后，因为证据不足，针对艾弗森的所有指控被撤销。

但是，这四个月，前后风云变幻，还是改变了他的生活。舆论的不公，法律程序的糊涂，种族主义者的恶意，黑云压城，几乎要遮蔽他一路拼争得到的未来。在监禁期，与犯人们相处时，他领会了真正意义上的弱肉强食。他的那些哥们，那些混迹于底层，被种族主义绅士们不齿的小混混，在他服刑期照顾了他的家庭。阿伦·艾弗森一直以来都这么认为，而这一次格外加深了印象：仗义每多屠狗辈，负心多是读书人。

"我想告诉大家的是，我的妻子、妈妈、孩子以及我的朋友，他们都是很朴实的人，他们不会做伤害到别人的事。"他说。

17 岁，他就看到了世界最阴暗、最罪恶的那一面。当他从中脱身而出时，他没有成为一个在街头晃荡的浪子。他的兄弟们，他的教练，以及义务给他做家庭教师的苏兰·波特，以及他的母亲，都在等候着他重归生活。阿伦·艾弗森的世界从十七岁开始变成明暗两面。他明白了高贵之后的虚华，以及肮脏之后的真诚。他双脚拔出了泥潭，但却没有飘然离去。他一直脚踏在地上，与他的街区和兄弟在一起。在他竭力辩白和抗争的时候，没有人听他的，只有这一切在他背后沉默的支撑他。

“很多东西稍纵即逝。”多年后，他说，“我懂得了任何时候都要相信自己，和命运抗争。”

06 “我不想再做穷人了。”

1991 年，阿伦·艾弗森的第二个妹妹莉莎出生。而他们的爸爸弗里曼如此庆祝自己二女儿的问世：因为携带过量毒品，他被捕了。在法庭上，他说：

“我没有名车，没有钻戒，没有奢侈品。我只想还债，支撑家庭。”

但是，抱歉，法庭不那么讲情面。何况，自打 1988 年一次交通意外被解雇后，弗里曼偷鸡摸狗的小事实在太多，终于有机会把他关进监狱清净了，法官毫不犹豫，判了 22 个月，后来又因为弗里曼违反假释条例，加了一倍刑期。

那时艾弗森刚上高中，家庭大厦忽倾，阿伦·艾弗森几乎痛恨弗里曼——尤其当他看到母亲必须加紧工作，来照管那狱中男人的两个女儿。然而，时光流逝，他逐渐明白了。这个父亲，名义上的父亲，并不想为非作歹。他没有本事抢劫，也不想伤害别人。他虽然携毒却并没狠沾那玩意。他也不想过那样的日子，他仅仅想使家庭生活下去。

生活永远不可能廉价。陪审团和法官不会探入到每个家庭来探问他们的生活。

就在父亲入狱之前一年，阿伦·艾弗森失掉了他最好的朋友。托尼·克拉克，当年 22 岁。在球场上被艾弗森修理后，他没像其他孩子那样气急败坏，而是心悦诚服地鼓励他：“你能成为一个了不起的家伙！”艾弗森曾经喜欢游荡、逃学或者和小兄弟们在街上晃来晃去，而面前总会很不巧的出现他面色铁青的老妈，把他揪回学校。而那都是托尼告的密。艾弗森 15 岁时，一场械斗送走了他的八个好朋友，包括托尼在内。

当然，没人去在意僻远街区孩子们的死亡。尸体被送走后，污水会洗清血迹。孩子们生生不息地蓬勃生长，毒品和枪弹永远不会缺少。阿伦·艾弗森的耳边没有人再唠叨。他的朋友们，那些拍打他、鼓励他、拿他开玩笑、和他一起走街串巷的孩子们躺进了坟墓。大规模突如其来的死亡使他胆寒。

没有人——他自己也不能——确定是什么时候，他彻底下定决心。但至少，那次械斗之后，他对母亲说：“妈妈，我不想做穷人了。”

他的身体里依然藏着他街区的精神。最朴素最直接的为人哲学：弱肉强食、独立、自信、奋斗。但是，他想走出这片街。就像森林教会了猎人在森林中生存的智慧，而猎人依此走出森林一样。生身父亲的背叛、继父的不幸、母亲的痛苦、妹妹们的穷困、兄弟们的死亡、17岁那年的入狱，以及无时无刻提醒着他生活阴暗面的污水和霉墙。他想走出去。

那是20世纪90年代初。NBA经历过70年代末的低迷，迎来了80年代“黑白双煞”拉里·伯德与“魔术师”营造繁荣，正在迈入黄金时代。1992年，梦之队在巴塞罗那奥运会横扫千军夺下冠军，使80年代末“美国篮球已失去权柄”的错觉消失了。迈克尔·乔丹正代表着NBA，朝一个神话般的不朽地位攀升。他代表的远不只是篮球竞技的极限，而且是一个黑人的神话，远远超出体育。一个纽约布鲁克林的穷小子，可以依靠自己的才华、奋斗和优美技艺，成为一个体育联盟的王者，成为一个体育品牌的王者，成为一个代表时代趣味的人物，拥有享之不尽的金钱和全世界的关注，成为另一个层次上的世界之王。

有无数NBA球员在梦想着挣大钱。波特兰开拓者的伟大中锋比尔·沃顿曾经聊过一个少年时的笑话：“我小时候看NBA球赛，便对我父亲说，爸，我要去打NBA，当联盟MVP，给你挣辆汽车。我爸回头问我：‘什么是NBA？’”此后，沃顿功成名就，夙愿得偿。

阿伦·艾弗森在1992年的单季948分打破了摩西·马龙的高中得分纪录，而这位前辈巨星和艾弗森有类似之处：他打职业篮球，也是为了避免母亲的操劳。当他高中毕业直接朝NBA进军时，目的无比明确：“妈妈，我不希望你再操劳了。”

但是，沃顿和马龙都没赶上最好的时代。话说NBA在20世纪60年代，北斗巨星维尔特·张伯伦不过年薪十万。1979年，拉里·伯德还在印第安纳大学读书，他的代理人鲍勃·伍尔夫就敢对凯尔特人官方开价：“100万一年。”当然，最后被压到了65万——那一年，阿伦·艾弗森4岁。NBA五度常规赛MVP“天勾”贾巴尔挣着65万一年，联盟第一摇钱树“J博士”朱利叶斯·欧文则是58万。到20世纪80年代末，伯德和“天勾”都已挣到300万开外。1994年，阿伦·艾弗森高中毕业那年夏天，NBA状元普度大学的格伦“大狗”罗宾逊对密尔沃基雄鹿队说：“我希望，成为第一个一亿身价的人！”

时代物价飞涨，于体育明星们而言，百万美元只在指顾之间。对艾弗森来说，这是他计划的一部分。高中的艾弗森在篮球与橄榄球之间摇摆。任何一项上的成就，都足以让他成为职业球员，签下大额合同。篮球和橄榄球是他打开财富之门的钥匙。贝泽高中因此而欢迎他。NIKE和各高校因此而垂青他。但是，短暂的入狱时光，令诸多名校把他视为另类：对艾弗森才华的垂涎，还不足以抵消他们明哲保身、远离麻烦的欲望。

或者，你也可以这么说：他们错过机会了。

一个叫埃迪·梅伊斯的人对艾弗森伸出了手。“只要他不再跟监狱沾边，我们大学肯定要他。”在他身后的并不是二三流兼做球员中介的垃圾大学，而是名校乔治城大学。乔大篮球队主教练约翰·汤普森的结论更加干脆利落：“阿伦·艾弗森有问题？拜托，我需要的只是篮球。”

代表传奇的92年梦之队成员：（左起）“猩猩”帕特里克·尤因、克里斯蒂安·莱特纳、“魔术师”埃尔文·约翰逊、“海军上将”大卫·罗宾逊、“邮差”卡尔·马龙、“大鸟”拉里·伯德、“飞人”迈克尔·乔丹、“恶汉”查尔斯·巴克利、“上帝左手”克里斯·穆林、“蝙蝠侠”斯科特·皮蓬、“助攻王”约翰·斯克托顿、“滑翔机”德雷克斯勒。当谈论本星球历史上最伟大篮球队时，这支球队通常是第一选择。

约翰·汤普森代表乔治城大学选择了，或者说，救赎了阿伦·艾弗森。他是艾弗森的精神与篮球上的父亲。"3号，阿伦·艾弗森"，这个词组的蔓延，从乔治城大学开始。

也许，反而因为如此，命运替他在橄榄球和篮球间做了选择。阿伦·艾弗森将脱离贫穷的希望放在了篮球上，把未来交在了约翰·汤普森手中。

1994 年秋，阿伦·艾弗森去了乔治城大学。因为那桩官司，他一年没能打正经比赛，也错过了肯塔基大学的奖学金机会。但他在一个教育中心完成了高中教育。

他在汉普顿的水漫金山中度过了十九年时光。经历过了潮湿、肮脏、监狱、死亡、恐惧、希望、失望、背叛、污蔑和重生。他的天才一度被乌云遮盖，但并没有把他击垮。最后，那些杀他不死的，都成为了令他愈加坚强的因素。那片曾经深陷他的泥潭，教会了他所有的生存法则。

他的梦想无比朴素而切近。橄榄球的故事到他高中时就结束。他要做的是走出街区、贫穷和罪恶，朝富有与安全——对他来说，这两者是一体的——攀登。没有虚饰或造作。他也已经无所谓周遭的理解或肯定。沉默不语地以自己的方式奋斗下去，即是如此。

他走出了弗吉尼亚，走出了平民窟。而他的篮球生涯，就此真正开始。

07 | 乔治城的约翰·汤普森

37 岁之前的每个夏天，纽约历史上最伟大的中锋之一帕特里克·尤因都会回去乔治城大学，独自推开训练馆的大门，换训练服，戴护膝和护腕，和儿子小帕特里克聊天，然后开始热身。与 1981 年，他初来时唯一的区别，是他不再会因为找不到更衣室，而用带牙买加腔的英文去问路了。

他和这个球馆的缘分本已该尽，1985 年夏天他成为 NBA 选秀大会状元，然后去到纽约这个世界上最为声色犬马的城市，成为篮球世界最大圣地麦迪逊花园的主人。可是，他每到夏季都逃回乔治城，然后孜孜不倦地致力于提高技巧。回到乔治城，他像一个大一新生，与每个人击掌，然后独自重复那些纽约人已熟极生腻的动作。

而使他热衷于这一切的人，是叉手在一旁观看的老师，乔治城王牌教练约翰·汤普森。

按照汤普森的说法："帕特里克在给所有关注他的人做示范，就像在用行动表示：喏，他就是这么干的，他就是这么努力的，他就是这么成功的。"

"这就是乔治城大学球员们理应学习的。"

乔治城的孩子们醉心于尤因推开门的一瞬间。他，1982 年大一时就带着乔治城和北卡的詹姆斯·沃西与迈克尔·乔丹会战 NCAA 决赛，最后一分惜败的巨人，1984 年 84 比 75 击倒大梦及其休斯顿大学的战神，会重新回到他辉煌开始的地方。1988 年，刚入学的阿朗佐·莫宁成为了尤因的影子。他们在夏季训练时相遇。一个天生着煞神般的钢筋铁骨，演罗马角斗士不用化妆，一个年仅 26 岁就长得像只百年猩猩怪，比 1789 年建立的母校还老。训练中硬碰硬来了几下，彼此发出了几声怒吼，莫宁被撞倒，旁观的大学生误以为自己在看泰坦巨神们打架。在他们建立友情的那天末尾，他们几乎吵了起来。一个比另一个更大声，训练馆里雷声阵阵。但是，第二天，一切又恢复如初。他们训练，喝水，聊天，在走廊里像巨人一样发出轰然的笑声。夏季的乔治城餐桌上，这两条大汉时常出现电闪雷鸣的语声："老子宰了你！""我拿管猎枪杀了你！"

"他们老那样。"乔治城的孩子们心有余悸地说。"有时候，他们满怀仇恨地盯着对手，好像马上要把餐盘扔到对方脸上去。"

而汤普森教练在邻座听着，行若无事，指挥其他探头探脑的学生继续吃饭。

尤因、莫宁，以及介于他们年龄之间的穆托姆博，构成了乔治城大学篮球的脊梁。你可以把他们三个人打球的录像在校园大屏幕反复播放，来传播学校的精神——当然，可能会吓坏小孩子。

乔大在美国首都华盛顿特区，离白宫两英里。成立那年（1789）恰逢法国大革命，顺便沾染了一点启蒙主义和政治思想。全美历史最悠久的天主教大学，学生必须修读两个学期的哲学和神学。政客的乐园，外籍学生的舞台。

而约翰·汤普森先生，在这里当了27年篮球主教练。

他也有过辉煌的日子：208公分，123公斤，20世纪60年代，这副铜筋铁骨的身板，让他打上了NBA。他在波士顿凯尔特人度过了1964-66两季。众所周知，那正是凯尔特人随心所欲包揽冠军的王朝年份。他作为篮球史上最伟大人物之一、最杰出防守球员比尔·拉塞尔的替补，在篮球史上最伟大主帅红衣主教奥尔巴赫座下听旨。1966年他退役了，去当了两年高中篮球教练。1972年，他被乔治城大学雇佣。

他信奉红衣主教的凯尔特人篮球哲学。坚硬、扎实、迅速、窒息的防守、灵活变通、不择手段。中锋出身的他，培养出了尤因、穆托姆博和莫宁这样的铁汉。他和红衣主教一样不为流俗意见所渲染。他率领着乔治城取下了1984年NCAA冠军，使尤因初次击败他的夙敌大梦奥拉朱旺——如果不是1982年迈克尔·乔丹的神奇跳投，乔治城本该击败北卡罗来纳，拿下那年冠军才是。就在阿伦·艾弗森入学之前两年，乔治城还拿下NCAA大东区的常规赛冠军。

他是个善于控制队员情绪的教练。后人回忆起上世纪80年代的乔治城，都还心有余悸："那就是十二个饥饿的黑人！"乔治城胆大包天，防守不间断施压令人窒息，而进攻则充满侵略性和冲击力，奔走如火焰。坐居火焰中心煽风加柴的，就是汤普森教练。

汤普森教练最喜欢营造的，是如下氛围："我们去对抗那个充满诽谤者的世界"。他，一个黑人教练，深明他的弟子们的心理：他们所承受过的种族歧视，他们内心的绝望和愤怒。他将这一切引导到了球场上。

1993年12月，他见到了安·艾弗森。这位伟大的母亲第一次主动去找一位篮球教练。那时，她已经有十八年没怎么碰这项当年擅长的运动了。她对汤普森教练的了解，是因为弗吉尼亚州口耳相传。

"你知道约翰·汤普森吗？"

"知道，阿朗佐·莫宁的教练嘛！"

1992年NBA榜眼莫宁，乃是弗吉尼亚的篮球英雄。安·艾弗森循着这条路到达了汤普森门前。她的要求简单质朴：

“我觉得，您是个能把我儿子导向正途的教练。”

而汤普森教练，如是形容他的想法。

“在弗州，阿朗佐·莫宁是个英雄，所以艾弗森家会来找我。无论过去发生了什么，阿伦，他是个聪明的年轻人。他理应获得入大学教育的机会。他将必须遵守所有的规章制度——和所有的学生一样在教室上课。”

1994 年 8 月，乔治城大学组队参加肯纳夏季联赛，艾弗森被放在了名单中。首场比赛，他上半场就得到 30 分，全场 40 分。第二天，33 分。第三晚，决赛，他 26 分。这是他第一次为乔治城赢回荣誉。在体育馆为他加油的，包括前乔治城超级中锋迪肯贝·穆托姆博。

但是，他甚至没来得及接受采访，就被带离了球馆——汤普森先生严禁新生接受采访。

经此一役，他被严格、残忍、原则性极强的汤普森教练接纳了。但这也意味着，他必须开始遵循“照我的话做不然就滚蛋”的篮球哲学。

烈火一样富有侵略性的乔治城篮球。盛产硬汉铁骨的乔治城大学。莫宁、尤因与穆托姆博那样电闪雷鸣的喝吵背景。

这就是 19 岁的阿伦·艾弗森即将面对的一切。

08 | 噢，冠军？

1994 年 11 月 27 日，乔治城大学赛季首次对垒 NCAA 卫冕冠军阿肯色大学。下半场过了 7 分钟，阿肯色已 64 比 40 领先。阿肯色控卫科里·贝克，得意地双手食指举天。大前锋鲁·洛伊，正在找词夸奖全场 34 分 13 个篮板的明星前锋科里斯·威廉姆森：“这家伙真是火上浇油啊，看得我都嫉妒了。”

球场另一边，失败者约翰·汤普森教练，却似乎根本无所谓。他谈论失败，就像一个老头子拂去葡萄酒瓶上的蜘蛛网一般轻松。

“球队刚换了六张新面孔，然后赛季一开始就和全国冠军打？嗯，发挥生疏，我当然早有预料啦。”

六张新面孔，六个还不习惯乔治城大学球衣的少年。其中那个脸上一点都不紧张的，是谁来着？阿肯色的卡利帕里教练赛后沉思着对记者说：

“那小子好像无处不在似的。”

那个无处不在的家伙，好像在另一个时空打球。无论对方投中与否，他都拍马疾行，运球杀过半场。他想在何时何地投球，你压根阻挡不了，全随他高兴与否。队友们眼望分差双腿发软时，他就像个老大一样，拍手鼓励他们，责骂他们，喝醒他们，接着继续奔驰。

“他简直就像伊塞亚·托马斯第二代啊？！”华盛顿媒体如此评价。

用刚率领底特律活塞拿下1989、1990两届总冠军、当代最灵动华丽的小个子后卫来举例，这赞誉可是相当有分量。

如果你看数据，这孩子打了一场糟糕的比赛。18投5中，2次助攻，8次失误，19分。可是，对手的卡利帕里教练也承认："敢给这孩子这么多上场时间，真得为汤普森鼓掌。"贝克说："如果他的支持者……嗯，他的帮手，能够跟得上他速度的话，乔治城会特别可怕。"

阿肯色得对这个新生严阵以待：每当这个小子切入，就派弱侧球员前来补防。如果他切入出手，无论防守成功与否，阿肯色都会趁他还在己方禁区的时候，在另一侧动手反攻。麦克丹尼尔总结说："他总是能切入，但分球并不多，而且并不是每回合都回防到位。"

的确，比起这个孩子的飞行速度，他的队友更像还停留在马车时代。他带着乔治城在场上飞奔，但是，队友和他毕竟太不熟悉。中锋奥泰拉·哈林顿只好在场上练折返跑，几乎拿不到球。因此，到了后来，全队都已不愿意和阿肯色纠缠了，于是乔治城近于脱节。全场就剩下这孩子一个人与阿肯色全队赛跑。

但是，虽然大比分吞下这块蛋糕，可是阿肯色还是被噎得嗓子发疼。

因为这个孩子不知疲倦。落后10分，14分，18分，20分，似乎对他毫无影响。阿肯色和乔治城的老行家们看到分差到了20分，就开始心有灵犀地收手、放缓，只有他一个人无视分差地来回穿梭。他像一只蜜蜂，保持着嗡嗡的节奏，让阿肯色人领先了20分都轻松不得，唯恐被他叮上一口。每次他切入，阿肯色人都必须不厌其烦地前来包夹围堵——一个人盯防，根本无法应付这无法无天的孩子。

不是全国冠军队防守意识或技巧有问题。只好说，用来收罗斑马的栅栏挡不住鹰隼。他的奔走，超出了阿肯色人的节奏。于是这成了场庞大的追捕游戏。下半场分差已使胜负锁定，可是这只蜜蜂还在球馆里飞动。抢前断球、争地板球、切入、上罚球线，造犯规。阿肯色人提前欢庆的机会都逮不到，大队人马前呼后拥，张牙舞爪的捕蜜蜂。

只有一次算是捕住了。

终场前10分钟，阿肯色领先20分。防守机器雷吉·加雷特，196公分高，摆着一副拳击手的架势，和那个小子胸贴胸。他抿着嘴低头看着对面的一年级生，而乔治城的新生压根不理他，也没有兴趣和他对送秋波。接到球后，他第一时间回头，眼盯的是篮筐的方向。和冠军较劲对眼神摆造型？抱歉，没什么兴趣。他有更重要的事。

"这只是他的第一场NCAA比赛。他会成为本届NCAA最让人激动的新人。"卡利帕里一直在找词形容那个孩子，最后逮住了这么一句。

"他是叫阿伦·艾弗森是吧？"

是的。

09 | 父子

1994 年的艾弗森，被认为是 1989 年的肯尼·安德森之后，高中篮球界最好的控卫。而肯尼这厮，恰又是一个反面典型，才华横逸，一手鬼神难测的运球，穿梭人群如入无人之境，仍然因其孤胆式的英雄主义被视为异类。就在 1994 年，全联盟都厌倦了他的独断专行。因此，世界等待着约翰·汤普森教练用铁腕和缰绳，去栓束艾弗森，逼迫他成为一个规行矩步、合辙克制的后卫。可是，汤普森教练并没那么做。

他一向严格，可是并不呆板。他的教练生涯始终处于学院之中，离 NBA 这个职业联盟远远的。他并不是对 NBA 全无兴趣，但是，1988 年，他对 NBA 的美好遐想破灭了——那年，他担任美国队主帅出征奥运会，由于他的选人和风格，他饱受抨击。大量的批评漫无目的，似乎媒体的目的并不是美国队的强大完美，而是要抵制他这个人：一个黑人，一个大个子黑人，一个没当过 NBA 主教练的黑人教练。身处逆境，汤普森却一意孤行。

也是从那之后开始，汤普森意识到了。他是一个如此特立独行的教练，所以似乎无法适应带有商业色彩的舞台。于是，他又回去了乔治城，在那里孤单耕耘。他那师承红衣主教的严格、原则和与世界为敌的思维，在几位弟子——尤因、莫宁、穆托姆博——的灵魂深处闪光：执拗不屈，硬骨头，一人逆天而行，不愿与世界和解。于是，最后，他和他的弟子们总留给世界孤高的背影，不动声色地穿越世界的非议，独自前行。

而这种愿意和世界唱反调的脾气，使汤普森和艾弗森一拍即合。

世界希望他对艾弗森严加管束加以鞭笞，他却对艾弗森关爱有加，苦口婆心；世界希望他让艾弗森洗心革面，褪尽街头篮球的华彩，他却很欣赏艾弗森的个人技巧。他给了艾弗森舞台，从对阿肯色大学之战的信任开始。

阿伦·艾弗森获得了一个精神上的父亲：一个真正理解他，与他诚心交流，而且保护他的教练。他的父亲，给他生命的那位不知所踪，养育他的那位正在坐牢。他走进球馆，有一个高大的黑人会走过来，对他说："别去看那些媒体和记者们嚼舌根，他们说的都是垃圾。你要发挥你自己的天分，知道吗？"

艾弗森是一个容易感动的人，他说，他要为自己的教练而战。

大一赛季，虽然开局的那晚并不美妙，但赛季结束时，艾弗森交出了场均 20.4 分，4.5 次助攻的表现，场均另有 3 次抢断。但是，场均失误高达 4.4 次，命中率 39%，三分率 23%。他的数据，荣耀与阴影并列。在光明的那一面，他是全国屈指可数的得分手，是无法阻挡的闪电奔袭者，1994-95 季大东区年度新人及最佳防守球员。而在另一面，他的投篮时机选择、进攻节奏处理，都还有提高的余地。

身为教练，约翰·汤普森从没忘记自己的职业球员历史，因此即使西装革履，他也总在肩上搭一条白毛巾。他和阿伦·艾弗森一样，不事虚饰，酷爱战斗。

64 强赛，乔治城击败了佛罗里达州大，随后进十六强。对手是拥有杰里·斯塔克豪斯和拉希德·华莱士的名校北卡。上半场，艾弗森一球未中，乔治城落后 16 分。下半场，他得到了 24 分和 8 个篮板，全场观众为他起立鼓掌。但是，这依然没能挽救他的大一赛季。赛后，媒体并没为他下半场的暴风发挥唱赞歌，而关注于他上半场的“自私表现”。

在他的一生中，传媒都在扮演一个短视而势利的角色。在对他极尽赞美之能事之后，媒体又急忙追过来，揪住他的痛脚啮咬不已。“阿伦·艾弗森是否太自私了？”“他有时会忘记自己是控球后卫。”“他和奥泰拉·哈林顿从来无法同时发挥好。”当他在球馆中加班训练时，类似论调在外面的世界横飞。

约翰·汤普森把球馆的门关上，没有让这些话骚扰到艾弗森。

“我们可不能让每个人都满意。”汤普森说，“耐心一点。”

非议犹如被海浪冲上沙滩的凌杂之物，随着时间潮水的冲洗，不久便归于沉寂。大二，阿伦·艾弗森把所有人的非议堵住了：他的投篮命中率达到了惊人的 48%，三分率 37%，场均抢断 3.3 次，场均失误则下降到场均 3.7。场均 25 分 4.7 助攻。他的投篮，他的远射，他的跳投选择和失误控制，一切都在进步。大二的他，已经要成为全国第一后卫了。

但是，争议并没有因此而少一些。

10 “正确的”和“错误的”

1995 年 11 月，与前一年阿肯色 VS 乔治城几乎同时：这一次城的对手是亚利桑那大学。乔治城和阿伦·艾弗森，又一次成为配角。

《体育画报》杂志后来如是描述当夜之战：亚利桑那野猫们整齐地奔跑，乔治城的领头猛犬——艾弗森——跑得比任何野猫都快，但其他的猛犬却拖拖拉拉不成队列——于是野猫赢了。媒体总结说：这再次证明一个篮球的终极真理——再伟大的个人，也没法击败好的球队！

亚利桑那球员在赛后采访中滔滔不绝地夸口。“我们是一个球队！”雷吉·盖尔瑞大声说，“别给我找什么理由，他们一定会说乔治城还年轻啦，教练汤普森感冒指挥不好啦。得了吧，我们姿态放得比较低，而且打得比他们更脏更剽悍！”

为什么他如此激动呢？有两个原因。其一，两年前他曾和艾弗森在一个训练营里相遇过。

“我们是在打篮球，又不是在打一对一斗牛！”盖尔瑞得意洋洋地宣布说。

其二，他代替了 1995 年加入 NBA 的达蒙·斯塔德迈尔，成为亚利桑那首发控卫。

“哼，他们以为我们丢了达蒙，球队就死了？他们看低我们？我们用实力回击了他们！”盖尔瑞不依不饶。“好啦，我倒宁愿我的球队有个每场得 10 分但是能分球的控卫，也不想要一个得了 40 分但只有几次助攻的后卫——如果你有后者，你能赢点儿比赛，但得不了冠军。”到了最后，他连前辈达蒙·斯塔德迈尔都喷上了。“他是个好球员，他得分能力很强，可是他的得分没帮我们赢下该赢的比赛呀。”

事实上，当晚阿伦·艾弗森得到 40 分，27 投 12 中。对一个后场球员，你很难挑剔许多。亚利桑那的教练卢特·奥尔森就没盖尔瑞那么血冲脑门地激动。“胜利的关键在于，我们全队 60% 的命中率……如果我们球队可以投出这么高的命中率，让艾弗森为所欲为也可以。”

和上一季的情况类似：乔治城全队都跟不上艾弗森的速度，内线的奥泰拉·哈林顿和贾赫迪·怀特，杀到前场时进攻都已结束了。而在快节奏攻防中，乔治城防不住亚利桑那的进攻——让亚利桑那投出了 60% 命中率，这才是失败的关键。

亚利桑那的西蒙如此承认，“我们在每次艾弗森企图做挡拆时都包夹他，使他疲惫。而他的队友也帮不上他。呃，另外，雷吉·盖尔瑞一直在和他斗嘴，分散他的注意力。”

就在这晚之后，所有媒体又开始粉墨登场。他们决定用华丽的言辞来教导阿伦·艾弗森，怎么打“正确的”篮球。对一个控卫来说，自私是错误的，无私是正确的；大量持球是错误的，多分球是正确的；独自奔袭是错误的，迎合全队节奏是正确的。康涅狄克大学甚至有球员描述说，乔治城的战略，就是“一人快攻”。

可是约翰·汤普森，对所有的非议置若罔闻。他对待记者们，就像一个耐心的老爸在用糖哄孩子。

“想一想开幕战，106 比 57 击败对手吧。”他说，“我们要让比赛继续充满压迫性。呃，阿伦说，他会邀请奥泰拉·哈林顿他们一起融入这台进攻的晚会，但你总得等一等吧。”

做了二十几年教练，和 NBA 史上最伟大王朝、最伟大中锋之一、最伟大教练相处过。大学篮球界要找出比约翰·汤普森更理解何谓团队，何谓纪律的人，并不那么容易。但他依然选择保护阿伦·艾弗森，而且不断要求他“打出自己的风格”，而让其他的队员“尽量跟上阿伦。”这成了汤普森教练教练生涯的一大争议。只是，无论外界如何评论，汤普森依然如故。他似乎决意要让艾弗森成为另一个自己：无视纷扰流言的，富有侵略性的，与世界对抗的男人。

他经过红衣主教的铁腕，了解如何管束天才。尤因、莫宁和穆托姆博这些中锋是天生的大山，汤普森用铁锹与巨斧把他们凿成了钢铁巨人。而阿伦·艾弗森是一个飞扬奔逸的天才，是桀骜的烈驹。一旦驯服他，犹如引刀骟马，阿伦·艾弗森的骄傲、才情和创意，都会被敲折磨平。

汤普森没有让阿伦·艾弗森成为一个适合 NCAA 的朴素控卫。两年之间，他允许艾弗森任意飞翔，把他的天分铺至极限。他以凯尔特人王朝成员和 1988 年美国队主教练的身份，把“正确的”和“错误的”论断嗤之以鼻。作为阿伦·艾弗森的篮球之父，他没让自己的孩子随波逐流。他知道艾弗森的前程不只在 NCAA。

“他曾经被监禁过，”约翰·汤普森 1996 年做如是总结，“我不希望在篮球场上再给他任何监禁。”

就是在这样的、善意的“纵容”之下，阿伦·艾弗森长大了。

1994—1996 年，当你在一个NCAA 球迷耳边说起“飞扬、奔逸、闪电、犀利”这些词汇时，他们会看你一眼，问：“你也知道乔治城那个 3 号，对吗？”

11 镜中之影

高傲的、团队的、打着“正确篮球”的亚利桑那，在1996年春天被另一个后卫剖解了。那一天下半场乍开始时，亚利桑那还与康涅狄克犬牙交错，战到34比36。就在三分钟内，康涅狄克像短跑选手冲刺般加速：一记三分球，两记罚球——然后是那个后卫的两记三分球。全场比赛结束时，康大的那个后卫风度闲雅地下场，对记者说：

“噢，我得了26分？嗯，很艰难的26分呀。”

那是另一个阿伦，但那是他的姓——康涅狄克大学的雷 · 阿伦。

另一个阿伦，仿佛是艾弗森的另一面——他有父亲，担任着美国空军的焊工。所以，在开始他的高中生涯前，雷 · 阿伦的足迹遍及加州、德国、俄克拉荷马、英格兰，再回到南加州的达尔泽尔市。漂流的生活对一个十来岁的少年而言意义重大，没有时间获取知心朋友和故乡，他只能寄情于书籍。在他15岁时，他兼职为牛排屋做过洗碗工——而同年龄的黑人孩子在窗外，在他的眼底欢快地骑着单车经过。

阿伦·艾弗森在一群哥们中长大，他的篮球世界是不断的一对一，晃过，击倒，胜利。而雷·阿伦在空荡荡的篮球场上成熟。喜好阅读与思考，能够忍耐长时间的寂寞，对变迁、移动表示缄默，每天晚上面对空荡荡的篮筐，做着反复的动作。阿伦 · 艾弗森在汉普顿的街头动如电闪，胯下运球，迟疑，摆动，变向，大幅度体前拉球，对手迟疑，迷惑，犹如面对迷宫，脑海被钟摆推荡，一眨眼的瞬间，艾弗森已经晃过，让那些被他晃过的对手像牵线木偶。而雷 · 阿伦则像一个勤恳的雕塑匠，专心塑造着他的投射姿势——起跳18英寸，球在右手中温柔地停留，中指对准，右臂完美的45度角勾勒，左手保护着球，轻柔得毫不着力。到达最高点后，右腕做出轻盈的滑行。球直坠向篮网中心。日复一日，各个角度，他和篮筐进行着对话，寻找着默契——球在他的手与篮筐之间反复进行飞翔，弧线日益圆润，旋转日益完美。

1996年的1月21日，康大对雪城之战。约翰 · 华莱士，在半场结束时投中了一球，然后，他得意忘形地朝着对面缓步下场的雷 · 阿伦大吼：“你还有什么招？！啊？！雷？！”

“我当时什么都没说，因为我心里没什么念头。”雷 · 阿伦后来说。

下半场，这个沉默的杀手做了回击，一言不发之间得了22分，三分线外6投5中。这一夜，加上他对维兰诺瓦大学的29分，加上他在亚利桑那的26分，光芒耀眼，于是全美国开始窃窃私语：谁才是全国第一后卫？

两个阿伦被放到了天平上。而且，大多数人会对雷 · 阿伦更高看一眼。

这是很自然的事：雷 · 阿伦是谦谦君子。他的投篮技艺近于完美——多年之后，他甚至可以被誉为职业篮球史上最优秀的射手之一。他拥有聪慧绝伦的篮球智商。他最爱看的是拉里·伯德和“魔术师”这两位大智慧人物的篮球录像。他的防守，重视尺度和距离，就像刻度尺一样精准。他的绕掩护和切入、接球、跳投都合乎规范，无可挑剔，可以载入教科书。他一整季只有一次进攻犯规。他自己承认：

“控制是我生命的全部部分。对一切都认真负责，而且做好决策——这就是我。”

康大的教练卡尔霍恩则不吝溢美之词：“他独立，但又负责任；他自豪，但又谦逊。我总是从他生命中学习到新东西……雷·阿伦好像那些从不沾咖啡的人一样，冷静之极。不对，他就像水一样。”

以及那图穷匕见的一句话：

“我可无意触犯谁，不过么……阿伦·艾弗森把一切都搞得，嗯，看上去很艰难。而雷·阿伦使一切看上去都变简单了。”

阿伦·艾弗森，火之至烈；雷·阿伦，水之至静。争论在 1996 年的春天甚嚣尘上。直到 2 月 19 日：

乔治城击败了康大，阿伦·艾弗森赢了雷·阿伦。一个桀骜的阿伦打败了那个明澈的阿伦。

可是，争论并未就此止歇。艾弗森击败了雷·阿伦，不错，但是世界并不满意。世界一度希望看到的是，亚利桑那当初“一个人无法击败五个人”的论调再次显灵，他们希望看到“正确的篮球”击败“一个人的篮球”。这不只是两种篮球风格的对垒，而是整套生活方式的对抗。

这是世界给阿伦·艾弗森预先订好的角色。他们希望这个天才，这个不规范、不守规矩、不循规蹈矩的天才，最终在末日狂奔中车毁人亡。他们指望在这种居高临下的预判中获得乐趣。可是，当阿伦·艾弗森一次又一次在他们预先断定的失败中站稳脚跟时，他们有些哑口无言了。但成见并非一日可消除。就在艾弗森带着乔治城一路猛进的时候，媒体依然用这样一种口吻谈论着他：

“他的投篮大有进步……但他还是经常有小伤……他应该是全国最好的，至少是之一的后卫……但是，我们也应该看一下其他后卫，例如基特尔斯，例如……”

当然，艾弗森和那镜中的影子、完全相反的雷·阿伦的故事，在此只是个开始。

12 | 答案

时光不情不愿地移向了 1996 年 3 月。媒体东张西望，寻找着新的天才。阿伦·艾弗森，乔治城的阿伦·艾弗森，“不正确的”阿伦·艾弗森，一直被拿来作为媒体报道背景的——例如“某某在对阿伦·艾弗森之战中抢断比他多一次”的阿伦·艾弗森，要结束他的第二个大学赛季了。大学篮球界终于陆陆续续开始承认，最后归结到 1996 年 3 月 18 日的《体育画报》杂志上：

“即便对康大的雷·阿伦、马萨诸塞的马尔库斯·坎比、威克森林大学的蒂姆·邓肯满怀敬意，可是如今大学篮球的全国第一球员，是乔治城的二年级后卫，阿伦·艾弗森。如果把他摘除出球队，那么，乔治城可能只剩下挣扎的余地。而拥有了他的乔治城，是全国四强的有力竞争者。他使乔治城成为了全国最令人激动的球队之一，他几乎单手把这支缺乏天分的球队提到了一个惊人的地步。”

“而且，在他那坎坷的高中生涯后，展示出了惊人的成熟。”

他是全国级的球员了。不只是汉普顿，不只是弗吉尼亚，而是全美国。他的世界变得辽阔。媒体也愿意先承认他的成熟，然后把他拉拢到自己这一边。他的私人世界也开始被打开了。他的往昔，他的风格，以及——呃，你得有个绰号吧？

媒体对一个球员的称呼，分几个级别。如果你籍籍无名，提不起来，媒体会在你的姓名全称之后，加上“来自某某球队”的标牌。如果你稍微有名一点，媒体会称呼你的全名或姓，略掉后缀。如此而上再高级一点，媒体会直接称呼你的名字——到这个待遇，你已是家喻户晓的明星了。但是，有时候，这种做法会有问题。因为许多人的大名过于平凡，辨识度低。嗯，那么就给个绰号吧。

于行走江湖的人物而言，姓名并不可靠。相对而言，绰号是对一个人最简洁精当的判断。阿伦·艾弗森坐在1996年3月的春日阳光中接受采访，第一次在全国性媒体上谈到了这个词。

“绰号？”

“答案。（Answer）”

“这是什么意思呢？”

“呃，在汉普顿的时候，我们玩儿一对一。他们说，我就是答案。如果你想赢，我就是答案。如果你想得分，我就是答案。”他指了指左臂二头肌，那里纹着一个“答案”字样。

他好像从来无意掩盖自己的过去。他平静地聊到了他的往昔，他的街头背景，他那些兄弟。即便已经是全国第一后卫，他的打法依然迅猛绝伦。大二赛季，他因为小伤被缝了27针。在细节上，他不断完善，但大体上，他依然是那个样子：比起在汉普顿，比起在高中联赛，他只是更快、更锋锐、更精确了。但大体上，他还是和那晚袭扰阿肯色一样，犹如一只蜂鸟：快到难以想象，永远不停止振翅。

在“答案”文身的下方，是一只虎头犬——乔治城大学的吉祥物。这是他的第二身份。乔治城是他的崛起之地，是他次于汉普顿的第二故乡和精神家园。在乔治城的这两年，虎头犬桀骜骁勇的精神融汇到了他的身体之中。

可是，1996年春，当乔治城在NCAA四分之一决赛中被马萨诸塞击败后，他却做出了如下决定：

“我要离开乔治城大学了。”

13 NBA

《华盛顿邮报》的迈克·维尔本如是说：

“在对阵德克萨斯大学和马萨诸塞大学，你只能50投16中。你如何能适应NBA呢，阿伦？”

这也的确是汤普森教练担心的。艾弗森在与强队撞击时的表现，以及两年NCAA未入四强的战绩，很容易让人怀疑他在NBA的前景。

约翰·汤普森教练有一个著名的执拗处。1994年的统计证明，他麾下的球员，97%都读到大四，拿到了学士学位。这是乔治城的精神之一：提前加入NBA是种商业行为，和本校严谨的学风相悖，不足以提倡。1985年的状元尤因、1991年的第四位穆托姆博、1992年的榜眼阿朗佐·莫宁——三大中锋，虽然在校期间，NBA球队对他们望穿秋水、垂涎三尺，可他们依然在课堂里坐到了大四毕业。汤普森一向认为，足够的大学锤炼，才能雕琢出适合NBA的天才。

但是，阿伦·艾弗森的背景和他们不同：他所面对的，是20世纪90年代的新诱惑。

1993年NBA状元克里斯·韦伯，在2002年遭遇了案件调查。检察官称，1988至1993年期间，一位叫埃德·马丁的“密歇根大学篮球队球迷”，给了韦伯28万美元的馈赠，包括现金、支票、衣服和珠宝。当然，一如前例：这些东西有些经了韦伯的手，有些则直接提供给了韦伯的家庭。如此复杂，管不胜管，也亏联邦调查局一追到底，马丁才供认，自己确实曾把非法赌博的收入借给韦伯、罗伯特·泰勒、莫里斯·泰勒和“密歇根五虎”的另一位杰伦·罗斯们。“我本希望他们加入NBA后把钱还上。”

如果马丁所言不虚，那么他借钱的目的等于放高利贷。但新时代的家伙们则远为狡猾：他们不会轻易让NCAA捉住他们了。现在已经没多少人傻呵呵地拿着装有支票的信封径直去找球员。对大学球员来说，收受贿赂的方式实在太多了：校友会、电视台、掮客，他们可以通过买卖电器、汽车，私人宴会、请客，以及冠以“我们之间是纯洁的友谊呀”的一些馈赠。NCAA的法令颇有些力不从心：行贿之风既盛，球员又半推半就，手段又庞杂多变，除了等待利益不均者自己出来爆料，你很难把那些暗中递钱的手斩断。雪城大学教练吉姆·波厄黑姆说：“你当然知道那班家伙的爪子离孩子们越来越近，但你真的很难翻出真相。你可以怀疑，但除非他们自己蹦出来，你才能知道。”

但是，黑钱的背后，却又映射出NCAA式的无奈。为什么大学生必须冒着受贿的危险来拿钱？因为NCAA的招牌是：Amateurism（业余）。当然，不是说甘于水准业余，而是业余之精神。NCAA的规定中明确说：学生运动员领取学校篮球奖学金，上场打球。于是，尽管教练可以年收入数十万，球员却只能拿到微薄收入。曾经有人提出“可以给大学生发放一些薪水”，类似于高薪养廉，但无论如何，大学不可能给学生开出高如NBA的工资，而且，“业余精神”的秉持者们也无法接受这不纯洁的决议。

1996 年 4 月，艾弗森被全美大学生体育联合会调查：因为他开上了一辆奔驰车，价值 13 万美元。官方草木皆兵，认定“这和阿伦·艾弗森的经济状况不相符合”，于是大肆张扬。而艾弗森给以简单的解释：

“汽车销售商说，那辆汽车只是借给我，用来在学校和家之间赶路。那不是馈赠，而是借用——只是借的时间较长。”

1996 年的春天，阿伦·艾弗森是全美第一后卫。可是，从杂志封面和媒体闪光灯中走出，回到家乡时，迎接他的依然是污水、劳碌的母亲和生病的妹妹。他的三妹莉莎生病，医药费令家里捉襟见肘。他的父亲弗里曼依然在坐牢。

而且，1995 年，他和女朋友塔瓦娜有了第一个孩子。他是父亲了。可是，作为大学生，他拿不出养家糊口的钱来抚育孩子。NCAA 可并没有一条特例规定“有孩子的球员可以接受一些养家费用。”

这就是 NCAA 的荒诞之处：他们拒绝改革任何政策，不允许大学给予球员任何补助。当球员接受了一点馈赠时，他们张牙舞爪地予以指控。而当球员面临困境时，他们又无法施以援手。他们所以如此，只是为了维护“业余和纯洁性”。

约翰·汤普森教练感到失望。“NCAA 的制度实在太老套了，他们不允许我们给艾弗森及其家庭任何帮助。本来，以乔治城大学完备的医疗系统，我们可以帮助艾弗森的妹妹。可是，NCAA 只允许我们给他发放篮球奖学金。”

当然，他并不乐意艾弗森早早加入 NBA。他了解媒体的炒作能力，了解 NBA 的残酷。媒体已经预先对艾弗森的 NBA 生涯议论纷纷，汤普森教练却不置可否。“这对他不公平。他本该享受大学的美好生活。他要走的话，也会在我同意之后。”

对阿伦·艾弗森来说，乔治城是他二十年人生中所遇到的，最纯善的乐土。在这片校园里，他远离了少年时疮痍满目的街区，成长为全国知名的人物，有了一个精神上的父亲。动荡、斗殴、枪声和歧视，暂时地远离了他的生活。但这片乐土有其致命的弱点——这里过于纯洁，无法制造金钱与利益。而阿伦·艾弗森并不是独自生活在世上。他在大学里可以无忧无虑，他的教练为他挡却所有的争议和攻击，他的奖学金保证他丰衣足食。可是，他有孩子、女友、妈妈和妹妹需要照顾。他不可能对他们撒手不管。他和他的街区永远血肉连心。去 NBA 挣钱，这是他当初立下的誓愿——他发过誓，他不想让妈妈和妹妹们过穷日子了。

1996 年夏天，一个再好也不过的机会。所有的选秀专家都认为，如果艾弗森参加选秀，有极大可能进入前五、前三，甚至状元。状元意味着一份至少总值千万美元的合同。他在乔治城只打了两年，但那已足够他稳下状元之位。如果他再打第三年、第四年，他的球技也许会进一步增长提升，但是，选秀一向波谲云诡。谁知道 1997 年、1998 年的选秀大会上又会冒出怎样的人物？媒体的风向又将如何改变？在 NCAA 历史上，因为执意在大学里多读几年而导致选秀位下跌的人们相当多。因此，敢于读完大学四年才参加选秀的，除了杜克大学这类老牌名校中视 NCAA 胜于 NBA 的球员外，余下的无非那几类人——蒂姆·邓肯这样根本不必担心选秀位的绝对未来巨星，格兰特·希尔这样天生贵胄子弟，以及布兰顿·罗伊这样在大三时还默默无名，大四时陡然升值的后起之秀。

1996 年 5 月 1 日，阿伦·艾弗森与乔治城大学联合召开了新闻发布会。

“经过和教练的协商，考虑到我的家庭状况，我决定……提前参加 NBA 选秀。”

“我很想完成学业。如果不是家庭原因，我一定会留在这里。我学到了很多，尤其是有汤普森先生这样的教练。他教了我很多。他令我从男孩变成了男人。”

“但是，为了我的家庭，我必须早点离开大学。”

“我爱乔治城。我爱 NCAA。我在这里享受到了足够的乐趣。但是，我已经准备好了进入 NBA。”

他的乔治城时光结束了。大二的单季 926 分和 124 次抢断，都是球队纪录。他的总抢断 213 次是队史第三。总得分 1539 分是队史第十。而且，如前所述，比起汤普森教练手下那些四年才毕业的老油子，他可是只打了两年时间。

如果说，世界上只有一个人能对他的选秀决定加以点评的话，那就是约翰·汤普森教练了。在新闻发布会之前，他一直没有公开鼓励过艾弗森提早进入职业生涯。在新闻发布会上，他的态度依然如此。

“他是成年人。我不想阻止他。如果他问我是否该留在大学，我会说，绝对应该；如果他问我他的决定是否正确，我也会给予肯定。”

这个担当了艾弗森精神上父亲的人，度过了心情最为复杂的一天。在乔治城的两年，汤普森一直没有对阿伦·艾弗森加以铁腕禁锢。如他对自己所说的，“他在生活中经历过监禁，因此，在球场上我不会对他监禁。”他的放任使艾弗森的才华得到了自然舒展的发挥，或者说，他一直是把艾弗森朝 NBA 球员的方向发展的。可是，当 NBA 的召唤近在眼前之时，艾弗森望见了其中的荣耀、利益与成就，而他，汤普森教练，却望见了那些阴影——非议、歧视、唯利是图、纸醉金迷、诱惑与欺骗。那些他曾经经历过的，令他对职业篮球心灰意冷的东西。他也许是世界上最希望艾弗森远离阴影与商业的人，但他又了解安·艾弗森及其家庭的一切。

你看到了，世界上从来没有完美的决定。

汤普森教练用了他最后的一点力量，为艾弗森做了点事：他的弟子尤因、穆托姆博和莫宁，与伟大的迈克尔·乔丹用着同一个经纪人：大卫·法尔克。汤普森利用自己的影响力，让艾弗森成为了法尔克旗下一员。他明白 NBA 生意场的虚诈与奸猾，因此，把艾弗森交到一个足以令他信赖的人手里，他才能安下一点心。

“我对阿伦·艾弗森在球场上的能力毫不置疑。”汤普森最后说，“我担心的，反而是他在球场之外的事。”

1996 年春天，约翰·汤普森放开了手，让阿伦·艾弗森滑入了职业篮球界。他最后的赠言，在多年之后被无数事实一再证明。如此精确又微妙，一语成谶。

SPALDING
TOP-FLITE
SIXERS
3
NBA

ALLEN IVERSON

CHAPTER 2

新秀季

“在球场上我不需要尊重任何人。”

“我不知道一个控球后卫是怎样的，我只知道要全力争取胜利，就算必须做得‘自私’。”

“如果你想完完全全地了解一个人，最好的方法不是和他做朋友，而是做他的敌人，和他战斗。”

01 | 1996 年的天才们

当你站在 2014 年回望 1996 届 NBA 选秀大会时，会望见如下伟大成就：四个常规赛 MVP 奖杯，六个得分王头衔，五次年度防守球员，史上第一号三分手。过去十二届常规赛尾声时秋末算账，1996 届几乎占到半壁江山。而这还仅仅是他们中最杰出的六名选手成绩的一部分，而且表现形式还仅仅是数据。我们必须补充的是，1996 年届新秀们在球场上给予世界的视觉冲击，还远大过他们的纸面故事。

可是 1996 年夏天，选秀报告上，NBA 经理们在盯着以下的青年：

马萨诸塞的马尔库斯·坎比刚拿到了 1996 年度的约翰·伍登奖，是当时 NCAA 除了蒂姆·邓肯之外最好的大个子。

康涅狄克的雷 · 阿伦，大学篮球界最好的远射手、摇摆人，风度最优雅的青年。场均 47% 的三分球命中率，1995-1996 届全美第一阵容。

加州大学的超级一年级生阿卜杜勒 · 拉希姆，1995 年麦当劳全美高中阵容，大一场均 21 分 8 篮板，206 公分却可以打两个前锋位置的天才。

肯塔基大学的安托万 · 沃克，身高 206 公分的大前锋，却号称拥有打遍五个位置的能力和天分，1994 年麦当劳全美高中阵容。

洛伦岑 · 怀特，孟菲斯大学的大前锋，完美的 NBA 身形，大学两年平均 16 分 10 篮板，一致公认为 1996 届坎比之外最好的大个子。

凯利 · 基特尔斯，大三、大四连续两年和雷 · 阿伦明争暗斗的攻击后卫，维兰诺瓦大学的当家射手。

斯蒂夫 · 纳什，加拿大国家队后卫、圣塔克拉拉大学的超级射手、天才组织后卫。

佩贾 · 斯托贾科维奇，19 岁时就已经当了三年职业球员、在希腊联赛纵横无敌的南斯拉夫射手。

以及——

1996 年 5 月 28 日，带领洛马里昂高中夺下队史 53 年来首个州冠军，高中四年得到 2883 分，全美首席天才高中生的科比 · 布莱恩特。

而对阿伦 · 艾弗森来说，最大的威胁，来自于以下这个人：

佐治亚理工大学一年级后卫，大一场均 19 分 4.5 次助攻的斯蒂芬 · 马布里。

许多人把他和艾弗森相提并论。他们都是 1996 届最为逸伦超群的后卫，都是地道的天才。这个纽约少年早在十来岁时，就是纽约的街球之王。在亚布拉罕 · 林肯高中读书的时候，他被拿来和加入 NBA 的学长马克 · 杰克逊、肯尼 · 安德森做比较。在大一赛季，他入选了全美第三阵容，然后就迫不及待宣布加入 NBA。

在当时的宣传之中，马布里比艾弗森占了如下便宜：纽约出身，他的成名更早也更响；他比艾弗森小一岁半；他的身高有 188 公分，而艾弗森则勉强达到 NBA 视为标准线的六英尺——183 公分；比起艾弗森起伏跌宕的大一赛季，马布里的大一似乎更稳——46% 的命中率、37% 的远射成绩，以及比艾弗森更胜一筹的失误控制。

马布里最大的筹码是：他一直担当着控球后卫。他的一对一技巧、游走和个人能力同样出众，但却比艾弗森更接近一个“纯粹”的控卫。人们纷纷谈论说，艾弗森在乔治城大学的角色，更接近一个攻击手，一柄利刃，但却不是一个组织者和指挥官。围绕着他的争议，无论是阿肯色大学还是亚利桑那大学，都在批评艾弗森的“以一对五”，批评他快到与全队脱离的节奏。

何况，艾弗森 183 公分的身高还掺杂了水分。

球员们在加入 NBA 前，会有详细的体测，包括穿鞋身高和赤脚身高；就在这两者之间，相隔一双鞋底的厚度，可以产生许多变化……譬如，巴克利究竟是 193 公分、195 公分还是 198 公分，永远争论不休；2004 年，伊哥达拉特意穿了一双薄底鞋，以便让自己不要高到 6 尺 7 寸（201 公分）；加内特穿鞋身高足有 216 公分，而在 NBA 花名册上，他的身高数字永远是初入 NBA 时的 211 公分，因为他不想太高而去打中锋。而像本·戈登这样实际只有 185 公分左右的家伙，虚报到 191 公分也许仅仅为了显得他比较像得分后卫；勒布朗·詹姆斯曾经有一段时间一直把自己报成 198 公分，即便他已长到了 203 公分——以便与他的偶像，那位伟大的 23 号致敬。

对于 NBA 来说，6 英尺即 183 公分，是一个分水岭，是 NBA 球员与正常人生死一线的断点。1994 年夏天，杰罗姆·威廉姆斯第一次看到阿伦·艾弗森时印象深刻：“这人 178 公分高，150 磅重，然后他在一个巨人头顶扣篮……”根据芝加哥人“一双球鞋增高一又四分之三英寸（4.4 厘米）”来计算，我们可以得知，艾弗森其实不过 180 公分，也许还没那么高。这意味着，阿伦·艾弗森在他的房间里赤脚踩着地板，她的女儿蒂奥拉所看到的父亲和美国街头寻常的一个黑人并没有两样：178 公分，或者 179 公分，正在平静地为她梳理小辫子——一点都不像 NBA 那些比正常人高一头的巨人。

1996 年 5 月，阿伦·艾弗森的处境就是如此。多年之后，人们会恍然意识到，那是一届多么伟大的新秀，而他处身于这群新秀的最高点。选秀大会之前，所有人都在议论纷纷，而他是焦点与中心：

上一个后卫状元是 1979 年入行的“魔术师”约翰逊——阿伦·艾弗森，会成为又一个后卫状元吗？

1996 年，由于多伦多猛龙与温哥华灰熊两支新军加入 NBA，榜眼和探花选秀签落到了他们手中。而状元签则交给了费城 76 人。他们有权利在所有的“美女”中选一个做“妻子”，可是，只有一次机会。你只有一次机会下赌注……于是，费城 76 人的管理层，成了最幸福和最烦恼的人。

02 费城的荣耀

费城是一座自由的城市。1776 年《独立宣言》在此通过，北美开始复活，就像一颗心脏开始跳动。在 NBA 的世界里，费城仿佛是流亡者迁徙的故地。首先，有支队伍叫做锡拉丘兹民族。如今这个队名已经湮灭无闻，只给人们留下了一些传奇的谈资；50 年代的民族球迷爱抽雪茄，烟雾甚至让湖人帝王中锋乔治 • 麦肯的眼镜受苦；名人堂前锋多尔夫 • 谢伊斯干瘦的身材与职业生涯超过 11000 的篮板球；1953 年和凯尔特人打了 4 次加时，观众们吼出死亡威胁。有谁知道他们得过一个总冠军吗？ 1954-1955 季，比尔 • 拉塞尔还在大学，麦肯已经退役。民族队的冠军合家欢里只有两个黑人。

而在民族队到来之前，费城的球队还叫做勇士。他们被遗忘得更彻底——比如，谁又记得费城勇士队是 NBA 史上第一个总冠军呢？ 20 世纪 40 年代中期，球体不规则，球场灯光昏暗，乔治 • 法尔克斯用胸前投篮得到 63 分被称为新闻。费城勇士的最初英雄，是“跳投之父”保罗•阿里津和内尔•约翰斯顿。你知道这对 50 年代的超级得分搭档一共揽过五个得分王吗？

20 世纪 60 年代，勇士厌倦了费城，于是去了旧金山，成为了旧金山勇士，以及后来的金州勇士；而民族队来到了费城。因为回忆起 1776 年的《独立宣言》，于是，他们叫做费城 76 人。

费城的骄傲是，几乎整个 20 世纪 60 年代，他们都占有着“杀神”威尔特 • 张伯伦。这个巨人，先属于勇士，然后属于 76 人，总而言之，他停留在费城上空，俯瞰大地。这个把大量时间消耗在女人、国际象棋、跳远、打桌球和玩电影之上的火星中锋，是篮球历史上最可怕的怪物。他在这两个队伍间盘桓，留下了那些令人爱恨交加的伤痕。在那些累累的失败之上，是各种巨大得令人眩晕的传说——1962 年 3 月 2 日，单场 100 分，1961-1962 赛季，场均 50 分，单场 55 个篮板球的纪录……费城吮吸着那些甜蜜的失败，如上瘾者迷恋于美丽的罂粟。胜利属于残忍的波士顿暴君，但绿色的冠军队永远无法吸引到张伯伦走廊外那排着长队的女人们。张伯伦 1966 年主动放弃了得分王，从凌厉妖异的杀人者燕十三变成了大圣大贤的天机老人，然后被 76 人抛去了洛杉矶。但是，他给 76 人揽下了 1967 年总冠军，费城队史最荣耀的时刻——单季 68 胜 13 负的伟大战绩，使凯尔特人王朝止于八连冠。独裁中止，独立精神万岁。

然后，20 世纪，费城在 70 年代的某年，打出 9 胜 73 负的常规赛战绩——NBA 空前绝后的最烂战绩。然后，篮球史上第一位飞人“J 博士”到来，“闪电手”莫里斯 • 奇克斯和篮板王摩西 • 马龙到来，然后是 80 年代首席“冷血刺客”安德鲁 • 托尼，以及 90 年代最伟大

13号维尔特·张伯伦，篮球史上最恐怖的杀神，为费城留下了孤星的传说，三十年后，艾弗森接过了这份传统。

的悲剧英雄查尔斯·巴克利。与60年代末的湖人一样强大与凄凉。他们有且只有一个总冠军，那是1983年："J博士"和马龙在总决赛横扫了湖人，横扫了联盟，但这强大的时刻只是昙花一现。于是，在历史上，他们的形象永远是骤马而来劫掠一番的诸侯，无法参与凯尔特人和湖人构成的时代壁画。费城76人在"J博士"时代，经历了三次总决赛败北，以及东部与凯尔特人兵连祸结的大战。每一次，费城都演得认真出色。他们是迷人的配角，即便在1980年总决赛败北时，他们还让"J博士"留下了那著名的篮板后滑行天外飞仙。

想必是张伯伦带走了这里的运数。"J博士"和马龙之后，巴克利扮演了一阵子孤独英雄，然后去太阳和火箭继续他悲壮的剧情。

这仿佛是费城的宿命：阿里津、张伯伦、"J博士"、摩西·马龙、巴克利。他们都是超越各自时代的天才，可是，他们在费城的岁月，都是些悲剧英雄，书写沾满血泪的残章。他们是完美的配角，总是成就那些坚韧不拔的王朝。他们都过于放浪形骸和富有才华，因此与这座注定自由的城市一样——过于飘逸、自由，因此永远不会被命运归入脚踏实地的胜利者之列。可是，他们给费城留下的就是这样的传奇：他们总会留下一个英雄独自对抗强敌涌来的时刻，然后书之史册。

03 | 以及霉运

就像所有励志肥皂剧似的，塑造孤胆英雄之城，一定要有足够的悲剧。于是要有奸佞小人、匪类和蠢蛋领导。费城颓靡了20世纪50年代后半期，在50年代最后一年得到张伯伦，孤胆七年，冠军，然后又开始了万劫不复的低谷。在"J博士"到来前，76人连常规赛9胜73负都经历过。然后，命运交给"J博士"：孤胆奋斗到1983年，摩西·马龙与他携手取下一座冠军。20世纪80年代后半期霉运就又来了。巴克利忍到了1991年，终于冲进老板办公室咆哮道：

"你他妈就是个种族主义者！"

灾难开始了。

1992年夏天，费城把巴克利交易去太阳队，得来了杰夫·霍纳塞克、蒂姆·佩里和安德鲁·朗。1992年选秀大会，费城以第9位选中了密西西比大学的"勺子"克莱伦斯·威瑟斯彭。这个小胖子和巴克利风格类似，算是给费城球迷心口留给巴克利的空白，填了一个影子。

霍纳塞克和威瑟斯彭各自完成了应负的责任：霍纳塞克场均19分7次助攻4个篮板，对一个193公分的白人后卫，你要求不了更多了。威瑟斯彭场均16分7篮板，比新秀季14分8篮板的巴克利并不稍逊。

可是，篮球不是两个人的。

1992–1993 季的费城，前 56 场输掉 37 场。1993 年春天，这种滑稽的丑角形象登峰造极：他们遭遇了西雅图超音速 149 比 93 的大屠杀，主教练道格·莫下台。赛季后半程的 26 战，76 人又输掉了 19 场。唯一值得安慰的是：他们得到了 1993 年选秀大会的榜眼签。

如果说世上还有比球队卖掉王牌后 26 胜更让人无语的事，那就是 1993 年 6 月的事故了：巴克利，在费城时虎落平阳的豪杰，率领太阳队领衔西部，拿到自己职业生涯唯一的一个常规赛 MVP，带领太阳杀到总决赛，和伟大的迈克尔·乔丹天兵怒气冲霄汉地大战了六场。费城就像一个可怜的慈善家，空为太阳做了嫁衣裳。

你如何安慰他呢？拍拍他的肩说：“算了算了，往者不可追。你还有个榜眼秀呢？振作重来吧。”

1993 年的选秀大会上出了很多逸才豪杰。多年之后，克里斯·韦伯被认为是联盟历史上传球最好、技术最全面的大前锋之一；“便士”安芬尼·哈达维在五年时间内和格兰特·希尔一起，被世界认为将继承乔丹离去后的王座；杰梅尔·马什本是 20 世纪 90 年代之后背身单打技巧最完善的小前锋；文·贝克被认为是凯文·麦克海尔之后步伐最优美的大前锋；阿兰·休斯顿在 1999 年确定了他史上顶级中投手之一的地位；萨姆·卡塞尔是天生的幸运儿——他入行两年就拿到了两枚戒指，38 岁退役时拿到了第三枚。

这些青年像琳琅满目的玩具般陈列在 1993 年选秀大会的台下。除了韦伯被魔术先选掉——随后和勇士交换了哈达维，费城任选一个人都可能改变命运。在这堆乱花渐欲迷人眼的景况下，费城决定选择——

伯明翰大学一年级的肖恩·布拉德利。

肖恩·布拉德利有很多优点。譬如：性情温和，相貌白净；虔诚的摩门教徒，却不像“邮差”那样肘下无数冤魂；与妻子琴瑟和谐，对儿子疼爱有加；退役后参加了一个学院的副校长、辅导员工作，也做得有声有色。在他 29 岁时，他全季罚球命中率达到了惊人的 92%，足以让沙克·奥尼尔羞愧至死。当然，76 人的选择，是因为他有 229 公分的身高。

1982 年，犹他爵士在第三轮第 72 位，挑了位加油站工人——马克·伊顿，进攻端除了做个肉墙外几无其他用途，但凭着 224 公分的身高，他成为 80 年代末 90 年代初，NBA 最好的防守者。76 人从中获益不少。他们相信红衣主教奥尔巴赫的名言：“啥都能教出来，除了身高。”

可是，76 人忘记了另一件事……

多年之后的今天，我们可以统计下 NBA 历史：七英尺三英寸，即 221 公分以上的巨人球员，一共有过 15 个。15 个巨人中，有 5 位只打了不超过两赛季。

有过单赛季场均得分 20 以上纪录的，只有二人：拉尔夫·汤普森——职业生涯三季之后就因伤处于半退休状态；姚明。

有过单赛季场均 10 篮板纪录的，三人：姚明、萨博尼斯、汤普森。

名人堂球员数字：0。

可以说，218 公分是一个分水岭。在这个身高阶段，还有天勾贾巴尔、穆托姆博这样的成功巨人。但 221 公分以上的巨人则是另一回事：他们经常面对的问题不是如何面对伟大中锋，而是跑跳和健康。

布拉德利绝不是一个不努力的球员。他披上了 76 人队的 76 号球衣，他满怀憧憬地说："我不敢说自己能和'鲨鱼'一样，但我会尽力做到最好。"等 76 人发觉他体重比档案上轻了 30 磅之后，他还很配合地每天狂吃 7000 卡路里热量的食物——你可以想象瘦弱白净的他像日本相扑手似的狼吞虎咽么？不幸，他有一副令"鲨鱼"及所有好莱坞女明星嫉妒无比、肯撒金倒银来换的、"咱就是吃不胖"的身段。

于是他成为了一个经典的反面角色：全联盟所有人都喜欢他。如今你去 YOUTUBE 搜索"Shawn Bradley"这个名字，排名前列的视频，都是"布拉德利十大被扣案例"——球场上最富有视觉冲击力的，莫过于在巨人头顶扣篮。在"鲨鱼"、尤因或莫宁头顶扣篮，等于太岁头上动土老虎嘴里拔牙。可是肖恩・布拉德利？他仙风道骨，不会计较的。于是，瘦弱的布拉德利以无数次作为扣篮背景，成就了 NBA 这门视觉艺术的最高贡献和永久谈资。

可以说，布拉德利是 20 世纪 90 年代费城最大的失败。1994 年 2 月，膝伤让他缺席赛季后半段。威瑟斯彭成为了球队核心，联盟年轻一代最好的大前锋之一，可是他的场均 18 分 10 篮板无法挽救球队。76 人以霍纳塞克从爵士队换来了杰夫・马龙——众所周知，爵士就此达成了爵士三老主轴，于 1997、1998 年达到了巅峰。76 人再一次为人做了嫁衣。1993-1994 季，倒霉的 25 胜——比前一年的 26 胜还差了一场。

1994-1995 季，威瑟斯彭继续场均 18 分 7 篮板的稳定表现，但新教练卢卡斯还是扶不起球队低下的进攻效率。球队喜剧般的 24 胜，继续比前一年的 25 胜下滑一场。肖恩・布拉德利场均 11 分 6 篮板——就在这季末，选秀大会上后他一位的"便士"哈达维进了全明星，并随着魔术去打了总决赛。

当然啦，76 人也并非亮点全无。他们还来得及派个人去全明星和哈达维碰个面。前一季用霍金斯换来的后卫达纳・巴洛斯，场均 20.6 分 7.5 助攻，82 场全勤，当季 NBA 进步最快球员——可是，这个 180 公分的小个子在 1995 年夏天成为自由人，离开了费城，去了凯尔特人。

——有心栽花花不开，无心插柳柳成荫，你刚想乘凉时，柳荫飞了。你作何感想？

1995-1996 季开始后一个月，费城绝望了。病急乱投医，把布拉德利托运去了新泽西，换来了德里克・科尔曼。这位爷可算大大有名：1990 年状元，211 公分的天才前锋。射程远及三分线，进攻技巧的万花筒。打前场三个位置，无不色香味俱全。在交换到费城前，在网队五季的场均数据：18 分 10 篮板、20 分 9 篮板、21 分 11 篮板、20 分 11 篮板、21 分 11 篮板——而且正当 27 岁的当打之年。

哪位问了：新泽西网的总经理白送了这么大一个人情，IQ 卡被盗了吧？

并非如此。

科尔曼才华横溢止都止不住，灵秀之气顺便转化成了骄奢之气。在新泽西，缺训、无视队规、带着队友肯尼·安德森哼哈二将，晃遍全城所有夜店。老帅查克·戴利管不服他，挂冠而去。新教练布彻·比尔德上任打算整风，先宣布球队的着装法则。一看科尔曼还是穿得花里胡哨，杀鸡儆猴地对他罚款。科尔曼的回答方式是一张空白支票：

“您随意填。”

用温柔却平庸的布拉德利，去换才华锋棱却骄横懒惰的科尔曼，费城颇有点病急乱投医——哪怕他把费城闹得天翻地覆，至少还有点天分吧，球队太需要天分了，平庸而死并不比混世魔王精彩。至于 1993 年夏天选择布拉德利时所怀抱的巨人传说？费城已经对之绝望。

在此之前的 1995 年夏天，76 人在选秀大会上以探花选择了杰里·斯塔克豪斯。北卡的天才摇摆人。和所有北卡的摇摆人，例如之前的乔丹和之后的卡特一样，运动能力非凡，技术全面，可以客串 2、3 号位，一对一能力突出，扣篮怪物。在大学时被认为有乔丹的风骨。他就是 1995 年率领北卡击败了艾弗森的乔治城的那家伙。他，加上科尔曼，加上已经崭露头角的威瑟斯彭，外加新签来的 1994 年随火箭取下总冠军的射手弗农·马斯维尔，猛将如云。复兴之光在天际闪动：费城要卷土重来了！

结果是——

德里克·科尔曼因伤只打了 11 场。斯塔克豪斯场均 19.2 分领袖当年新秀，和威瑟斯彭一起苦撑球队。76 人频繁伤病、交易，阵容生疏。76 人以队史第二差的 18 胜结束赛季——还好，有那 NBA 空前绝后的 9 胜 73 负垫底。然而，还是有项 NBA 纪录被不由分说安在他们头上。1989-1996 年间，76 人的战绩是：53 胜、44 胜、35 胜、26 胜、25 胜、24 胜、18 胜。逐年下降。他们在重建期获得了 1992 届最好的大前锋之一威瑟斯彭，1993 年的榜眼布拉德利和 1995 年的探花斯塔克豪斯。他们已经完成新老交替，可就是赢不了球——重建说是完全失败都不为过。

老板哈罗德·卡茨做够了慈善家，耐着性子看到球队如此挥霍他的投入，心理崩溃了。他把球队卖给了主营电视娱乐业务的康卡斯公司（Comcast Spectacor）。身兼主帅和总经理的约翰·卢卡斯理所当然地下岗，主教练由约翰尼·戴维斯接任，新总经理则是布拉德·格林伯格。球队主场搬到了新建的中州球馆（Core States）。最后，他们拿到了 1996 年的状元签。

这次，他们要小心谨慎了。

04 状元

有了斯塔克豪斯、科尔曼与威瑟斯彭，76 人并不缺乏锋线和得分后卫。他们急需中锋和控卫。球队总裁帕特·克罗斯和格林伯格日思夜想，寻找合适的人选。1996 届参选的优秀中锋屈指可数，马萨诸塞州的马尔库斯·坎比倒是个合适人选：封盖出色，篮板卓越，个子高挑而且跑动迅疾，就是有一点瘦……一听到“瘦”字，费城人立刻回忆起布拉德利被对手在头顶扣篮时的温柔表情，背后发凉。

算了，我们还是找控卫吧。

阿伦·艾弗森和斯蒂芬·马布里，最后的人选不出这两个。克罗斯和格林伯格左右为难着：艾弗森无与伦比的个人攻击力，马布里才华锦绣的控卫技巧，鱼与熊掌。格林伯格特意去问了约翰·汤普森教练，教练毫不含糊：“阿伦在球场上很听话，斗志旺盛，有感染力，是我见过最有天分的球员。”

他们和艾弗森约见了一次。他们确认这是个坦率利落的青年，确认了他确实不沾毒品，还从他不断谈论球队细节上，发现艾弗森是个热爱赢球的青年——对一支连续六年胜率下跌的队伍来说，一个迫切想赢球的青年比一个只想打出好数据的孩子，意义大得多。在之后与马布里见面时，格林伯格就有些迟疑。依照格林伯格对媒体的说法，马布里总是在“我”、“我的球队”上找话题。虽然这可能只是马布里的说话习惯，但对费城 76 人的管理层而言，总觉得怪怪的……

于是，76 人小心翼翼地做出了决定，但还有最后一个程序。克罗斯带着 20 世纪 80 年代费城“超级闪电手”后卫莫里斯·奇克斯，又约见了艾弗森一次：这次是为了做个心理测试。奇克斯问：

“联盟中的控卫，你最欣赏谁？”

“加里·佩顿。”

“为什么？”

“他很顽强。如果有人敢在他的防守下得分，他立刻会还以颜色。他还拥有卓越的背身单打能力。”

奇克斯沉默了一会儿。

“作为控卫，你觉得，被对手得分后立刻费尽心思回敬一球，是最明智的办法吗？”

艾弗森没回答，只是反问：

“那么，您最欣赏谁？”

“约翰·斯托克顿。”奇克斯说。他说出的是连续 9 届助攻王、NBA 史上总助攻、总抢断次数最多的、NBA 历史上最老奸巨猾、最标准、最冷峻、最教科书的白人指挥官。“他比任何人都理解比赛。”

艾弗森望着奇克斯，琢磨着他的答案，思索自己是否答错了。但奇克斯却转身对格林伯格说：

“就是他吧。”

很多年后，奇克斯如此解释：

“阿伦·艾弗森的选择证明，他是个痛恨失败的斗士。这就够了。”

同一个夏天，费城人民却在谈论另一个选择。1996 年 5 月 28 日，洛马里昂高中在宾夕法尼亚州总决赛中，以 47 比 43 打败了埃里天主教中学队，队史五十三年来首次夺得州冠军。此前一个月，这个球队的王牌天才已经宣布了：

“经过长时间考虑，以及听取了许多人的意见后，我决定将自己的才华，直接带进 NBA。”

1996 年春天，在费城一部分人的心中，这个青年才是真正的最爱。四年高中，他得到 2883 分。在此之前，宾州的得分纪录是 2359 分。那是四十年前，不朽的威尔特・张伯伦所创下的。在训练营，在一对一比赛中，他把斯塔克豪斯打得灰头土脸。斯塔克豪斯劝管理层：“我们可以在选秀大会搞定他。”

可是，费城并不缺少得分后卫。他们需要的是控卫。另外，用状元签选一个高中生？太冒险了。何况，和艾弗森约见并大体谈好意向之后，克罗斯在费城的每个角落，都会被人招呼：“嘿，帕特・艾弗森！”全世界都知道 76 人会选艾弗森了。

1996 年 6 月 24 日，专栏作者杰基・马克穆兰提早确认：阿伦・艾弗森绝对会是 1996 年 NBA 状元。费城 76 人需要控卫，全美第一控卫中标，毫无争议。而最重要的是，艾弗森已经公开对媒体说，他不会再会见其他的球队了。

这是他对费城表达忠诚的方式。

1996 年 6 月 26 日，新泽西大陆航空球馆，NBA 选秀大会。NBA 总裁大卫・斯特恩念出了那个名字。“拥有第一轮第一顺位选秀权的费城 76 人队选择的是——”

“乔治城大学的阿伦・艾弗森。”

克罗斯像孩子一样手舞足蹈。阿伦・艾弗森身着灰色西装上台，戴上了 76 人的帽子。

马布里第四位被明尼苏达森林狼选走，雷・阿伦第五位落到密尔沃基雄鹿。而那个被费城人民垂爱的本地少年，第 13 位被黄蜂选中，然后被换去了西海岸的洛杉矶：费城为之叹惋。毕竟，这个叫做科比・布莱恩特的孩子，被认为是费城之子。

现在，阿伦・艾弗森是状元了，是 1979 年“魔术师”之后，第一个后卫状元，NBA 历史上最矮的状元。当然，如你所知，NBA 状元是一个具有无限风险的刀尖。你可以成为万人瞩目的焦点，而你所居留的世界会与众不同。世界从此会对你无比苛刻。伟大的状元们成就霸业，世界觉得理所当然。而哪怕你的表现有一点点逊色于同届生——例如，1994 年的状元“大狗”罗宾逊之于榜眼的杰森・基德和探花的格兰特・希尔——即便你的成就再大，也会一世被阴影笼罩和嘲笑。

但对阿伦・艾弗森来说，那是以后的事。他展示了费城的 3 号球衣，拿到了大合同，可以腰缠万贯带着妈妈和妹妹们逃离街区。这是最为现实的事情。

1996 年夏天，阿伦・艾弗森 21 岁。NBA 的状元荣耀落在了他的头顶。这远不只是篮球场上的胜利。他不是贵公子，没有人为他铺设鲜花小径。他在陷没了无数少年——包括他最好的朋友——的沼泽里撑起了身子，一路攀爬，在淤泥之中摸爬滚打出了一个黎明。一个虽然暗藏杀机，但望去至少很灿烂的黎明。一个对天之骄子来说理所当然，但对他这个命运的抗争者来说，足以令人宽慰的，黎明。

1996 年 6 月 26 日，费城 76 人队在选秀大会上用状元签选中艾弗森，NBA 总裁大卫 · 斯特恩亲自将费城的 3 号球衣交给艾弗森。

05 | 宣言

1996 年是 NBA 的时代交错点。之前一年的夏季，迈克尔·乔丹退役、复出，王者归来。芝加哥公牛打出前无古人的常规赛 72 胜，乔丹得到划时代的第八次得分王、第四尊常规赛 MVP，公牛重归巅峰。之后的秋天，NBA50 周年即将来临。联盟未雨绸缪，正忙于寻找乔丹接班人。

那是个批量流水线生产乔丹接班人的时代。要重新找一个 198 公分、技术全面而优美、能够飞翔、能够得分如探囊取物、星球上最杰出的一对一选手、伟大的团队球员、无所不能的技巧，而且还能对用一眨眼或一微笑来醉倒媒体的人物，实在过于困难。因此，标准大为放宽。203 公分、走全面组织者路线的翩翩书生格兰特·希尔，以及 201 公分，风格更类似“魔术师”的轻盈后卫“便士”哈达维，是乔丹接班人流水线的模板。除此而外，NBA 敞开大门，欢迎一切能够接替乔丹，成为 NBA 头牌的人物。媒体在鼓噪金州勇士的斯普雷维尔、76 人的斯塔克豪斯，甚至小牛队的杰森·基德。

1996 年秋天，艾弗森对媒体说：

“我知道媒体不会看好我。许多人不信赖我。但是，我能成为 NBA 伟大球员的。我正在努力，我必须证明给你们看。”

艾弗森并不想改换自己的风格。他强调说自己会给队友斯塔克豪斯与科尔曼传球，但是，“我也不会放过任何得分机会。”他的理论很简洁：76 人摘他，并不是为了找一个指挥官。既然 76 人正在重建，让其他球员来适应他的风格是理所当然的。

这一切在费城 76 人的意料之中。球队依然没有像样的中锋，威瑟斯彭和德里克·科尔曼都是机动快速的内线，斯塔克豪斯也是开放场合的奔袭能手。因此，为一个高速控卫制造一个奔跑的集体，显然比较上算。在艾弗森之前，76 人已经尝到了达纳·巴罗斯的甜头。反正，费城不想再回到布拉德利那拖沓缓慢的时代了。

艾弗森代表费城参加了夏季联赛。那里的竞争氛围与 NCAA 相似。年轻人跑动、失误、展示技艺，只攻不守。他如鱼入大海。在开放体系下，进攻是无数简化的一对一。在这方面，他从无敌手。最后一战，费城击败了此前七连胜的湖人。对面的领衔者是费城少年科比·布莱恩特。

确切地说，也许那才是他们——多年后领衔联盟最强外围攻击手的费城的两个儿子——第一次交手。

06 首战

1996 年 11 月 1 日，费城中州球馆里卷过了一个五彩缤纷的巨大毛线球。全场球迷都被惊到了。他们发现这个毛线球在场子里到处转悠，这里喊几嗓子，那里蹦两下，喝几口饮料后，又开始指挥拉拉队。这一天的比赛，是 1996-1997 赛季费城 76 人的开幕战。全场球迷，包括那些身背阿伦·艾弗森 3 号球衣的球迷，都满怀热望，希望看到点新东西。可是球赛还没开始，他们就已经被灌了满眼的五彩颜料。最后，这个毛线球发现了帕特·克罗斯，于是以一只狗熊发现蜂蜜的架势冲了过去，蒙头盖脸把他拥抱住了。

“帕特，可以给我儿子加点薪水吗？”这个毛线球咧开被抹到宝石红的嘴唇问。

安·艾弗森，终于被克罗斯劝到了她的座位上，脱掉奢华的皮草外套，露出了牛仔裤和 3 号球衣，外加背后“艾弗森妈妈”的字样。球迷们纷纷朝她鼓掌、伸大拇指致意，而她一派得意洋洋。她是这一个夜晚，全世界最幸福的人：儿子买的皮草外套，儿子买的唇膏，儿子买的佩饰挂到全身珠光宝气。儿子马上就要打第一场职业比赛了。嘿，看到那边那个 3 号了吗？全场都穿着他的球衣！我的儿子！！

而在场地中央，阿伦·艾弗森在热身。这个球馆多年以后是他的领地，但在这晚，他却要熟悉这个篮筐，习惯有两万人居高临下俯瞰他打球的感觉。对面是密尔沃基雄鹿，雷·阿伦身披 34 号看着他。

在他们各自的第一场职业比赛中，两个阿伦相遇了。

与艾弗森的第一场大学比赛——与阿肯色的大战——类似，比赛节奏飞快。费城球迷觉得他们身处一场缤纷的舞台剧中。来往过于繁密，华丽场景太过迅疾，目不暇接。他们刚来得及品味第二节斯塔克豪斯的空中接力背扣，艾弗森立刻接奉了一个传球假动作后的扣篮——更爽脆利落的一击，让人犹如大口喝下一杯冰果汁。

这是一场地道的狂奔之战。艾弗森在木地板上飞行。晃人、切入、分球、投中。科尔曼和斯塔克豪斯，和当初的乔治城队友一样，也没能完全赶上艾弗森的节奏，但科尔曼毕竟胜过哈林顿太多。在快节奏中，他找到了攻击篮筐的方法，全场轰下 25 分，上了 12 次罚球。

雄鹿的后卫舍尔曼·道格拉斯完全跟不上艾弗森的速度，听任这个新秀在职业生涯第一场中得到了 30 分，19 投 12 中，6 次助攻。但他至少做对了一件事——和当初的阿肯色一样，以攻代守。全场他 13 投 8 中，22 分 8 次助攻。在兵戈交往错杂之中，他并没有艾弗森出色，但他并不需要和艾弗森一对一兑子。

只是，最后时刻，艾弗森还是不小心露出了真相：他终究是个新秀。比赛余三分钟，98 比 96 领先，他的一次犯规给了对手两次罚球。他跑去裁判面前投诉，裁判懒得多费口舌，

1996年11月1日，艾弗森在费城中州球馆（2003年更名为瓦乔维亚光谱球馆）上演自己的第一场NBA正式比赛，略显青涩的他在第一场便令世界目眩神驰。

在以垄沟头征服世界之前，阿伦·艾弗森曾有半个赛季以如此朴素的发型示人。

挥给他一个技术犯规。好局瞬间葬送。裁判的那记哨子也许包含有以下意味：

孩子，理智点，明白一下你的处境吧：这里是 NBA。

雷·阿伦全场 10 投仅 3 中，但就在之后一个回合，他投中了一记拉开分差的三分球。雄鹿 111 比 103 取胜。于是，阿伦 VS 阿伦的第一场比赛落幕。阿伦·艾弗森赢下了数据、掌声和赞美，但雷·阿伦赢下了比赛。

“阿伦·艾弗森，对 NBA 感觉如何？”

“感觉好极了。这里没有保守的防守。我可以随意得分。”

赛后的对答，证明他并没有完全懂得 NBA。他光芒耀目的败局，在日后将不断出现在他的生活中。

而且，不会再像第一天这样轻松。

07 偶像

艾弗森在费城的公寓里，有一扇门，涂有迈克尔·乔丹的巨幅装饰画。艾弗森很少吐露他对他人的倾慕，可是他从儿时就承认，乔丹是他的偶像。他曾经用自己擅长的画技，手绘过不只一张乔丹的画像。

他与那个时代的大多数少年类似。他们看着乔丹的镜头长大。他们发现，乔丹可以令篮球拥有如此之多的可能性。完美的一对一技巧，速度、节奏感、聪慧的混合。一个贫民窟里出来的黑人，成为职业体育史上最伟大的人物之一，成为世界的偶像，扭转了黑人的文化形象。

而现在呢，职业生涯的第二场比赛，他就要和偶像相遇了。

情况并不美妙。11 月 2 日，芝加哥联合中心这个王朝之都，前一天刚在费城与雄鹿狂奔一夜的 76 人，像刚与同伴争夺完水流的疲惫羚羊，遇到了威武的狮子。上半场，公牛 62 比 38 领先，此后沦为替补们的表演时间。费城最后惨败 29 分。

本来，这是很标准的戏码：大卫没有能够击倒歌利亚。乔丹喜欢给年轻人上第一课，给他们留点心理阴影。就在 1995-1996 季，斯塔克豪斯被乔丹残忍地制裁了。当时，他和老公牛旧党斯科特·威廉姆斯合演双簧，对着媒体大吹大擂，宣称可以击败乔丹。然后，斯塔克豪斯和以往那些可怜的配角一样，成为了乔丹神话的一部分。早上乔丹喝咖啡时读到此新闻后，将报纸随手递给他人。当天晚上，品读新闻的眼睛带满了血丝，斯塔克豪斯发觉自己的球衣像斗牛的红布：乔丹力劈 49 分，防得斯塔克豪斯只得 4 分，让这个北卡后辈永远地记住了这条定律：永远，永远，不要去尝试激怒乔丹。

可是，阿伦·艾弗森不知道这个规定。

他真正懂得对偶像致敬的方式。对乔丹表达热爱的方式是什么呢？对他卑躬屈膝吗？不是。像乔丹一样去和他本人战斗，这是艾弗森的方式。

1996 年 12 月 21 日，公牛造访费城——两天前他们在夏洛特削了黄蜂 21 分，正在打算过圣诞，而 76 人已 9 连败。

阿伦 · 艾弗森打了一个伏击：

从比赛一开始，他就加足马力，不断向乔丹挑战：他知道乔丹讨厌乔 · 杜马斯、凯文 · 约翰逊、达蒙 · 斯塔达迈尔那类矮个球员，他知道触怒乔丹不是好事，可他依然不断逆流而上地搏击，一点都没有表现出对乔丹报复的畏惧。即便失误颇多，他依然一次又一次的远射、突破，射中罚球。罗恩 · 哈珀抵挡不住，乔丹也被这小子的快速突破搅乱了节奏，29 投 12 中得到了 31 分。

而艾弗森得到了 32 分。

1996 年 12 月 21 日，艾弗森用一个球迷可以做的最好方式，表达了他对儿时偶像的敬仰：对乔丹最好的致敬方式，是一对一挑战，并打败他。

如果你了解乔丹的伟大和好胜，那你可以明白：这对他而言，是多么严重的忤逆。糟糕的是，数据会被人遗忘，但有一些情景则像传奇一样，会不断出现，比如：

下半场，艾弗森左翼斜插弧顶接球，乔丹扑前，展开双臂。艾弗森后退两步，几乎到了中场，乔丹则将步伐推进：动作已经念出了对白，球场上的八个人已经加入了观众的行列，这是一对一。

艾弗森的双臂如鸟翼般展开，左手、右手、胯下、节奏连续地变化。他的左手屡屡在沾球的同时轻微颤动，像鸟羽被风吹动。然后他动了：左手运球，在一个几乎凝固的瞬间后，球向前推进，乔丹的步子迅速右移，却发现艾弗森轻盈的悬崖勒马，球又一次回到了右边。然后，又一次向左，乔丹的眼睛像被丝线牵挂的木偶一样再次转向，这一次，艾弗森的步伐如剑一般突刺：他迅速地变向，身体到了乔丹的左侧，起跳，出手。乔丹奋起的右手封盖来得迟了，而且多少有些气急败坏。

那一瞬间，观众席上的奇克斯是否想到了半年前的对话？

“联盟中的控卫，你最欣赏谁？”

“加里·佩顿。”

“为什么？”

“他很顽强。如果有人敢在他的防守下得分，他立刻会还以颜色。他拥有卓越的背身单打能力。”

加里·佩顿，敢于在 1996 年总决赛和乔丹拼死纠缠的超级防守大师，用手，用脚，用自己蜥蜴般的舌头飙垃圾话，敢于死缠乔丹，而且挑衅、攻击乔丹，来消耗他的体力。丝毫不害怕乔丹对他的记恨和报复。阿伦·艾弗森也这样做了。他用一个球迷可以做的最好方式，表达了他对儿时偶像的敬仰：对乔丹最好的致敬方式，是一对一挑战，并打败他。

“我做了几个胯下运球，看他是否会追咬我的步子。我让他下决定朝一边扑出重心，然后我再收了回来。”艾弗森简单描述如下。

当然，76 人输掉了比赛。但是，阿伦·艾弗森挑战了 NBA 至高无上的权威，而且要一直如此继续下去。一切自那个夜晚开始：他用鬼魅般神奇的步伐和不知哪里来的勇气和篮球的上帝单挑，至少在那个回合，他赢了。

那是两个时代最强得分手交接棒般的对话。在迈克尔·乔丹波澜壮阔的王朝时期，再也没有谁能够让他如此尴尬。

08 | 闪电

新秀季进行完五周，艾弗森已经有了三个最忠诚的球迷。他的妈妈，每场比赛换着皮草与珠宝来看比赛。尖叫、跳跃、鼓动观众。他的主教练约翰尼·戴维斯，已经开始用最高级词汇形容他：

“艾弗森运球时的速度可以和联盟历史上任何人相比。他是伊塞亚·托马斯和‘精灵’阿奇巴尔德的合体！他让那些在联盟中以快著称的家伙看上去慢吞吞的。他的速度高他们一个级别。”

他助理教练，当初慧眼看中了他的奇克斯说：

“他让我想起了伊塞亚·托马斯，他能像“刺客”一样接管一场比赛。他还让我想起了古斯·威廉姆斯，当然，他比古斯还快。嗯，你也可以说他像阿奇巴尔德。呃，他的运球晃倒对手能力是如此之强，他已经开始吸引众人的注意啦。他正在开始做些传球，这样，他的助攻数字会不断上升的。”

艾弗森来到费城，母亲安·艾弗森也成了 76 人队最著名的球迷。

的确，在职业生涯的第四周，艾弗森就吸引了足够多的注意力。1996 年 11 月 26 日，76 人对湖人。半场结束前的最后一攻。76 人四人退到底线，空出弧顶给艾弗森。

这是 NBA 的惯例。每节的最后一攻，王牌会独自挑战对手。偶尔，四人沉底拉开后，会有一个大个子上来做个掩护。可是，费城 3 号不想要画蛇添足。他招手散开队友，运球，对面是和他同时进联盟的新秀后卫德里克·费舍尔。

费舍尔望着艾弗森有节奏地拍球，篮球像一颗鲜活的心脏一样跳动。他想起教练赛前的布置，“球探报告说，艾弗森喜欢从右手侧突破，你要留意他右手运球，从你左侧突破。”

全场盯着艾弗森与费舍尔的一对一。这类场景，艾弗森早已习惯——只是，七年前的他是在汉普顿的街头场，企图晃倒比他大一轮的大个子们，而现在没有露天球场的油漆味，只有木地板和球馆，还有两万观众。他阅读着费舍尔的眼神，原地运球，忽然用极快的节奏，做了一个向左晃的假动作——费舍尔的脚步像敏捷的猎犬一样，急忙朝自己身体右侧咬去。

“你要留意他从你左侧突破。”

——不是费舍尔忘了教练的安排，他的身体反应先于思考。接下来的瞬间快到匪夷所思。球已弹回艾弗森右手，他像一道电光般右手启动，从费舍尔身左划过。而费舍尔就像一尊石像。

当然，这个球没能成功。艾弗森的上篮挨了一记帽。216 公分的巨灵神沙克·奥尼尔一巴掌把球盖了出去，全场发出悠长的“呜”声。他们在感叹什么？巨人的魄力，还是艾弗森那一记电光火石的切入？大屏幕在重新播放这记华丽的晃动。艾弗森在掌声中走向更衣室。

那场比赛，他仅有 27 投 6 中。可是费城人民急着眉飞色舞地描述他那记华丽的切入，无暇去对他的数据挑三拣四。每当站上球场，哪怕他并无意为之，他都会自然而然成为主角。对手已经开始注意到他了。对，那个小个子，准备随时合围他！他面前的防守者已经不再抱希望跟上他，而只希望尽量减缓他的速度，以待援兵。

赛季进行了一个月，艾弗森就已经成为一个特别的球员。一个需要全联盟球探去刻意观察，需要对手主教练为他重行布置防守战术的家伙。虽然世界对他的锋锐度早有意料，但他还是超越了人们的想象。

很少人会去考虑他的橄榄球背景。他习惯了橄榄球的速度与强悍，因此，他敢于以飞蛾扑火般的决绝，朝对手撞去。躲避对手或与对手碰撞，这些东西早随橄榄球与汉普顿街头的对抗，融进他的血液里。

不经意间，他造就了一场革命。一场会书写入篮球历史中的革命——就在他打了一个月 NBA 之后。

09　第三代胯下运球大师

1891 年，奈史密斯发明篮球时，把这项运动想象成这个样子：球在人们手间蜻蜓点水般地传递，然后找到篮筐，就像摘桃子的姑娘们在果园里抛递采摘，而以下情景，显然出于他考虑范围之外：两条一米九开外的汉子彼此弯腰对视，肌肉紧张，就像斗牛士和公牛。两万人围观鼓掌，等着一个撞向另一个……和斗牛类似的是，如果那头公牛摔倒，球被斗牛士缴获，他们会集体欢叫，大屏幕会记录那头迷惘公牛的表情和汗水，人群对他比画手指。

而这就是 NBA。

摆脱对手防守有许多种方式。中近距离的球员，可以利用试探步、投篮假动作等技巧，做持球突破。但是，后卫们发动进攻的所在更远。他们很少从静止开始起步，更喜欢运球突破。

最简单最蛮横的第一步启动强行突破，足够有效，但天才后卫们并不喜欢这个。运球突破有种种华丽技巧：停顿步，变速，变向。而最华丽的，是胯下、体前或身后的大幅度双手拉球，不断的改变步伐和可能性，来玩弄对手——这个东西很难确切翻译。单纯把它叫做胯下运球未免简单了。它的本称，叫做 Crossover。

第一代 Crossover 大师，是 NBA 史上最伟大的控卫之一，奥斯卡 • 罗伯逊——20 世纪 60 年代除了张伯伦和拉塞尔外唯一获得过常规赛 MVP 的家伙，1961-1962 季场均创下单季场均 31.4 分 11.4 个助攻 12.5 个篮板的三双纪录。除了他的神话数据外，在许多技巧上，他都是教科书般的典范。如果你去黑白镜头里寻觅，其实他是一个玲珑浮凸的技术样本。除了他那经典的底线翻身跳投外，他也是 20 世纪 60 年代用胯下运球来变向最好的家伙。在人人都埋首低头忙于护球时，他敢大方地在体前做胯下、换手运球。他总使球保持在对方的触及范围之外，196 公分的身高和颇壮实的身体，他总是可以把对方和球隔开。

奥斯卡 • 罗伯逊最常用的花招是：斜向地缓慢运球，诱惑你贴近他，然后，一个幅度略大的展臂，似乎是变速的开始，接着的却是一个胯下换手，他已经变向闪到了你的侧边。到了晚年，速度已经失却，这一招却越发精练：变向与变速，慢变快的瞬间时差。胯下运球在罗伯逊那里，就是一个最简洁的变向方式。简洁而潇洒，就像斗牛士一个小侧身让过公牛，然后优雅地轻甩穆莱塔。

在此之后，NBA 有过其他的运球大师。20 世纪 70 年代，“珍珠”厄尔 • 门罗，用他绵软得犹如上帝制造的橡皮泥般的身躯，将后转身和半转身运用得犹如舞蹈。80 年代中期，年轻的乔丹擅长利用胯下运球变向加速，或是用一个反向垫步错动对手重心，然后自如的突破。

而第二代胯下运球大师，是 80 年代末的“甲虫”蒂姆 • 哈达维。他的招式，被称为“杀手 Crossover”。如果说，第一代 Crossover 被罗伯逊用来变向，那么，哈达维就用他的杀手 Crossover 来冻住对手——

胯下运球，左手转右手，似乎是一次变向的开始。可是，球瞬间又从左手弹回右手。这样一个简单的往复，就是杀手 Crossover。你知道他下一步会怎样，但你的步伐会被他的那一记胯下运球牵住，犹如木偶被丝线牵引。这轻盈的一个停顿与交错，就像一个瞬间的时间停止仪式，一记点穴：你全神贯注于蒂姆，于是，在他做双胯下运球时，你的身形条件反射地做出顿挫。这是蒂姆 • 哈达维对本能的利用：即便你知道他下一步会怎样，你还是会亦步亦趋，而他只需要选择一个他熟悉的节奏，你便被他完全放诸身后。

1996 年 12 月，第三代出现了：阿伦 • 艾弗森。

以晃开乔丹投中的那一球为例：艾弗森大幅度展开双臂，左手，右手，左手，右手，反复地胯下运球。每一次展臂都可能意味着一次假动作。你必须捕捉并跟上他的摇摆，不断细微地调整身体重心，来预备堵防他的切入。可是，你不能露出破绽。因为，你任何一次重心的处理不当或心志犹豫，都会被他阅读出来。然后，艾弗森的切入步伐就会像利剑一样，刺到你没有准备的那一侧。

在罗伯逊的单胯下变向和哈达维的杀手胯下运球之后，艾弗森的双胯下运球继续了对时代的改革。反复连绵地原地胯下运球，横向大幅度摇摆。如果说，乔丹的反向垫步是朝一侧做假动作，蒂姆 • 哈达维的杀手 Crossover 是在让你瞬间愣怔被他点住，那么，阿伦 • 艾弗

第三代胯下运球大师名号
属于阿伦·艾弗森。

森就是这一切的综合版本。他的双重 Crossover 是重复多次的变向、变速的试探，以他的球感与速度，你几乎想象不到他无法做到的运球方式，于是你当然也无法预测他的下一步——因为，他在不断地摇摆和试探中等候并诱惑你失误，然后把你晃倒。

当然，这开创先河的技巧，只是他武器的一小部分。闪电般的第一步、快速后转身、杀手 Crossover、停顿步，各种华丽技巧，艾弗森都了如指掌。他是运球突破技巧的集大成者。费城 3 号，第三代 Crossover 大师，打完职业生涯的前五周，他场均 21.8 分，6.4 次助攻，2.7 次抢断。在对纽约之战中得到 35 分，把所有企图防他的人都逼到犯规下场。在场下，他快乐地每天给 600 个篮球签上自己的名字。每天都有一些人开始知道他的名字，所有街区的水泥球场，都有孩子在模仿他标志性的运球过人。

阿伦·艾弗森。这个名字，在他成为职业球员仅一个月，便开始如雷贯耳。他成为明星的速度，甚至比他的运球过人还要快。

只不过，稍微有点太快了。

10 叛逆的角色

媒体最热爱的勾当，无非捕风捉影和添油加醋。1996 年年尾，他们终于逮住了只言片语。11 月 2 日与公牛交战前，艾弗森说：“我在场上不会惧怕任何人。”此后，有媒体开始说，艾弗森在比赛中也对乔丹嚷：“我不会惧怕任何人！”甚至，连那记优美的胯下运球晃过乔丹，都被认为是对老将的不尊敬。

记者如闻到血腥的鲨鱼一样兴奋起来。迈克尔·乔丹的王朝时代，所有人都惧怕他的神威而毕恭毕敬。有个一年级生愿意朝王座发出怒吼，而且这孩子还是个天才。艾弗森的经纪人大卫·法尔克老奸巨猾鼻子灵敏，嗅出了媒体的意图，赶紧出来打圆场：

“迈克尔是阿伦的偶像。可是，阿伦不希望因为对迈克尔的尊敬，影响了球场上的较量——大概就这意思吧？”

可是，各方媒体并不蠢。1996 年，球员们都已经学乖了，很少会像 20 世纪 70 年代似的，口无遮拦互相打嘴仗。NBA 的坏孩子们销声匿迹，最坏的丹尼斯·罗德曼已经成为公牛的大将、乔丹的羽翼。看到艾弗森，媒体认定他们终于找到了一个和乔丹对掐的反派叛逆角色，这可是每天用来填专栏首页的无价之宝啊。他们继续包围艾弗森，探问他，诱惑他，给他设计无数语言陷阱。来不及采访他的媒体纷纷开始抓住他的其他部分：不良少年背景，街头男孩背景……嗯？还进过监狱？啊哈！

大卫·斯特恩 1984 年当 NBA 总裁时，NBA 里有一群会喝酒、会吸毒、会得艾滋病的家伙。十年之后，总裁把这个球员联盟搞成了一个剧场演出式联盟，而且找到了剧场形象代言。联

在新秀赛季，艾弗森便开始经受媒体的误解、队友的责难。而这丝毫无碍于他的飞驰。

盟的偶像是迈克尔·乔丹，毫无疑问，飞翔灵动的他比沉默的贾巴尔、不爱进攻的拉塞尔、猩猩模样的尤因们更招人喜欢。斯特恩非常清楚他的职责，他负责推广的不是篮球运动，而是 NBA 这个联盟。他在试图把 NBA 从一个拳打脚踢、喝酒吸毒、大笨熊们的运动变成一项高雅的富有观赏性的白领运动。1996 年，媒体热爱格兰特·希尔和“便士”哈达维，因为他们都是翩翩君子，前者尤其是贵公子。而街头出身的青年和高中生球员一样，是要被打入另册的：他们总被看成滋事者、酗酒者、一夜情、更衣室捣乱者。

确切地说，不是媒体发现了阿伦·艾弗森的顽劣和叛逆，而是他们试图制造渲染出这么一个顽劣和叛逆的形象。

而且，他们真的找到了些蛛丝马迹。

成为状元之后，艾弗森在费城做了个奇妙的亮相。在一群西装革履的球队人员中，他独自穿着锐步衬衣，歪戴着帽子。他的身旁，张牙舞爪的汉普顿死党们前呼后拥。他们和安·艾弗森一样，珠光宝气得近乎俗气，放胆大笑，满嘴俚语玩笑。76 人试图制造一个温文尔雅的歌剧院氛围，可是艾弗森和他的死党们，让发布会变成了黑人嘻哈乐演唱会现场。

克罗斯有些紧张。他和格林伯格旁敲侧击、小心翼翼和艾弗森谈及过此事。他们暗示艾弗森：他已经是 NBA 状元，是体育明星、千万富翁。他应当文质彬彬、吐属风雅。应当流露出标准的微笑，说最幽默、最聪明的言论让媒体刊登。那些哥们，他们会牵累他的形象，应该轻飘飘地把他们褪下。就像任何一个发财的人一样，立刻扔掉家里储藏的啤酒瓶、外卖快餐盒，开始研究红酒年份、鱼子酱的口感和跑车。

“你们不明白。”艾弗森对媒体说，“他们是我最好的朋友。我在监狱中时，他们照顾我的家庭。我不可能和他们分开。我对朋友是绝对忠诚的。”

在此之前，他已经对媒体解释过了。“我说我不需要尊重任何球员，那是指在球场上。我不想在场上显出对任何人的畏惧。”可是呢，媒体并不会因此就宽待他。打造艾弗森不良青年的工程在 1996 年底开始，不可能停止。如果他赶紧改头换面，也许还来得及。

可是，艾弗森拒绝掩盖过去，他听任他的朋友和妈妈在他周围喧嚷。他不仅不加掩盖，而且为之自豪。他要让世界知道，他就是汉普顿街头出来的青年。他的过去被固定在那里，永远都不会改变。

承认并忠实自己的过去，忠实于自己在过去的友谊与亲情，苟富贵无相忘。于是，叛逆的形象构造完成。阿伦·艾弗森在 1996 年末的无数杂志报刊封面上，用桀骜不驯的眼神看着你。

此后十年中，媒体笔下的他，一直用这种形象睥睨着世界。

11 自我

1996 年底至 1997 年初的冬天，阿伦·艾弗森经历了 1993 年保龄球馆事件后，最曲折的一季岁月。舆论如潮汐，在他的耳边沙沙作响，不断把已被抛离的过去冲上海岸，供世界参观。

他并不是一个复杂的人。他从那食人沼泽般的街区长大，所以信奉弱肉强食。他看着母亲像蚂蚁般渺小却执着地工作，于是相信勤劳致富。他经历过监狱、背叛、污蔑和忠诚，于是相信那些粗俗却鲁直的哥们。他相信科兹洛维斯基教练的话，所以忠实于自己的内心做事。一切本该简单得自然而然。

可是 NBA 以及 NBA 的世界，却提早向他暴露出了美丽风景下的面目。花团锦簇的面目之下，暗藏着无数吞人的旋涡。在表面看来，你只要打好球，就可以成为优秀的球员。可是 NBA 并不止于此。利益、算计、诱惑、陷阱。约翰·汤普森担心的一切，在慢慢找上艾弗森。

他带着费城 76 人，常规赛前 12 场 6 胜 6 负，自己场均接近 22 分。对此卓越成绩，媒体选择性无视了。唔，那不是状元应该做的吗？媒体正忙于纠结他对乔丹不敬的言论。而当 1996 年 12 月费城一波八连败后，非议立刻追来。面对公牛得了 32 分，在丹佛得了 31 分？嗯，你得分很多？你助攻了吗？你是否帮助了队友？

状元的身份，总会让新秀压力重重。而艾弗森面对的压力，则是历史上所有新秀中屈指可数的。他的优点和缺点都如此明显，所以热爱与非议他的人两极分化；他的形象早早被树立成桀骜不驯的叛逆青年；76 人并没有一个德高望重的老帅或管理层大师，能在媒体面前保护他。

应对争议的最聪明方式，除了顺从，便是置之不理。可是，自从保龄球馆事件后，他就拒绝对公众压力低头。乔治城时期，汤普森更教给了他那句真理：

“一个人对抗世界……不是挺过瘾的吗？”

他对应公众舆论的风格，犹如他的切入冲击，犹如他在橄榄球场上奋死不顾的突袭。即便面前是师兄尤因领衔的纽约铁汉内线，他也小鸟撞飞机般的终己不顾。世界不喜欢汉普顿的街头青年，是吗？那我偏要让你们看看。

1997 年 2 月，NBA50 周年的庆典在克里夫兰的全明星周末上演。艾弗森去了。他还不是全明星，但却需要参加新秀挑战赛。在他出场时，联盟震惊了。

赛季初期，锐步公司为他设定的形象是嘻哈风。肥裤腿、宽衣着，宽松简单，带涂鸦的外套。高中时期，他留着简洁的小平头。在乔治城，他剃了亮到反射球馆灯影的光头。在 76 人的前几个月，他在慢慢让头发长起来。稀稀疏疏，像青涩的小草。

然后——

全明星周末，他顶着一头纹路分明的垄沟头出场。在这个所有球员都商务套装俨然白领

1997年2月8日的全明星新秀赛上，第一次以垄沟头出场的艾弗森获得MVP，举起了步入NBA后的第一个奖杯。

人士的欢场，出现了一个街头说唱乐歌手，一如龙井茶里倒进了一瓶烈性龙舌兰酒。忙着和NBA50大巨星套瓷的记者回过头来，被这新潮发型的光芒灼伤了眼睛。

这是他的宣言：他就是这样对抗一切，他就是这样自我。他不需要任何人来对他的生活挑三拣四。他有自己的生活和打球方式。

1997年2月8日，全明星新秀赛，阿伦·艾弗森领衔的东部对上科比·布莱恩特领衔的西部。东部主教练是红衣主教奥尔巴赫，西部则由他的老冤家，纽约史上最伟大的主帅雷德·霍尔兹曼带头。两位老人家都是古稀开外。联盟安排他们出阵，是NBA50周年的一部分——由两个从50年代统治到70年代的老人家来带一带孩子们，这是NBA历史传承的一部分。

毫无默契的天才少年们，打了一场典型的新秀赛。上半场，艾弗森飞走如风，率领东部队遥遥领先。下半场，科比开始独力行动：持球，奔袭，直突禁区，全场最高的31分。可是东部队终究胜了，艾弗森成了新秀赛MVP。在他和科比的第二回合，依然是他赢下。

可是，那一夜的焦点并不在此。

虽然命运后来会证明，他和科比的这次相遇会在历史上留下如何的伏笔，但当晚最动人的是艾弗森和奥尔巴赫的交流。红衣主教，NBA史上最伟大的人物之一，亲自执教九枚冠

NBA1996—1997赛季全明星新秀赛当晚最动人的一幕便是艾弗森和红衣主教奥尔巴赫的交流。NBA史上最严厉的枭雄和史上最叛逆的青年，居然相谈甚欢。

军戒指，幕后掌握经营凯尔特人四十年，为波士顿拿下十六座冠军，亲手自小培养出八名NBA50大伟大球员的大宗师，顶着一头如雪白发，教导垄沟头阿伦·艾弗森细节。艾弗森恭敬地聆听，提问，点头。这一幕让媒体哑然：他们架起摄像机，准备拍摄主教大人和叛逆青年对吵得火星四射，然后就又有了艾弗森的新罪证。可是呢，他们似乎相谈甚欢。

当他举起新秀赛MVP时，克里夫兰球迷对艾弗森嘘声一片。艾弗森面色如常。因为，他也许是NBA史上，所有21岁年龄段球员里，挨嘘最多的一个人了。他平心静气地走进过道，仿佛刚才取得新秀赛MVP奖杯的那人并不是他。

在他身后，主教大人面对围绕着他的记者，说：

“艾弗森？这个孩子，他是可造之才。拥有如此的天分与炽烈，他可以被调教得很好。我喜欢他。对，我喜欢他。”

12 四面楚歌

然而命运是神妙莫测的，世界的思想由于人数众多而潮流浮动。红衣主教的话语没有拯救他。1997年全明星赛之后，围绕艾弗森的非议继续壮大。

发型、叛逆、大言不惭，到后来细节已无关紧要。对艾弗森的反对，成为了一种概念性的事情。曾经无恶不作我行我素的丹尼斯·罗德曼，也俨然改过向善地说：

“艾弗森说他没必要尊敬任何人？如果我是他的队友，我真得敲敲他的头了。”

在传媒阵营中，《纽约时报》冲锋在前，大呼酣战。而且拉起大旗言之凿凿：“联盟里的老球员，私下里都嘲笑艾弗森。”第二波追加火力则直接指名道姓：“在和乔丹比赛时，他对乔丹出言不逊！”在所有传媒争先恐后跟进之后，《纽约时报》又独辟蹊径，杀到了费城内部，大义凛然，俨然第一手材料：“在76人队训练的过程中，队友们对艾弗森纷纷表示不满！”

最后这个消息被费城的所有球员否认了，但毕竟无风不起浪。1997年1月，76人霉运当头，19场比赛中有18战是低着头离开赛场的。艾弗森大一赛季的瑕疵，在NBA出现了：19战18败后，他的命中率39.5%相当难看，每场则有联盟第一的5次失误。媒体捕捉住了76人内部一个匿名球员的言论：

“他真的很有天分，嗯，但是，我们需要他成长——成长再快点。”

传媒、内部的讨伐之后，联盟其他的球员也开始谈论艾弗森。曾经独力支撑费城直到心力交瘁的查尔斯·巴克利，也来对旧主表达关心。率领休斯顿火箭120比99血洗了76人之后，他有了品头论足的口实。

“我不知道他怎么会这么有信心。如果我输了十几场，只赢了一场，我会反思一下……也许我根本没那么棒。我效力过最烂的队都不会打出什么 17 战 16 败之类的战绩。”

艾弗森从克里夫兰带回新秀赛 MVP 的同时，76 人的队友们正在和媒体诉苦。那些言论被放大、印刷，放在所有版头。队友们埋怨自己接不到球，埋怨艾弗森自私。帕特·克罗斯只好四处救火。他笑容可掬地对每个记者说：

“啊，失误是让人沮丧，但那不是成长的一部分吗？嗯，他说他没必要尊重任何人——大家都误解了，阿伦的意思是，他没必要畏惧任何人！”

艾弗森在 1996 年 12 月，一度命中率低到 37%。理由很简单：他的首场职业比赛中之所以拿到 30 分，是因为雄鹿对他的了解，仅限于传说、大学录像和雷·阿伦的口述。所以，他可以随心所欲地切入，19 投 12 中。可是，两个月后，全 NBA 都开始把他放到显微镜下研究，一分分、一寸寸地解剖。1996 年 12 月的那次半场斗牛，他把费舍尔晃成了石像，可是“鲨鱼”了解他的下一步动向，阻挡了他。1997 年 1 月 3 日，费城对勇士。金州的闪电扣篮大师斯普雷维尔苦口婆心地忠告队友：

“最好勒紧袜筒和护踝，以免被那小子晃断了脚踝。”

艾弗森还是得到了 26 分，可是加时赛中，他被勇士孤注一掷的封死了。五天之后，他一生中第一次做了替补。那是在 76 人对小牛的比赛。球迷们伸长脖子，察觉首发阵容里似乎少点什么……嗯？少了一个 3 号？！艾弗森替补出场。虽然这替补多少有些象征性——他还是在场上奔跑了 31 分钟，14 次出手，得了 22 分。

剥夺掉艾弗森的首发位置，并没让 76 人踏上胜利之途。可是人们已经大体形成了这么个共识：由于阿伦·艾弗森的存在，76 人的队员都拿不到球，无法开展进攻。因此，艾弗森的个人得分，是牺牲了球队其他人利益的前提下得到的。

1997 年春天，抨击阿伦·艾弗森是一种流行。对他的非难，不再局限于某个细节、某个段落。艾弗森是一个现象。在媒体眼里，他代表着年轻天才们的优点：匪夷所思的速度、才华横溢、顽强、勇猛、执拗——以及缺点：打球自私、做人自我、缺乏组织能力、低命中率、毛躁、无法无天。

他的垄沟头，他的低命中率，他的高出手，他的高得分，他的街头背景，他的死党，他的桀骜不驯，他的拒绝尊重权威，他的无畏。这些构成了一个整体，一个被传统派系仇恨的形象。老一代的价值取向厌恶这种对比。他们推崇的是老谋深算、深沉多智、稳定、精确、自律。

在这过程中，与其说艾弗森和老一代球迷、老一代 NBA 是对立的，不如说，媒体了解老一代球迷与 NBA 厌恶这种性格，于是把艾弗森渲染成了这种形象。艾弗森并未刻意去把他的生活方式推广。但是，老一代人在他面对置疑时的反击和自卫，当作了一种挑衅。

于是，职业生涯不过半季，艾弗森就进入到了一个是非旋涡之中。NBA 历史上，从来没有哪个新秀，在新秀季过半时，便获得如此强烈对立的爱，以及更多、更压倒性的仇恨。

13 纪录

世界是永远不会满意的。全明星后的四场比赛，艾弗森命中率仅有 24%，76 人四连败。媒体连忙宣布："这小跑车油用光啦。"

——根本没人去注意，他在这四场中送出了 33 次助攻，一共只有 9 次失误。

艾弗森在全明星赛后，尝试着无私，尝试着多给队友传球。2 月 20 日，19 投 10 中外加 13 次助攻；两天后，17 投 7 中 12 次助攻。76 人两连胜，球迷们发现，那 24% 命中率的四场耻辱之战，只是艾弗森在适应角色。进入 3 月，他打出了新秀季至今最自如的境地。3 月 12 日再战公牛，他 23 投 15 中 37 分，让公牛只险胜了 4 分。3 月 28 日，他用另一种风格作战：16 投 8 中 18 分，10 次助攻，击败了凯尔特人。整个 3 月，场均 22.6 分 7.2 次助攻，命中率回升到了 46%。

他在用自己的行动回击自私的指责。他并没因为周遭的攻击而憎恨世界。他继续每天为 600 个篮球签名，而且对每个球迷微笑。他开始学习阅读局势，寻找队友的位置。奇克斯的预想是正确的——"呃，他的运球晃倒对手能力是如此之强，他已经开始吸引众人的注意啦。他正在开始做些传球，这样，他的助攻数字会不断上升的。"倘若如此延续下去，也许，他能够通过突破分球、牵制对手，从而为队友提供空位投篮机会，成为一个优秀的组织者呢。

可是，意外到来了。

赛季场均 18 分的德里克 · 科尔曼因伤提前结束了赛季。76 人的内线，只余下了威瑟斯彭这最后一门重炮——而且威瑟斯彭并非可以在内线砍杀的巨人，而是机动型的矮壮坦克内线。

4 月 2 日，艾弗森送出 8 次助攻，助斯塔克豪斯强取 36 分，可是 76 人却被弱旅多伦多猛龙狂胜 22 分。接下去的两战，斯塔克豪斯继续主攻，然而 76 人继续败北。三连败后，艾弗森决定动手做点什么。

所有的格斗类电脑游戏都有一个俗套。当你被人砍了许多刀，而且刀刀带血命悬一线时，主人公都会怒喝一声，火光四起。一个大招黑天覆地地祭出来，把周围的喽罗秋风扫落叶一样扫荡得满天乱飞。同理适用于绝大多数动漫及肥皂剧：主人公被打倒后，对方魔头一般不予杀戮，而是欢天喜地的"啊哈哈哈哈，我终于把你踩在脚下了吧。我踩，我踩，我踩！"然后主人公大吼一声，刚才还九死一生的羸弱身躯忽然成了金刚不坏之躯，把反派叮当五四一顿乱揍。

这就像杀出垓下、未到乌江，东城山冈上的项籍。身边已没有十万楚军，只有二十八骑。已入绝地，反而不需瞻前顾后，不需俯首地图，驱策天下大局，只需要信马由缰。

76 人教练放开了艾弗森说：你，随便吧。

在新秀季，实际身高180CM上下的艾弗森，除了用炫丽的速度让对手记住自己，还能时不时像大个子那样上演扣篮的好戏；在1996—1997赛季，费城客场球衣是红色的。

在他的新秀季，从来没有人看到过100%的阿伦·艾弗森，直到1997年4月。4月7日，公牛最后一节施展帝王之色，41比25高潮，最后以128比102大胜了76人。然而，联合中心那些习惯胜利的球迷，却瞠目结舌：

斯塔克豪斯被乔丹防到20投6中只得17分。可是，上半场结束，76人只落后3分。阿伦·艾弗森，自从上场便再未坐回替补凳。48分钟打满全场，32投16中，三分球14投6中。44分。

公牛可以在进攻端轰溃76人的防守，乔丹和皮彭合计49投25中得到58分。可是，芝加哥没人阻拦得住艾弗森。确切地说，不是阻拦，因为艾弗森奔行如电，根本不给芝加哥落下阵地战来防守他的机会。芝加哥人体会到了1994年12月阿肯色大学的痛苦：用捕鹰的网追杀蜂鸟是注定失败的。他太快了，完全在另一个速度档飞行。

两天之后的费城，艾弗森在抢断王布雷洛克的追赶、大山穆托姆博的坐镇之下，面对亚特兰大鹰队砍取了40分，又是一场比赛打满48分钟。比赛结束，他立刻马不停蹄地随球队飞到密尔沃基。这一晚，他没再像机器人一样撑满全场——他休息了5分钟，可是在43分钟里，他还是28投16中，得到了44分。

两天之后，他重回克里夫兰。两个月前，他在这里领受新秀赛MVP奖杯，承当红衣主教的赞美。那一晚他得了19分9次助攻。在他领奖时，克里夫兰人民对他发出了嘘声。为什么呢？是因为他得分不如对面科比的31分多吗？

好吧……

这一晚，32投17中，三分球9投5中，罚球18投11中。费城3号阿伦·艾弗森，50分。

他得50分这天，离他22岁生日还有56天。他无意间夺下了一个纪录。他成为史上第二年轻的50分获得者——里克·巴里，NBA历史上最高傲、最桀骜不驯的人物之一，保持着21岁261天的最年轻纪录。

从这一夜开始，你必须开始认真考虑一个事实了。世界依然对他的投篮数字和战绩指指点点，但是，艾弗森的某项数据，逼迫媒体翻阅60年代的得分纪录。这类事情，并不是每个赛季都会出现。《纽约时报》依然用嘲讽的口气谈论76人的失败，但他们还是说了一句：

“无论如何，他是个特殊的家伙。”

又过了两天，特殊的家伙29投15中，得到了40分。他有了一项自己的纪录，而不必屈居于里克·巴里身后。NBA漫长的50年历史，那些在克里夫兰出现过的50大伟大球员，以及其他湮没于史册中的巨人，张伯伦、乔丹、贝勒、巴里、佩蒂、乔治·格文：

这些探囊取物的得分狂中，也从来没有一个人，能够在新秀季，连续五场得到40分开外。

你可以说，这一切有偶然的成分。如果德里克·科尔曼没有躺上病床，如果主教练戴维斯没有在季末心神不定听任球队自决，这神奇的故事也许不会上演。当你回顾这五场名战，你看到的将是：

阿伦·艾弗森，一个快满22岁的183公分小个子，八天内辗转于四个球场，一共只在板凳上坐了十分钟，连续五场得到了 40 分以上。

可是在媒体眼里，这五场则是：

五场比赛，他场均出手 30 次。第五场，比赛还余下 20 秒，教练依然把他留在场上，让他得到 40 分，以完成他的伟大纪录——而球队以 20 分败北。这一次，关于自私的声讨格外强烈。即便两天之后，艾弗森单场 11 次助攻让球队击败网队，争论依然在继续。

这一次，出来指责艾弗森的，是斯塔克豪斯。

整个赛季，媒体都在用斯塔克豪斯、科尔曼和威瑟斯彭举例，试图证明艾弗森的独断专行。斯塔克豪斯时常或明或暗地抱怨，认为自己没得到足够的火力支援。可是，科尔曼场均 18.1 分、14.7 次投篮和 43.5% 的命中率，都比他前一季有所提高。而另一方面，媒体一面为斯塔克豪斯“得不到投篮机会”打抱不平，一面假装没看到他场均 16.1 次投篮和 20.7 分，比新秀季的 15.2 次投篮、19.2 分要高。

有一个事实富有荒诞喜剧的意味。媒体在评论艾弗森对队友的忽视，可是没法举出数据的例子。科尔曼？斯塔克豪斯？他们的出手数和得分都较前一季有提高。76 人的角色球员——威瑟斯彭领衔的其他帮手们——的确出手偏少，可是，在球传输过程中，占取他们出手比例的并不只是艾弗森。科尔曼早在网队时期就被认为持球过多，斯塔克豪斯也同样有不爱传球的毛病。

事实是，76 人的三大王牌——艾弗森、斯塔克豪斯、科尔曼——都是需要球权来攻击的选手。球权遭到他们三人垄断，角色球员不剩下什么。可是，在 1997 年 4 月，角色球员拿不到球的责任被媒体全数放在了艾弗森身上。而斯塔克豪斯此时出来扮受害人，多少有些得了便宜卖乖。

“华盛顿大比分赢了我们，教练到最后 20 秒还把阿伦放在场上。纪录太无聊了！我也需要投篮机会！”

从春天开始燃起的艾弗森 VS 马布里战火，因为这连绵不断的 40 分，因为斯塔克豪斯的表白，重新炽烈起来。

14 | 争议，年度新秀

1996 年选秀大会之前，马布里和艾弗森分别代表了两种倾向——组织者，得分手。他们早早确立了彼此在媒体中的形象。

斯蒂芬·马布里，纽约的街球大师，在纽约街头灯光场混过的老油条们都点头承认，这家伙是天生的一对一选手。他没有标志性的切入动作，因为他也是一个切入动作博物馆。他有通灵的球性，以及看穿对手的读心术。所以，他总能够先对手一步移动到自己想去的所在。

可是，他远远不能算是传统意义上的控球后卫。

他的优异在于他的一对一摆脱、突破分球、个人攻击力，以及外围的大范围游动、将球运行起来。但在把握进攻节奏、阵地战指挥、送出高质量传球这些方面，马布里也不是天生精通：他也需要锤炼才能臻于老辣。甚至在个人形象上，他也顶着一个玉米地垄沟头的发型。他的街球背景，还深过阿伦·艾弗森。

可是在 1997 年春天，媒体先给他戴上了“团队组织者”的帽子，然后推上擂台，用来和阿伦·艾弗森对垒。

事实是，1997 年，举世利用马布里打压艾弗森时，时常忘却马布里 40.8% 的投篮命中率还不如艾弗森的 41.6%，他的得分、篮板和抢断都低过艾弗森。他场均 7.8 次的助攻比艾弗森多出 0.3 次——换言之，当时马布里其实也在慢慢熟悉 NBA。

也许媒体并不是真心认为马布里更强。媒体需要一个人用来和艾弗森形成完全对比。他们找到了。不管马布里顶着同样的街头发型，同样在慢慢熟悉联盟，只要他的助攻比艾弗森高，那么不管三七二十一描述成团队大师再说。这个现成的擂台工具，加上斯塔克豪斯的证词，加上全联盟老队员们纷纷不断地批评——好了，阿伦·艾弗森包围网彻底形成。对立面模范，队友的质疑，老球星们的不满，媒体的围追堵截。

这时还留在他背后的，只有他的妈妈、他的小弟们，还有帕特·克罗斯了。

1997 年 4 月，阿伦·艾弗森的第一个职业赛季落下帷幕。出战 76 场，首发 74 场。场均 40.1 分钟的铁人战绩。场均 23.5 分 7.5 次助攻 2.1 次抢断。41.6% 的命中率和 4.4 次失误则和他大一时的风格类似：过快的速度导致了精准度的缺失。

以及：1997 年 5 月，他职业生涯首座个人奖杯：1996-1997 季最佳新秀。

克罗斯认为这个奖项理所当然：“如果年度新秀不是阿伦？那么，大概评委被场外因素影响了吧。”事实证明，评委们还算客观，但媒体并不尽然。这座奖杯，与新秀赛季艾弗森大多数的事迹一样，又成为了围绕他的争议之一。媒体一手指着跟随森林狼打季后赛的马布里，一手指着 76 人队 22 胜 62 负的常规赛战绩，理直气壮地谈论：联盟太偏袒艾弗森了，篮球运动的本质难道不是集体运动吗，诸如此类。

可是，阿伦·艾弗森超脱于这一切之外。

年度新秀颁奖前一周，76 人队发现他们找不到艾弗森了。接下来的几天，他们像联邦警察寻找即将爆炸的原子弹似的，把世界翻了个遍，最后发现艾弗森在弗吉尼亚故乡，和他的死党们享受假期。电话追到他时，他慢条斯理地回答：“颁奖？时间？我知道的呀。”他准时到场，拿走奖杯，然后给了妈妈：

“没有你，我就什么都不是了。”

在 NCAA 和 NBA，他的生涯有一个类似的开始。有一个完全相信他的支柱，有一个才华横溢但缺陷颇多的开始。在 NBA，抨击和争议更多一点，世界的品头论足更加甚嚣尘上。幸好，他从小就习惯了这一切。他对如何适应一个全新的环境非常熟悉。他依然照着他少年时就习

I-VERSON NBA1996—1997 赛季，阿伦·艾弗森获得了最佳新秀奖杯。

惯的生活方式自得其乐。因为对他来说，唯有这种生活是真实的——媒体虚构的浮光掠影，并没有真正触及他的生活。

15 法庭，第二次

1997 年 8 月 3 日，凌晨一点半。弗吉尼亚州新肯特城外的一条公路上，一个巡警指示另一个哥们。

“嘿，有辆奔驰车。”

“啊？”

车灯划开浓黑的夜色，怒气冲冲在路上行驶，风声呼呼足以卷飞路边的树。路旁的限速牌明明白白标着 65 英里，而事后证明，车速超过 93 英里。巡警指示靠边停车。车窗里伸出三个脑袋：两个小混混——希尔、斯特沃德——和阿伦 · 艾弗森。方向盘握在希尔手里。

1997 年，艾弗森的名气还没大到让巡警第一时间认出来、脱帽肃立的地步。因此，在巡警看来，这不过是三个黑人混混。美国人的概念中，开奔驰车的街头混混，一般都和贩毒、盗窃或是混黑社会的有染。警察一边开具超速罚单，一边朝车里左一眼右一眼地瞟。然后呢，他们闻到了办案时常闻到的味道：

大麻。

“下车。”艾弗森听到警察如此吩咐。

他站在凌晨一点半的夜色里，被手电筒照了一下脸。警察麻利地搜查车子，在斯特沃德身下翻出了大麻。艾弗森的座位上收获更多：大麻，一支枪。

帕特 · 克罗斯那天清晨知道了以下消息：艾弗森被拘捕，警察正准备以非法私藏大麻和非法携带枪支罪起诉他——两项可以让你坐三年牢的罪名。76 人老总第一时间拍出 2000 美元，保释了艾弗森。

“亲爱的，你知道我爱你，可是你这样很让我难过。”他说。

“我注册过枪支了。”艾弗森委屈地说。但弗吉尼亚普通市民携带枪支也是违法的。

“而且，在那之前，我根本不认识那两个人。我们连朋友都算不上。我们在那天聚会上认识的。多聊了几句，就这样。”

8 月 27 日，艾弗森人生中第二次上法庭。在汉普顿郡法院，他承认了携带枪支，但坚决否认了私藏大麻。警方供词称大麻不足一磅，所以这一条一笔勾销。可是非法持枪却不能不了了之：受法院监控三年，毒品测试，两年不得持枪，100 小时社区服务。这就是他第二次上法庭的结果。审判之后，艾弗森多少明白过来。

“我最蠢的是，让我不认识的人上了车，而且不知道他们都带些什么东西在身上。”

1993 年的保龄球馆事件最后被撤销。因此，这件事成了他档案上的第一次犯罪记录。说来鬼使神差：他的真正罪过是忘记了弗吉尼亚州的规定非法携枪，而导致他被警察捉住的，却是因为一个陌生人开车超速，以及两个陌生人的非法藏毒。这样的故事阴差阳错，拿去拍情景喜剧倒很适合。

而他所犯的错误，和保龄球事件有类似之处：去了不该去的地方，结交了不该结交的人。如果他提早离开保龄球馆，1993 年的证人再如何攀附，也没法把他扯进有罪人之列；如果他没和乱七八糟的人打招呼，1997 年 8 月，他也不会撞上枪口。帕特・克罗斯的预言成真了：

“你得小心择友，他们总有一天会对你产生不利的。”

最大的负面效应，不问可知，并非直接宣判带来的种种限制，而是媒体的后续压力。8 月正逢休赛期，媒体闲得无聊，有充足的时间和精力，摆开架势，一二三四五地做详细分析。顺便翻翻旧账，重提 1993 年的保龄球馆事件，再把各类争议冷饭一炒，顺便满足了大众抨击“被金钱腐蚀的罪恶黑人青年体育明星”的欲望。万幸，这一切并没有让他失去锐步公司的支持。他的第二代球鞋“答案”还是准时出现了。

至此，在成为 NBA 状元整整十四个月中，阿伦・艾弗森经历了一个前无古人后无来者的新秀季：荣耀、赞美、称许、压力、置疑、非议、队友的指责、外界的抨击、长者的认同、前辈的反感、法庭、审判、名字和毒品与枪支挂钩。大卫・斯特恩在他第二个赛季开始前特意找他谈话，给了他一个不轻不重的警告——1997-1998 季首场常规赛停赛。是劝诫，也是警告。

1997 年夏天结束时，阿伦・艾弗森的形象斑斓迷离，犹如美丽的蛇：他的花纹令人眼花缭乱，他的种种过去又让人敬而远之。这繁多庞杂的事务，对 22 岁、生活态度简单的他来说，未免过于沉重。

SPALDING
SIXERS
3

ALLEN IVERSON

CHAPTER 3

巨星与风霜

“我总是觉得我会投失前 20 投，
并且相信那第 21 球一定进！我只是不停奋斗。”

“别像个孬种似的愁眉苦脸，甭管你被打到了多少次，
拍拍身上的尘土，再笑着站起来吧，再笑着投入战斗。”

“在奋斗过程中，我学会了怎样打球。我想那就是作为职业
球员的全部。你明白了你不可能每晚都打得很好，
但你不停地奋斗会有好事到来的。”

01 抉择

1997年春天，帕特·克罗斯便开始未雨绸缪。1996-1997季已经注定失败，约翰尼·戴维斯毫无未来名帅的架子。阿伦·艾弗森的天才已经举世皆知。这就是76人的现状：在请下一个主教练前，必须思考清楚。继续栽培年轻人搜罗新人，还是直接以现有班底来打造阵容？

到1997年，费城已经积攒了足够多的天分。威瑟斯彭、斯塔克豪斯、科尔曼，最后是阿伦·艾弗森。球队不缺乏才华，但是才华被粗疏凌乱地放置着，无法兑现胜利。如果重建，就需要有一个善于梳理、锤炼的铁帅，来把天才璞玉们打造成型。艾弗森赛季之后的发言，给了克罗斯支持：“我们需要一个导师型的教练，能够告诉我们怎么做，把我们带上正轨。”

最初，克罗斯将目光放在肯塔基大学的里克·皮蒂诺身上。这是他的方向：一个大学的常胜教练，适合带领76人这支年轻、凌乱的队伍。大学教练可以从根基扎起，将青年军——这群比大学球员大了几岁的轻狂少年——雕琢成型。可是，凯尔特人先一步把皮蒂诺劫走。克罗斯的选择范围狭小了：

能够制服年轻球员，能够重组体系，导师型教练，善于对付年轻天才——符合这些条件的教练并不多。

1997年7月，一个电话把消息通知给了艾弗森：

“下赛季，我们球队的主教练会是拉里·布朗。”克罗斯说。

“拉里·布朗？”

02 拉里·布朗

拉里·布朗出生于1940年，年轻时是个风度翩翩的白人英俊少年。上帝只给了他175公分的身高，以及寻常的运动能力，然后补偿了他一点经历——从长滩高中毕业后，他去到伟大的北卡大学，师从于传奇教练迪恩·史密斯。那还是20世纪60年代，他的篮球哲学渐次成型。四肢不算发达，但头脑弥补了不足。可惜，他毕业时没能力打NBA，只好去打NABL。不过，也幸好他没有进NBA——1964年，美国篮协以NBA之外球员组建奥运队时，布朗被选中，随队拿到了1964年奥运会金牌。

25岁时，别的球员还在挥霍铜筋铁骨，街头巷尾勾搭美女球迷，布朗已经一本正经投身书斋，研究教练哲学。教练之道和他的篮球生涯两相浸润，相互影响。1967年，他参加了ABA。20世纪60年代末的ABA尚未勾引到“J博士”、大卫·汤普森这些超级飞人，来不及和 NBA 分庭抗礼，但球风奔放迅速，倒符合他的爱好。

他做球员的缺点，在于有些见异思迁。五年职业生涯，他是在五个球队晃荡过来的。新奥尔良、奥克兰、华盛顿、弗吉尼亚、丹佛。塞北江南地来往。他的打法像个资深的老学究，于是，ABA 联盟历史上前三年，他都是助攻王。1968 年，ABA 首届全明星赛，他成为全明星赛 MVP。虽然只打了五季，他 2509 次的助攻，足以列到 ABA 史上第 7 位。此外，1969 年，他随着奥克兰得了 ABA 总冠军。

31 岁退役之后，拉里・布朗立刻摇身一变，成了主教练。先执教卡罗莱纳，33 岁上就成了 ABA 年度教练。然后，照着球员时期就朝秦暮楚的习惯，他蹦去了丹佛。在那里，连续两年，他让球队成为场均轰下 118 分的烈火金刚。到 36 岁，还是少帅年纪，他已经是三度 ABA 年度教练了。

1976 年 NBA、ABA 合并，拉里・布朗继续在丹佛游荡。两年后半，NBA 声色犬马酗酒吸毒的氛围，慢慢浸染到丹佛。他洁身自好，退到大学篮球，去执掌伟大的 UCLA。1979-1980 季，他第一年带大学队就杀到了 NCAA 冠军战，54 比 59 败给了路易斯维尔。

1981-1983 年，他又耐不住寂寞，去新泽西网队当了两年主帅，然后再次退回到大学篮球界，在堪萨斯当了五年主教练。1988 年，堪萨斯以 12 胜 8 负开局，随后是一波壮丽的 15 胜 3 负。他们干掉了俄克拉荷马，拿下了 1988 年 NCAA 全国冠军，顺便造就了 1988 年 NBA 状元丹尼・曼宁的不朽声名。

拉里・布朗的 NCAA 教练生涯到此结束：七季，177 胜 61 负，一次全国冠军，三次全国 16 强，两次全国四强。

再次回到 NBA 时，他年将知天命，完全变了形象。丹佛、新泽西那个风流倜傥意气风发的奔袭少帅，变成了头发霜白老成持重的深谋者。1989 年，他带领圣安东尼奥马刺打出了 56 胜，最让人惊诧的是，在他治下，马刺不复 1976 年的狂飙突进，转而成为一支守强于攻的持重球队。1992 年他转而执掌快船，第二季让这支常败军胜率达到 50%。1993 年他去了印第安纳步行者，使球队变成全联盟最慢、最坚韧的球队之一。

顺便，他也将雷吉・米勒塑造成为联盟历史上最独特的射手形象。

拉里・布朗的篮球理念，经历过不断的演化和雕琢，最后成为牢不可破的模型。从三十多岁时打造联盟最快的攻势，到年过五十时锤炼联盟最慢的节奏，他的变化一目了然。他是控卫出身，当过助攻王，因此崇尚团队、秩序和无私。他的大学经历加深了他的学院背景，以及基础训练。他有过冠军经历，因此权威足够用来压制队员。

20 世纪 90 年代之后，他的形象万年不变：短发、眼镜、西服，甚至西服左胸口袋那永远的白手帕，和他的体系一样一丝不苟。时光流逝，他的外表变化，也仅是头发从灰白变成雪白而已。从圣安东尼奥到印第安纳，到费城，直至此后的底特律、纽约直至夏洛特，他都像留声机一样翻来覆去地说这个词，他执教时最注意的词——细节。

他的篮球理念像一个坚不可摧的容器，和他的大脑一样顽固不化。他挑合适的木偶上演

进入 NBA 的第二年，艾弗森的教练换成了以严谨著称的拉里 · 布朗。
二人合作的恩怨传奇就此开始。

戏剧，训练场就是他上发条的地方。纵观他的职业生涯，他的体系简单归纳则是：

控卫：步行者的马克・杰克逊，后来在活塞时的比卢普斯，山猫的费尔顿。

分卫：步行者的雷吉・米勒，后来在活塞时的汉密尔顿，山猫的拉加・贝尔。

小前锋：快船的查尔斯・史密斯，步行者的麦基，后来在活塞时的普林斯，山猫的杰拉德・华莱士。

大前锋：马刺的卡明斯、快船的曼宁、步行者的戴维斯（具体实战，他和斯密茨轮流高位策应）、后来在活塞时的拉希德・华莱士，山猫的迪奥。

中锋：活塞的本・华莱士，山猫的奥卡福。

简单归纳则是：

中锋一定得选最硬的蓝领，不用别的，篮筐两米内一定得把球扣进去；身边站一特活泛的大前锋，能投三分那种，控卫一过来，甭管有事没事，就掩护出三分线外去；翼侧配一铁打的小前锋，身高能当大前锋使，对面想得分光皮就揭你一层；得分后卫再来一个射手，二十四小时跑脚尖都不带点地的，一场下来也得跑个万儿八千的；最后来一控卫，不要大牌，要多学院有多学院，要多老派有多老派。

每个人毫不含糊地负责自己的事：控卫和大前锋高位掩护，大前锋高位策应，得分后卫反复空切寻求机会，小前锋在翼侧突击篮下，中锋在内线接球得手。拉里·布朗的球员们，就像机器人上了发条一样，周而复始地运转：用各种方式把球传到内线得分。当他们耗费大量时间，终于骗得一丝空间后，就是毫不迟疑的快速倒手，最后一个接球者空位出手。

布朗的防守，比进攻更老派僵硬：堵中路，将对手朝翼侧诱惑，球到翼侧时施压，轮转，24 秒只剩最后 8 秒时便开始紧逼切断传球线路；防守挡拆时，大前锋和中锋做教科书般的延阻与返位，趋退时不忘张手干扰传球路线；对手抓到后场篮板时，后卫有选择地施压，防止快攻；用半绕前阻绝来控制对手每次边线球。

这一切平淡无奇，是每个球员进入联盟前，被大学教练用皮鞭和镣铐灌输的血与泪的基础，是 1+1=2、鹅鹅鹅曲项向天歌和 ABC。可是，拉里·布朗会要求你把每个细节都做到最精确，犹如时钟。他会校准你每次滑步的尺寸，每次趋返时跑动的角度，每次轮转的路线，绕前的时机。

如果需要看拉里·布朗治下最典型的队伍，可以参考 1993–1997 年间的印第安纳步行者：步行者除了史上最伟大远射手雷吉·米勒之外，别无天才，他们从东部一轮游的队伍，到与纽约、魔术大战七场，险些杀到总决赛的斗士，这之间的鸿沟，就是由拉里·布朗的努力来填平的：他像教小学生一样，把最简单最有效无球掩护、底线交叉、接球快速出手、防守小组沟通、精确把握每个 24 秒做到了极致。

1997 年夏天，这个老头子带着他的秩序、细节和防守，来到了费城，来到了阿伦·艾弗森的身边。

03 | 磨合

仿佛是为了证明他们日后注定充满波折，布朗和艾弗森的首次见面都富有戏剧性。1997 年 7 月 22 日，76 人队要打一场表演赛。费城的工作人员向拉里·布朗承诺：“阿伦早上会来的。”

然后变成了：“对不起啊教练，阿伦下午会来。”

最后是：“抱歉，教练，阿伦今天可能不来了。”

拉里·布朗在空落落的球馆里，和球队管事比利·金有一搭没一搭的闲扯打发时间。比赛开始之前，他看见一个衣服蓬松的小个子嗖一声窜进了更衣室。

“那是？”

“啊，是的。”比利·金点头说，“是他。”

新教练到场毕竟只是象征性的，具体指挥比赛和布朗无关。比赛结束，艾弗森飞进更衣室，然后鲜衣华服、珠光宝气地被记者围住，钻进自己的奔驰走人。甚至都没来得及和新教练搭个话。

他们俩的性格和为人处世天差地远。拉里·布朗是严谨、细节、秩序的推崇者，一如他的西装、手帕和短发一样一成不变。艾弗森则是随意与自由的代表，厌恶形式主义的繁文缛节。他们都极度自信，都用自己的哲学取得了成功的生涯，因此对自己的主义坚信不疑。

他们第一次正经聊天，是在三周之后。8月15日，他们俩在费城相遇。彼时，布朗正忙于整理新赛季计划，而艾弗森刚被保释。第二次相见，初次谈话，彼此聊来不过泛泛，更像是彼此试探和了解。赛季到来之前，他们与所有新将帅一样，彼此赞美一番。艾弗森认为，拉里·布朗正是76人所需要的导师型人物，他会对新教练言听计从；布朗则称，艾弗森的天才，让他想到了伊塞亚·托马斯。但是，他希望艾弗森成为一个更纯粹的组织后卫。诸如此类。

1997-1998季的76人，乍看去阵容比以往漂亮得多：除了科尔曼、斯塔克豪斯与艾弗森之外，新补进了达拉斯三杰之一，后卫吉姆·杰克逊，从网队换来了第7号新秀蒂姆·托马斯。但是，前一季已有的问题，却随这次交易深化了：艾弗森，二年级；斯塔克豪斯，三年级；托马斯是新秀，而且在维拉诺瓦大学也只打了一年；吉姆·杰克逊在达拉斯因为和基德抢女朋友愤而出走，也不是个省油的灯。

费城依然年轻，而且年轻得没有秩序。天才常与飘摇柔弱相对应。可是拉里·布朗的理想，却是脚踏实地的铁军。1997年11月赛季开始，费城五连败。之后的两连胜，是靠艾弗森一

拉里·布朗按照自己的思路改造着球队，每个人都必须无条件遵从他的意志——艾弗森也不例外。

场 26 分 15 次助攻、一场 31 分赢下的。这剧情堪称讽刺：当世界讨伐艾弗森的独断专行，声言费城需要依靠团队时，却是艾弗森的个人能力把即将沉进泥沼的球队拖住了。

可是他的个人能力并非万用灵丹，只能临时吊一吊命，让费城多几口呼吸。开局的 4 胜 12 负足以打击年轻人好高骛远的心思。艾弗森和布朗同时感到绝望。他们都认同球队犹如一盘散沙。拉里・布朗开始运用他的权威：他要开始启动他的复印机，调制他喜爱的阵容了。

1997 年 12 月，斯塔克豪斯被交易，换回了活塞队的西奥・拉特里夫，以及后卫阿隆・麦基。斯塔克豪斯走人时满心欢喜，不忘回马一枪：

"在底特律，不会有艾弗森这样喜爱投篮的后卫和我冲突了。"

这是拉里・布朗启动 76 人改革的第一步。西奥・拉特里夫符合他的审美——一个坚实硬朗的中锋，进攻能力有限，防守态度积极，协防霸道。德里克・科尔曼偏软的防守和喜好游走于外围的进攻习惯使 76 人的前场灵动有余硬度不足，加了这一环，76 人的内线才华被削，但粗猛有力得多。

阿隆・麦基之于斯塔克豪斯的对比，也可见出拉里・布朗改革的方向。斯塔克豪斯是地道的天才，飞天遁地、无所不能的得分狂人，然而与大多数天才一样欠缺稳定。麦基则是一个淳朴地道、闷声做事的老实孩子。196 公分高，能担当两个后场位置的万金油选手，能防 1 号位及 2 号位，不贪功，不炫示，低调处事，重视团队。

进入 1998 年之后，交易的阴影继续推进。威瑟斯彭、吉姆・杰克逊和蒙特罗斯都陷入了交易流言。赛季开始时的六大主力，只余下阿伦・艾弗森和德里克・科尔曼两张脸孔似乎比较稳定。此时，媒体回忆起了 11 月份布朗的那句话：

"艾弗森有时显得太年轻，如果他再回大学打两年的话，也许会……"

布朗那将锦衣华服改造铿锵铁甲的进程，让媒体浮想联翩。媒体纷纷列出艾弗森可以交换的对象。布朗喜欢高个控卫？那么，干吗不用艾弗森去换"便士"哈达维呢？

阿伦・艾弗森继续无视媒体的喧嚣。1998 年 1 月，他率领费城完成一个四连胜。1 月 15 日，他在对芝加哥公牛的比赛中 16 投 10 中，13 罚 11 中，得到 31 分。职业生涯第一次击败了乔丹的公牛。

也就在同一天，拉里・布朗给他引荐了一位新队友：

"西雅图超音速来的埃里克・斯诺。"

04 | 易位

埃里克・斯诺这个名字，从 1998 年 1 月开始，便和阿伦・艾弗森纠缠在一起。自那以后，他们俩的命运，也被缠成一团。

从任何角度来说，他都是艾弗森的对立面。1973年生于俄亥俄，在密歇根州大读完了平淡的四年大学。1995年选秀大会，第二轮总第43位被雄鹿队勉强选中，瞬间被换去西雅图超音速，打了两年半的替补——他侍奉的，正是艾弗森欣赏的加里·佩顿。

他身高191公分，93公斤。作为控卫，身高和强壮度都属于上乘——这两点恰好是艾弗森欠缺的。然而，他缺少艾弗森拥有的一切：速度、运动能力，天分。

四年的大学时光，把他雕琢成了一个学究型的控卫，就差一副厚片眼镜了。他的职业生涯一共只投进过55个三分球。大多数时候，他老成持重地推进到前场，观察，思考，指挥布局，精确地把球分给跑动中获得空位的队友。偶尔，他会一个箭步闪进内线，完成一个简洁的打板上篮，急急忙忙就像一个任务繁重的快递员。

他能在NBA立足，有80%的因素在于他的防守。他的对球防守堪称一贴膏药，判断、卡位和无球跟随，都属于上乘。以积极性和思考补上速度之不足。他的身高和体格，让他可以在防守对方1、2号位之间随意切换。当然，对明星控卫，他缺点速度；对超级得分后卫，他缺一点身高。他的平民姿态，让你觉得似乎随时可以把他甩在一边，有时还顺便踩上一脚，但一眨眼后，他又会板着那副阴沉沉的脸，跟在你的身后，就像阴魂不散、索要签名的球迷。

他的硬朗、草根特性、固执、积极和聪慧，都很合拉里·布朗平民铁军的胃口。但他初来之际，不过是第二控卫。世上最可怜的，莫过于给艾弗森这样每场跑满40分钟的铁人做替补。斯诺只能在艾弗森纵横捭阖之后，上场吃一点残羹剩饭的出场时间。

1998年初，拉里·布朗继续试验着各种阵容的排列组合，希望找到最优配置。进入2月，他最后试验了艾弗森、杰克逊、拉特里夫、威瑟斯彭、科尔曼的首发，可是球队却给出一个糟糕的七连败。2月11日，主场对小牛，比赛只余5分钟：76人71比85落后，八连败近在咫尺。颓丧已极的观众开始离场。布朗看了看记分牌：

埃里克·斯诺这个名字，从1998年一月开始，便和阿伦·艾弗森纠缠在一起。斯诺到来后，艾弗森从球队组织的任务中解放出来，开始全速发挥他匪夷所思的进攻能力。

死马当作活马医，赌一下吧。

斯诺上场，和艾弗森搭档后场。乍看这是双控卫。斯诺负责推球过半场策动进攻，艾弗森转任得分后卫，放手进攻。

5 分钟内，76 人完成了壮丽的 20 比 5 的高潮。斯诺在短暂的 12 分钟时间内 4 次助攻无一次失误。艾弗森 16 投 10 中，最精彩的几记三分球都留在了最后时刻，全场 27 分。

重要的并不只是这一场胜局，而是拉里·布朗从中窥得的真相。斯诺和艾弗森同时上场，这一创举背后，隐藏着 76 人的正确方向。

斯诺开始得宠。他的比赛时间逐渐上升到每场 20 分钟以上，偶尔达到 30 分钟。虽然一直没有获得主力位置，但布朗已经把握住了球队的方向。威瑟斯彭、吉姆·杰克逊在 2 月被交易离队，1995 年状元乔·史密斯到来。76 人一时云集了 1990、1995 和 1996 年三位状元。

但最关键的变化，则在后场：麦基和艾弗森并列首发，斯诺担当首席替补。麦基、斯诺的功能类似：他们都是双能卫，都在防守端对付对手高大的得分后卫，而在进攻端负责策应、组织和掌控局势。斯诺和艾弗森的后场配对，成为 76 人第二阵容的主流。

斯诺和艾弗森的易位，是布朗的创举。在此之前，布朗一直着力于将艾弗森雕琢成他喜爱的控卫角色。但是，2 月 11 日之战使他有了新想法：由斯诺担当主控，把艾弗森的个人攻击能力最大化，这何尝不是另一种方法?

赛季的最后一个月，斯诺的上场时间显著增加：场均多达 27 分钟，几乎已经压倒了麦基。而他也场均送出 6.2 分和 6.2 次助攻，回报了布朗的信任。

另一边，阿伦·艾弗森也在经历崎岖的转型。在斯诺打控卫风生水起的 4 月，改打得分后卫的艾弗森助攻数下降到本季最低的场均 5.2 次，但是——

4 月 1 日，21 投 11 中 30 分让华盛顿的球迷寂静无声；4 月 3 日，20 投 10 中 21 分 9 篮板 7 助攻的全面表现做掉快船；4 月 5 日，25 投 14 中 36 分 8 助攻把斯塔德迈尔的猛龙踢飞。4 月 8 日，18 投 9 中 12 罚 11 中 30 分打败黄蜂。4 月 10 日、11 日背靠背客场两连败，但在明尼苏达 26 投 15 中 43 分，在克里夫兰 15 投 10 中 32 分。4 月 14 日在亚特兰大，整个 4 月第一次命中率低于 50%，但依然有 23 投 11 中 26 分的稳定表现。

1998 年 4 月，艾弗森场均得分是惊人的 28.5 分，虽然比起一年前拓荒千里狂取 40 分时的单月场均 33.6 分略有不及，但 52% 的命中率却是他职业生涯从未有过的高效率——对任何外围球员来说，52% 的命中率都足以令人瞠目结舌。

比数据更耀眼的，则是战绩：

1998 年 2 月 4 日，费城完成了七连败。全明星前的 45 战，76 人 14 胜 31 负。全明星之后首战，就是 2 月 11 日的惊天逆转。自那之后直至赛季结束，76 人的战绩是 17 胜 21 负。

这是艾弗森和 76 人的春天。前半程将星云集的阵容并未带来胜利，后半段麦基、斯诺们朴实无华面色铁青地代替了斯塔克豪斯，却成就了 76 人的腾飞。艾弗森更多的担当起得分后卫之职责，随心所欲地发挥他的得分能力，无须挂虑组织、调整、掌控这些琐碎的问题。

这就是拉里·布朗的胜利之道：

繁重琐碎的工程，由斯诺与麦基来完成。艾弗森，轻逸迅疾的天才，是不能在大地上匍匐爬行的。你无法让一个诗人去做会计分录每天忙于算计账目。给他自由，给他一柄剑，让他一骑当千去杀敌，才是正途——全世界都知道，他最大的优势是他匪夷所思的一对一能力。

1997-1998季结束，76人31胜51负。你可以说，成绩依然糟糕，但如果考虑以下事实的话，情况似乎没那么绝望——

球队六大主力轮换在赛季中换走四人，因此，赛季中途经历了大量磨合期。

31胜是1992年巴克利走人以来，球队最好的常规赛战绩。

全明星后，球队打出了令人振奋的17胜21负——而且在此期间，一起打球的都还彼此陌生着。

阿伦·艾弗森、斯诺和麦基的后场易位，让艾弗森打出了两年来最理想的状态。

最让帕特·克罗斯欣慰的现实：

1997年8月的事件，曾让他对艾弗森的状况提心吊胆。他不确定哪一天早上又会被一个电话吵醒，通知他去保释或者处理现场之类。他担心艾弗森会被场外的压力搞到破罐破摔，担心艾弗森会被媒体弄疯，担心艾弗森会在自私、独断这各种抨击中迷失。可是，艾弗森却交出了和大二类似的表现：

健康出赛80场，46%的命中率让人无可挑剔。6.2次助攻及3.1次失误中规中矩，场均22分正常水准，2.2次抢断依然是联盟前列。他保留着自己的天才特色，斗志依然旺盛，而且成熟老到得多。他适应联盟的速度快过世界的想象——如你所知，传媒一直在等候他在极速狂飙中车毁人亡，可是，他平静地度过了这一切。

实际上，艾弗森比大多数人想象得简单，或者说，成熟。少年时期的经历和约翰·汤普森的教诲，使他自有一套为人处事的准则。媒体曾经愤恨他，因为他没有按照NBA世界已有的规则行事。而当他成熟、平淡地度过一季后，媒体索性遗忘他了——于是，他反而可以自由自在地度过了他职业生涯最舒适的时光：

他还年轻，尚不需要承当超级明星的压力，正在逐渐成熟，而且还看得见未来的希望。

这就是费城3号的第二季。

05 | 漫长的，漫长的，夏天

1998年夏天，一整个时代的更迭。迈克尔·乔丹拿到自己第二个三连冠后宣布退役，把占据已久的王座空了出来。NBA提前挖空心思定点培养的乔丹接班人们，终于到了太子们争穿龙袍的时刻。

随着乔丹巨大背影的离去，属于他时代的那些配角也开始黯然退场——仿佛他们当初的星光璀璨，仅是为了映衬乔丹的伟大而存在一样。查尔斯·巴克利因为背伤而夕阳西下，“滑翔机”德雷克斯勒随乔丹一起退役，“大梦”奥拉朱旺开始老去，1995年全明星赛MVP米奇·里奇蒙离开了他兴风作浪的萨克拉门托，1995年常规赛MVP大卫·罗宾逊把他马刺头牌的角色让给了刚打了一年的蒂姆·邓肯，1990年总决赛MVP乔·杜马斯看到格兰特·希尔已经成长便放心地将活塞交托给他，帕特里克·尤因在当了十年铁汉之后终于开始受伤，罗德曼和皮彭随乔丹的离去而远离了公牛这土崩瓦解的王朝，犹他双煞约翰·斯托克顿和卡尔·马龙似乎在1997、1998两度战火纷飞的总决赛中耗力太多，终于也老态毕现。

在这诸神的黄昏，NBA版图纷纷变色。劳资纠纷也趁乱兴起。

在张伯伦都只挣十万美元一年的20世纪60年代，对球员们的薪资严加管束无甚必要。NBA那时远不是销金窝声色国，被选中的也不会举国欢腾电视直播，却可能转身去打棒球。20世纪80年代，“大鸟”、“魔术师”让NBA成了电视转播商宠儿，物价飞涨，老板们绷不住劲。于是，1984-1985季，工资封顶制度出台了。

让老板们难受的，是20世纪90年代NBA一波物价飞涨。1981年“魔术师”傻呵呵签下25年2500万的合同时已算天价，但到1989年“天勾”退役时，他和伯德以300万年薪领衔联盟。1995-1996季，帕特里克·尤因一年1800万开外，大概刺激到了公牛那二位合计年薪不足1000万的乔丹、皮彭，于是下一季，乔丹3000万年薪。

老板和球员们都知道此非长久之计，于是1999年，漫长的劳资纠纷。工资帽、奢侈税、转会定例进一步细化，效果不亚于1995年足球界的博斯曼法案。这一轮劳资纠纷使休赛期无限制地延长。1998年夏天到了，之后是秋天，随后是冬天。时光踏入1999年，1998年的“休赛期之夏”依然在继续。

这过于漫长的夏天，仿佛在暗示所有人：耐心点等候吧，这个夏季是那么的与众不同——时代更迭的黎明到了。

漫长的夏季足以让西雅图的明星大前锋文·贝克染上酗酒的毛病变成酒鬼，足以让“雨人”肖恩·坎普从史上首席野兽派暴力美学大前锋变成肥猪，可是，帕特·克罗斯和拉里·布朗都没有闲着。他们忙于总结1997-1998季的得失，确定球队未来的方向。1998年选秀大会，76人以第8顺位摘下圣路易斯大学一年级后卫拉里·休斯。他的特点：和麦基一样，身高196公分，可以客串后场的两个位置，技术全面，灵活，适合双能卫角色。这就是76人的方向：拉里·布朗的概念中，不需要一个吉姆·杰克逊这样的射手，来和艾弗森并驾得分。来一个可以分担艾弗森组织任务的全面后卫，让艾弗森可以放手发挥进攻能力。就是如此。

1998年夏天，76人继续着他们的交易进程：用天外飞仙吟游者，交换玄甲黑胄铁骑兵。他们已经放飞了“小飞人”斯塔克豪斯，放飞了三杰之一的吉姆·杰克逊，放飞了当作小巴克利培养的威瑟斯彭。此刻，他们又把让人爱恨交加的、联盟天赋前五的、被卡尔·马龙誉为“如果他和我一样努力就会成为史上空前绝后第一球员”的德里克·科尔曼，放去了夏洛

艾弗森得到了 7000 万的大合同，得到了联盟和球队的认可。最重要的是，他成为了一个典型：他不仅是费城的上帝，还在击碎其他球队时，俘虏了他们球迷的心。

特黄蜂。

而他们得到的是谁呢？拉里·布朗爱用钢铁机械大内线，拉特里夫还不够厚实，于是再添一个光头猛男马特·盖格尔。这位爷在黄蜂时期，有名的就是横练筋骨，打一节球犯两次规。小前锋位置，布朗爱用冲击力强、身材高大的铁骨壮男，于是从温哥华淘来了乔治·林奇，一手上好的篮板球、抢断和牛皮糖防守。加上原有的斯诺、麦基、拉特里夫，76人已经从1997年那支飘飘欲仙、轻舞飞扬的天才队，变成了一支黑黝黝的铁军。

只有一个人还保留着：阿伦·艾弗森。他的存在，和这支铁军简直有些不合，就像刺猬群中的一只白鹤。可是拉里·布朗和克罗斯执意不动他。他是76人这支机械部队的灵和魂，是点燃火焰的那个精灵，是无限的可能性。

也就在这一次休赛期，费城给了艾弗森一份6年7000万美元的合同。相比起1996年“鲨鱼”的7年1.2亿，以及之前不久凯文·加内特的6年1.2亿，这个数字并不华丽——毕竟，签下这份合同时，艾弗森的荣誉簿上，还只有一个年度新人。

但是他无所谓：他的球鞋“答案二代”卖得正俏，他的球鞋合同足以让他对工资多几个钱少几个钱不在乎。何况，对少年时期吃尽苦头的他来说，一年千万美元足以让他、母亲和妹妹们，过上衣食无忧还能炫耀一下珠宝的生活，这就够了。

06 | 得分后卫

1998–1999季，76人的最大改变是：埃里克·斯诺和阿伦·艾弗森担任后场首发。在实战中，斯诺负责主控，而艾弗森则担当主攻角色。

有必要回溯一下NBA中，控球后卫角色发展史：

20世纪60年代，那人人飞奔、不复回头反顾的时节，你真的不必刻意去创造机会，而只需要寻找队友把握机会。奥斯卡·罗伯逊，身为组织后卫，却用背身欺压对手，投进底线跳投，也同时像蒂姆·哈达维一样用胯下运球嘲笑对手的迟钝，分出传球。20世纪60年代的球场，像你幼年种下的树林，风从百里外而来，吹过时不受阻碍。鲍勃·库西、KC琼斯和奥斯卡·罗伯逊们，只需要控住球，在流水间隙找到队友，分球，制造机会。

后来，时代发展了，树林长大了，你在那其中直线奔跑，就不免撞到树上。1975年，金州勇士成为了最后一支依靠高速狂奔夺冠的球队。20世纪70年代的纽约，雷德·霍尔兹曼在麦迪逊花园暂停时的怒吼，通过电视横跨东西海岸：“防守！协作防守！”电视镜头从黑白变彩色开始，现代意义上的防守体系逐渐出现了。

也就是在20世纪70年代，“精灵”阿奇巴尔德、“枪手”皮特·马拉维奇和厄尔·门罗们，给世界一个这样的提醒：这个时代的球场越来越密集，犹如幽闭森林，单纯的掌控者们擅长捕捉空挡，却无法创造空挡……那么，就来一个创造空挡的人吧。对控卫来说，一种全新的路线产生了：你未必需要当一个指挥家，如果你可以用华美的动作在地板上跳舞、玩断所有防守者的脚踝，然后找到空位队友，这也不失为一条生存之路。于是有了“太阳的闪电突分手”凯文·约翰逊，有了蒂姆·哈达维，有了斯蒂芬·马布里：

他们并不是单纯意义上的分配者、掌控者，他们还是创造者。他们的存在意味着另一种篮球概念：统筹全队可以击破对手。然而，以至强的一点击破对手，令对手顾此失彼，同样可以取得胜利。

当然，还是有约翰·斯托克顿这样，身兼掌控者与创造者两任的控卫，但由于这两种素质如此难得，因此，越来越多掌控者与创造者分离的例子，不断涌现。而且，随着技巧的完整与角色的多元，20 世纪 70 年代后期，前锋乃至中锋们，都已不再像 50 年代的前辈一样，靠着侧身运球、护球和挡切来发动进攻。前锋们也开始像后卫那样面对对手运球，突破，传递。小前锋、得分后卫的角色开始重合。1975 年，专栏作者们为勇士队里克·巴里的角色定位而苦恼不已：他可以带球推进，经常决定球的走向，利用个人能力创造威胁，助攻队友，活动范围遍及全场。直到金州人自己为他找到了角色：POINT FOWARD，组织前锋。此称号不胫而走，凯尔特人急忙把这帽子抢来，给自家哈夫利切克戴上。也许这一趋势早已暗中浸润了联盟，但 1975 年的里克·巴里有其革命性的意义：掌控者与创造者，组织前锋，直接延伸向 20 世纪 80 年代后期的拉里·伯德、90 年代的斯科蒂·皮彭。

可以这么说，最初，掌控者角色一直是由 1 号位球员担当。但是，20 世纪 70 年代，得分后卫、小前锋、双能卫们，也开始分担掌控者的角色。同时，涌现出一批以突破分球制造机会为己任的 1 号位。随着时代的更迭，“掌控者”和“创造者”的角色越来越分化了。

前者以“魔术师”、皮彭为例：他们只需要有保护和运转球的能力便足够，对他们的要求，主要是视野、传球和指挥。他们的身高占了便宜。而后者则以艾弗森、凯文·约翰逊们为代表：矮小、灵活、迅疾，能够切入制造破坏并使队友浑水摸鱼。

而在拉里·布朗的体系中，他对掌控者的要求，偏向于传统型：一个身材高大、能够做挡拆、分球到位、冷静、理智、沉稳的指挥官。而这些则非艾弗森所长。他的身高和视野所限，使得挡拆对他来说是种浪费。把他局限在指挥、思考、分球的地位上，显然不利于他发挥自己天才的攻击能力。因此，布朗索性继续前一季易位带来的美妙结果：

斯诺主控，利用他的视野来分配；艾弗森担任体系中的得分角色，利用大量无球摆脱、持球进攻，来制造威胁。

以往，艾弗森是帅，需要百万军中取敌首级，又必须运筹帷幄指挥若定，而他周围，遍布了一群心思各异的干将。如今，斯诺是布阵指挥者，发布拉里·布朗日常训练的铁律教条，而阿伦·艾弗森无须烦心于繁琐军务，可以拍马冲杀了。埃里克·斯诺干脆利落地说：

“阿伦是个伟大的得分手。他需要得分时，组织后卫的责任就由我来搞定好了。”

宇航员初上月球，会因重力不同而难以自控。1999 年 2 月，初次卸掉重任，艾弗森并没

当他习惯了自由的重量之后，便等于行走在一个无人可挡的星球上。

有很快适应。首战黄蜂，17 投 4 中；第二天对魔术，18 投 5 中；三天后对阵活塞，20 投 6 中。

当然，具体到每一场，则景况各有不同。首战黄蜂，斯诺主控放慢节奏，双方打了一场让夏洛特观众瞌睡连天的拉锯战。在慢节奏下，艾弗森被迫一次又一次出入夏洛特的肌肉内线，命中率不佳，却拿到了 9 个篮板。对阵魔术，“便士”哈达维利用身高臂长压制了斯诺的组织，艾弗森被迫重掌组织人物，全场 10 次助攻，让盖格尔和拉特里夫合计 25 投 15 中轰下了 37 分。第三场对阵活塞，又是一场拖沓绝伦的比赛。艾弗森手感不佳，但送出了 6 次抢断。而且，他的突破让盯防他的林齐・亨特 6 次犯规毕业。

在改打得分后卫的三战，艾弗森的命中率不佳。但神奇的是，费城取下了开季三连胜。他们蜕变为拉里・布朗所希望变成的那种铁军。即便艾弗森手感不佳，他们还是可以用防守、慢节奏来赢球。拉里・布朗很满意：

“这就是我希望看到的球队。他们用防守树立起了崭新的形象。”

而在这三场发挥不佳的比赛中，艾弗森的姿态大异寻常。他和队友们一样，在进攻不利时转而去做一些其他的事，打出了诸如单场 9 篮板、10 助攻、6 抢断之类的数据。一如麦基所说：

“你的数据可以不好看，重要的是，你必须想要赢球。”

他的感觉在第四场归来。对阵强大的马刺，内线盖格尔、拉特里夫被马刺的双塔外加替补前锋马里克・罗斯打得墙倒屋塌，费城禁区一败涂地：盖格尔、拉特里夫合计 12 投 1 中 11 次犯规，马刺双塔不提，罗斯一人就 12 投 10 中 22 分。前三节结束，马刺领先 15 分。

艾弗森在末节发威。邓肯的强势协防也只能做到犯规而已。费城在第四节打出 33 比 22 的大反击，终场前一分钟还让马刺心惊胆战。虽然最后 76 人 94 比 98 败北，阿伦・艾弗森 26 投 14 中，轰下 46 分。

接下来，是新一轮磨合：当他开始得分后，76 人其他人却开始找不到岗位。斯诺和艾弗森持续磨合着。艾弗森 32 分击败鹰队，随后球队一波四连败。2 月 22 日，在克里夫兰，艾弗森和 76 人终于磨合好了：

22 投 12 中，37 分 7 篮板 9 助攻，击败骑士——76 人的胜利和艾弗森的高分，终于同时到来。

感觉一旦找到，胜利便一发不可收拾。2 月 22 日至 3 月 3 日，76 人完成六连胜。艾弗森在克里夫兰劈下 37 分，随后对国王 36 分、公牛 33 分、在密尔沃基得到 25 分，在华盛顿 38 分，再战公牛 24 分——

他就是在马不停蹄地屠戮联盟所有后卫的自尊。

那个春天，是费城里程碑式的时刻。2 月份，8 胜 5 负，1994 年 1 月以来，费城第一个赢多输少的月份；12 胜 8 负，球队自 1990 年以来的最好开局。阿伦・艾弗森在 2 月场均 28.5 分 6.0 次助攻 5.8 个篮板 2.3 次抢断，1998-1999 季联盟首月最佳球员。“J 博士”、摩西・马龙和查尔斯・巴克利之后，费城史上第四个拥有月最佳球员头衔的人。

07 自由与挣扎

1999 年春天，拉里・布朗是这个星球上最后一个能阻止阿伦・艾弗森的人了。可是，老先生没时间把铁腕放诸于艾弗森身上。这匹烈马被他放上得分后卫便一发不可收拾，使全联盟鬼哭狼嚎。布朗却正忙于继续改造球队——

既然铁军兵甲铿锵士气如虹，何妨让它更硬朗一点？

布朗做了一个典型的布朗式交易——21 岁的 1997 年第 6 号新秀，长于远射、进攻技巧卓越、运动能力非凡的大前锋蒂姆・托马斯，拿去交易了 31 岁的 1995 年全明星蓝领蒂龙・希尔。又一个纨绔少爷换蓝领工人的交易。至此，1997-1999 年，两年之间，76 人除了艾弗森不变外，基本已完成了一趟全身换血。天分和才华全部兑换成了坚韧和刚硬。

缺乏创意？那就靠秩序来补上。

布朗允许球队偶尔进攻失常，允许球队找不到篮筐，但却不允许球队失去秩序。在老头子心目中，秩序意味着防守的严谨度，意味着根本，意味着团队体系的完整。球队的铁律高于一切——当然也高于阿伦・艾弗森。

所以，1999 年 4 月，春暖花开，球队高歌猛进的时刻，布朗的脸色却同气候成反比，时不时冰冻三尺想找人当出气筒的样子。艾弗森偶尔缺席训练，让保镖打电话来通知教练，此举让老先生如临大敌——这违反了队规。布朗深知，一点轻微的裂痕足以摧垮建筑的根基。阿伦・艾弗森是 76 人的建队核心，是最需要牢不可摧的一环。因此，场下或场上，费城 3 号都必须像机器人一样丝丝入扣、毫无意外。而他现在居然开始缺训？这就像一个打算争创卫生班级的班主任听见班长带头扔香蕉皮似的。

他们俩都很紧张。也许因为正处于难得的上升期，一点点风吹草动，都能让布朗或艾弗森彼此神经过敏——这种心态，类似于看着股票升值时格外紧张，一见绿色就暴跳如雷的股民。1999 年 4 月 2 日，布朗就听见艾弗森说了句：

“去他妈的。”

那一天，他们正主场对阵克里夫兰。第一节，费城 3 号 7 投不中，6 罚 5 中，没有助攻，76 人以 17 比 18 落后。布朗对此相当不满：艾弗森占据了太多进攻机会，而且效率偏低。第二节，他决定让艾弗森清醒一下。师徒俩面色铁青地坐在板凳上，枯坐越久，彼此之间的怒火燃得越盛。当布朗最后招呼艾弗森上场时，便听见了那句抱怨。而老先生的反应是：

“等一下，换人取消。”

这一夜，艾弗森再未出场。赛后，他平淡地说，大腿淤伤疼得厉害，因此他不能出战。什么时候受的伤？噢，那是 3 月 19 日对阵湖人时冲锋在前所负的——36 投 17 中 41 分

10次助攻，率领76人打出赛季最经典一战，105比90大破湖人。

他喜好自由、简单和直抒胸臆的个性，再次发作了。他和拉里·布朗都渴望胜利。他并不想忤逆拉里·布朗的权威，只是，在他眼中，拉里·布朗那些清规戒律不免过于繁琐。

他心绪上的阴影，也许是因为，1999年春天，他正在另一桩争取自由的行动中挣扎：他和经纪人大卫·法尔克的关系开始僵硬了。

法尔克的贪婪程度，和他的大牌程度不相上下。自从1996年成为艾弗森经纪人后，他就从各个角度攫取财富。合同提成不忘捞上一把，对艾弗森生活的细节却并没呵护周到。安·艾弗森不只一次跟儿子抱怨说，这家伙似乎只认钱不认人……1996年刚出道的艾弗森举目无亲，需要由他来栽培引路。可是1999年，已经签下7000万合同，法尔克挖空心思地剥削就让人难以忍受了——就像成长了的孩子，无法再接受紧箍于身上的旧衣一样。

最让艾弗森不舒服的，是法尔克对他形象的控制。也许因为他一手包装的乔丹形象是如此空前绝后的伟大，远超出职业体育范畴达到流行文化的帝王层面，法尔克也一门心思希望再造个乔丹。1998年，乔丹退役空出了王座，法尔克更紧锣密鼓，劝艾弗森改变发型，放弃嘻哈，来博取大众的认同。他希望艾弗森向商业利益低头，篡改自己的精神和形象。而他并不知道：所有企图从外部施压，让艾弗森改变观点的行为，都已经失败了。

1999年春天，阿伦·艾弗森格外独立。他不遵从法尔克的英雄包装口号，也不喜欢拉里·布朗那密密麻麻比自己文身还繁杂的条规。在媒体开始纷纷修改对他的仇恨，为他的胜利和成绩大唱赞歌时，他却很不给面子地继续桀骜不驯。这造就了媒体的困惑：他屈从了一部分——更重视团队、打球更成熟，但在另一些事情上死守底线。那么，艾弗森究竟是个什么样的人？

阿伦·艾弗森后来说：他希望，在他的墓碑上，刻下“误解”两个字。

他比大多数人所想的更简单。他甚至可能一直都没有改变。他不喜欢额外的、附加的繁文缛节，对喜欢的人，哪怕不认识，都可以叫上车一起开走；对不喜欢的，他会直言相告，哪怕被媒体误解。他一直是这样一个简单直接的人，或者，至少，他喜欢简单直接。

还有自由。

08 | 最矮的得分王

虽然整个1998-1999赛季，艾弗森的命中率不过41%左右，虽然他迅速却不规则的投篮姿势还不能确保他在外围保持神射，可是，他的摇摆、胯下运球、摆脱和突破，却足以让他在1999年春天所向无敌。骑士控卫鲍勃·苏拉总结说：

“有人问我，去看牙医还是去防阿伦。我说我还是去看牙医好——虽然也要经历痛楚，至少不是像防阿伦似的要给两万人围观。”

第一个月球队8胜5负，之后是12胜8负。4月27日末节逆转骑士之后，76人26胜19负。当初对他指手画脚的媒体开始涌向费城。话筒伸到钢铁内线马特·盖格尔嘴边。

“艾弗森是否该成为MVP候选？毫无疑问！以前我们压根都不敢想季后赛主场优势，他把我们拖到这地步。他是球队的心脏。他打出了匪夷所思的一年！”

赛季进入到5月，艾弗森面对媒体时，就像过去两年一样，声音清澈平淡。“我觉得我自己是联盟里最好的球员。我肯定其他球员也对他们自己有类似感想。这和骄傲或自大无关。你赢了球，自然会这么想。今年，我们的战绩大概把许多人的脑袋给扭转回来了。”

比如步行者的主席唐尼·沃尔什。

老先生那年58岁了，像初见新奇玩具的小孩一样喃喃念叨：“我从没见过这么好的小个子球员。你根本没法防他。你可以想办法去防斯蒂芬·马布里，可是艾弗森太快啦。他有太多五花八门的攻击方法。他切入时就跟骑着辆山地车似的，他有时看上去就像一个花式撞球！”

虽然艾弗森还是偶尔训练迟到，和拉里·布朗冷战，和法尔克电话里吼几嗓子，但这些都已开始无关紧要。因为，这些罪状，只是他人在你失意时用来落井下石的附加工具，而不是决定你成败的关键。在NBA，最重要的是胜利。

世界开始发现，这个青年其实并不邪恶。他偶尔犯事，性格直接，不理会世俗，可是热爱孩子。比如，他每天孜孜不倦地给孩子们签名，他听说帕特·克罗斯的教女丹尼斯·穆雷

艾弗森无意间影响了整个美国的文化——嘻哈、垄沟头、华丽运球、独往独来。一整代人在模仿他。

在儿童医院接受化疗，于是他打电话给 13 岁的小姑娘。

“我会多赢球的，为了你。”他在电话里说。

可是，就像对待法尔克的态度一样。当世界开始对艾弗森流露出好意时，他却拒绝去迎合奉承和群众打成一片。“我知道还是有许多人不喜欢我。如果有一百万人爱我，一百万人恨我，得了，我不可能让每个人都喜欢我。看看基督耶稣吧。你所要做的就是接受事实。然后一切都容易了。”

沃尔什老先生对此深为不解：

“那些说不喜欢他的人，其实都喜欢看他打球吧？他非同寻常。这就像看乔丹年轻时一样令人激动啊。你找到位置坐下来，然后说：‘呀，看这小子！’”

这个小子以在夏洛特的 39 分和主场加时击败活塞的 33 分，结束了常规赛。艾弗森入选了年度第一阵容，这意味着，媒体承认他，过去两年饱受抨击、前一年夏末刚被判了非法携带枪支罪的桀骜少年，是 NBA 最好的后卫之一。漫长的费城历史上，他是第六个入选年度第一阵容的球员。

更重要的是——

他全季出战 48 场，场均得分 26.8，超越了 26.6 分的“鲨鱼”，成为了得分王——NBA 史上最矮的得分王。

回顾历史：费城是一个盛产得分王的城市。早在 50 年代费城勇士的保罗·阿里津和内尔·约翰斯顿，一共揽下过五个得分王。张伯伦在费城勇士和费城 76 人之间游走时，七个得分王。这是一座孤绝傲岸的杀手之城。当然，在 76 人队史上，之前仅有过一个得分王，那就是维尔特·张伯伦。

1999 年，阿伦·艾弗森和张伯伦隔空相遇了。一个是 NBA 史上最矮、最迅疾、最灵敏的精灵，一个是 NBA 史上最高大、最霸道、最豪勇的巨人。他们都以一种睥睨众生的姿态傲慢面对世界，懒得和世界讲和独行其是。这是费城的精神——孤单、自我而又直截了当的自由精神。当然，那时艾弗森并不知道，自己会和当年在费城一人独扛天下的张伯伦一样，经历孤绝的命运。

至少在 1999 年夏天，职业生涯第三年，他就已经成为了 NBA 最尖锐、迅疾的攻击手。

虽然他一直在抵制法尔克为他勾勒的乔丹图景，虽然 1996 年 12 月 21 日他对乔丹做了那大不敬的一对一，导致了他最初的叛逆形象。可是，命运在这里有着巧妙的安排：他成为了十届得分王乔丹退役之后，第一个得分王。此时回望，你会发现那一晚的对决，似乎只是联盟最伟大得分手火炬的交接。

他实际身高只有180CM，在长人如林的NBA有如侏儒。而他却做到了很多球员一辈子都没做到的事，拿下NBA赛季得分王头衔，成为做到这一点最矮的球员。这一刻，180CM身高的背影显得是如此高大！

09 蝴蝶与秃鹫

1999 年 4 月 27 日，76 人逆转骑士，26 胜 19 负，忽然之间，倒了一整个 20 世纪 90 年代霉的费城，已经坐上了季后赛位置。他们再也不必提早钓鱼，坐看常规赛对手们拼杀了。费城的媒体一片歌舞升平。安·艾弗森得意了，像个吉卜塞女郎一样，开始炫耀自己的法宝。

“赢球是有秘密的！比如，4 月 16 日和步行者交战，我把一些神油洒到了我儿子的额头上，就灵验了！”

那一天，上半场艾弗森只得 8 分，下半场席卷了 18 分。

“我可是每天都对我儿子施这法术的哟。不过，嗯，输给纽约？我儿子还胸部受伤了？都怪那万恶的保安！他不让我通过！！”

安·艾弗森和她华彩璀璨的珠宝，以及艾弗森小兄弟们的张牙舞爪，拼起了费城欢快的喜剧气氛。可是，76 人的核心艾弗森和布朗，却随着季后赛逼近，俨然如临大敌。

因为他们都不是得过且过易于满足的平庸之辈，他们的欲望没有极限，他们要胜利。盖格尔继续对媒体爆料：

“离季后赛越近，艾弗森就对胜利越专心、越在意。他的求胜欲在提升。”

“大家都注意到他的得分王了，可其实，他在场上的重要变化是，他开始做那些小事情了——他以前可不在乎这些。他成长了？应该说，我们都成长了，我们彼此解读心理更好了。他不知道季后赛是什么样的，会有多激烈多紧张，最后三分钟会有多窒息。可是，他迫不及待想知道呢。”

1999 年 5 月 9 日，周日。阿伦·艾弗森在日程表上的这一天下划了线。他的第一场季后赛，去奥兰多，对阵魔术，去领略真正的战斗。常规赛是流程，得分王已经成为过去。季后赛是磨牙吮血的战斗，是互不相让的对峙，是寸步不让直到一方先倒下的死亡角斗。

这时他才忽然想起，他真的很少经历这类角斗——在 NCAA，他败给了北卡和马萨诸塞；在 NBA 之前的两季，他还没打过季后赛。

当老妈的安·艾弗森发现儿子有些不大一样。平时，儿子总是勇往直前，神采飞扬跳脱。可是在那周六，他却哪都不去，就像汽车关掉了马达。他在宾馆房间里安静吃饭，吃维生素片。他在房间里仔细弄发型。在来奥兰多的路上，他也没有听音乐电台。他看 ESPN，看 CC，看 NBC，看 TNT，任何有关体育的东西。他看着周六的其他比赛，各种体育项目，就差把脑袋都钻进去了。阿伦·艾弗森，严肃得好像一个第二天要赴人生首次约会的小男生。

他的约会对象在周日的中午等候他。整个奥兰多魔术列队迎候联盟得分王前来奥兰多做客。

“有只蝴蝶，不对，比蝴蝶更大的一点是什么来着？秃鹫？那就是有只秃鹫了。”艾弗森对媒体说。

“有只秃鹫在我肚子里。我睡得不多，总是不断醒过来。我早上五点半起床了，准备出发。”

他以为蝴蝶——或者秃鹫——大概会在比赛开始前介绍球员时就消失吧？或者，到跳球？比赛头两分钟？三分钟？他投失了一记 20 尺跳投，他送丢了一次传球。他防守的对手，是大器晚成的老球皮达雷尔·阿姆斯特朗。老球皮开场就送他两记三分球做见面礼。

这就是季后赛吗？

阿姆斯特朗做错了一件事。投进了三分球之后，他朝艾弗森摇了摇手。孩子，你还稍微嫩一点。

报复欲是稀释紧张的良方。第一节还余 6 分 51 秒时，盖格尔传来一个球。艾弗森起跳，出手，这次球进了。一切又开始熟悉了。

季后赛好像的确不那么一样，可是篮球毕竟还是篮球。那就没什么不同。

阿姆斯特朗被艾弗森残忍地羞辱一番，奥兰多的观众被艾弗森匪夷所思的快速突破打击得呼吸困难。尼克·安德森被换来防守他。接着是“便士”哈达维。最后，白人前锋马特·哈普林都来了——魔术就像试鞋子一样，把所有能拿来防艾弗森的都堆过来试了一番。用速度，用经验，用身高，用宽度来限制阿伦·艾弗森。最后魔术找到了办法：

他们调集大个子来双人包夹艾弗森，干扰他的投篮，至于被他突破，反正是无可避免的。

代价当然惨重：四个人轮换防守艾弗森，大个子去补防艾弗森，76 人的其他球员浑水摸鱼，尤其是内线们得其所哉：趁魔术大个子去围自己的王牌，摸了无数的前场篮板。盖格尔 23 分 10 篮板，拉特里夫 8 篮板，小前锋林奇都抓了 12 个篮板。76 人全队合计抓到 57 个篮板，而魔术不过 36 个——最可怕的数字是，76 人的前场篮板多达 21 个。

这就是补防艾弗森的代价。

魔术主帅，曾经制定“乔丹规则”、带领活塞拿下 1989、1990 两座总冠军、1992 年带领梦一队的老王爷查克·戴利，看着 76 人 104 比 90 在奥兰多凯旋，只好摇头。

“这就是阿伦·艾弗森的个人表演，和平常一样。无论你朝他干什么，用谁去防他，他都会随手拿个 25 分之类。”

这一晚，稍微多一点点：被四个人轮防，客场作战，被大个子包夹，让队友获得大量空挡和篮板球机会，第一场季后赛——这些因素加起来，阿伦·艾弗森还是 29 投 12 中，得到了 30 分。他把这场比赛的球鞋给了妈妈，安·艾弗森在媒体面前手舞足蹈：“这比劳力士或者钻石戒指还珍贵！我把鞋子带出来啦，都把钱包忘在球馆里了！”

蝴蝶和秃鹫呢？

“大概从第一节射进那个跳投开始，就消失啦。”

1999年5月9日，费城76人客场对阵魔术。艾弗森的第一场季后赛。他全场29投12中，得到30分并赢得比赛。

10 纪录

阿伦·艾弗森，在他的第一场季后赛，就率领球队将魔术的主场优势击飞。费城球迷发觉幸福百花怒放纷至沓来：战绩进步，得分王，第一阵容，季后赛——而且在季后赛第一场就赢了球。

但是，查克·戴利并不这么想。整整十年前，他的活塞用“乔丹规则”遏止了如日中天的飞人。眼下，虽然魔术不如 20 世纪 80 年代末的活塞般铁骨铮铮，但他自己，毕竟是 NBA 历史上屈指可数的防守大师。首场败北后，在新闻发布会上，老人家指指自己的额头：

“我们要多看点录像，做一些调整。我们可能得玩点儿秘密战术了。”

第二场，大师言出即行。魔术给了 76 人一记闷棍。他们随时随地双人包夹艾弗森。相比起第一场，他们的包夹更果断干脆，不再犹豫。于是，他们以大量人力淹没了艾弗森的视野。全场比赛，每次艾弗森抬头，都看见“便士”哈达维比他高出 20 公分的身影。艾弗森全场 15 投 4 中，13 分。76 人以 68 比 79 败北。

5 月 13 日，艾弗森走进费城主场时，饶是他天不怕地不怕，也不禁吓了一跳。球馆里满坑满谷山呼海啸，装满了疯狂的球迷。全费城倾巢而出，把球馆每个角落都挂满了艾弗森的旗帜。

这种热情的来源很简单：费城主场上一次见证季后赛，已是 1991 年的事。八年时间，足以让中学生变成父亲、成就乔丹的两次三连冠和忙里偷闲的棒球生涯，足以让艾弗森从汉普顿的街头小野人变成联盟得分王。

超级巨星威尔·史密斯来了，穿得像一个地道的球迷一样，混在费城的工人队伍里。安·艾弗森继续珠光宝气地在人群里穿梭指挥。他们代表了费城的气质：纽约的百万富翁包厢或洛杉矶高贵矜雅的球迷姿态？抱歉，费城的球迷都是些勤劳工人。

艾弗森注意到，第一排的座位，以往总被一群固定面孔长期包租的第一排座位，多了一家人。一个老人家，手持冰淇淋，带着三个孩子和一个太太，在场边欢叫。每当他到边线发球时，老人家叫得格外响亮：

“阿伦，做得好！！！”

——一如费城的专栏作家比尔·利昂所说的一样，论到对球迷群体的煽动，阿伦·艾弗森是费城历史上空前绝后的家伙。他未必是费城最伟大的球员，但他的一举一动，都能让球迷疯狂。这一晚，他就像指挥一样，指点着费城球迷的大合唱。

对付他的依然是“便士”，然而费城的艾弗森绝非客场可比。蝴蝶和秃鹫早已不再作祟，艾弗森从一开场便开足马力急速冲刺。“便士”全场得到 18 分，可是上半场只出手两次。赛后，他解释说：

“我得做教练要求的事，我得去防阿伦，随时随地都得去防。所以，我没体能再执行进攻了。”

28 投 14 中，三分球 8 投 3 中，艾弗森得到 33 分 5 次助攻，仅 2 次失误。对得分如探囊取物的他来说，这组数据毫无所谓。当夜最可怕的事实是另一件——

赛后新闻发布会，拉里·布朗和艾弗森一样声音嘶哑。这是一场充满了惊奇的比赛，以至于两个人都在比赛里宣泄掉了兴奋和紧张的怒吼。拉里·布朗说：

“我讨厌抢断。抢断是冒险的行为，会破坏整体防守。”

这符合老头子讲究稳定和纪律的风格，可是接着，老头子补了句：

“我爱阿伦·艾弗森，我爱他今天晚上的抢断。”

在这一晚之前，NBA 季后赛的单场抢断纪录由六个人的七场比赛保持——里克·巴里于 1975 年，利昂内尔·霍林斯于 1977 年，克雷格·霍吉斯于 1986 年，蒂姆·哈达维分别于 1991、1992 年，穆基·布雷洛克于 1996 年，以及，费城 76 人自己的骄傲，亲手选定阿伦·艾弗森，正在场边微笑的马柳斯·奇克斯于 1979 年，一起制造的纪录：单场 8 次抢断。

就在这一夜后一笔勾销：

阿伦·艾弗森，前无古人的季后赛单场 10 次抢断。

这一夜的他令费城癫狂。他打了 43 分钟，28 次出手得到 33 分，同时完成 10 次抢断。只手在攻防两端把魔术击溃。你只能惊讶：他为何能够在攻防两端保持这种火焰般的炽热，当哈达维都疲倦不堪到只能集中全力于防守时，他还能疾风奔走？甚至在板凳上的 5 分钟，他都不愿坐下。他站在替补席，大声带领球迷为场上队友鼓劲，将一条白毛巾在头顶挥舞，于是，人群不舍得坐下：费城人几乎站了全场，他们拼命地呼喊阿伦·艾弗森的名字。

这一晚，他征服了历史纪录，以及球馆里的所有人，连拉里·布朗都临时改变了他的铁律，为他风华绝代的演出喝彩。在他下场时，左手张在耳边，听到二万人，包括威尔·史密斯，在高呼他的名字。场边那个新来的家庭，三个孩子看着他兴奋地尖叫。那个老人始终站着，对他不断鼓掌。

“阿伦，做得好！！！”

当时，艾弗森并不知道那个老人家就是 76 人的老板，就是康卡斯公司的老总，就是付给他工资的雇主布莱恩·罗伯茨——老先生是个低调的人，从来只让帕特·克罗斯抛头露面。当比尔·利昂问老人家：为什么你不告诉阿伦你是谁呢？为什么要坐到场边而不去包厢？

“因为在这一晚，我只想，嗯，”罗伯茨先生说，“做一个普通的，为阿伦·艾弗森鼓掌的，在最近距离观赏他的球迷。这不是费城人民的幸福吗？”

11 “上帝”

第四战开球时间是5月15日中午12点半。稍微早了点，但费城球迷的热情，还是滚烫如初夏骄阳。30岁的费城球迷凯斯·埃宁斯身披一件费城3号球衣朝摄像机滔滔不绝：“他打得这么大气磅礴，可是个子这么小！太矛盾了！我身边的高中生都在说：‘呀，我们比他个子还大呢！’阿伦是超越肤色、种族的存在！！”

20550名球迷热情似火，球馆里几乎像有500度，足以把篮圈都融化掉。他们想看到费城76人在主场晋级。自从1991年在东部半决赛做了公牛王朝的垫脚石以来，他们一直想回到那个令人垂涎的领域。在比赛中，费城一度领先到18分。掌声如暴雨般拍打整个费城76人队，以至于布朗叫暂停要求他们“冷静一点”时，每个人都在心神不宁地互送秋波。

“马上我们就能打第二轮了！”

魔术比他们冷静得多。费城球迷惊慌失措地叫喊，没能阻止他们一点点把比分追回。第四节还余5分23秒，魔术射中一记让全场球迷鸦雀无声的球——86平。

召唤英雄的时刻到来了。

所谓巨星，就是在正确的时间扮演英雄的人。

艾弗森射进一记15尺跳投，投中一记罚球。费城球迷忽然感觉到一个伟大时刻的来临。当艾弗森跑向场边，左手放在耳侧时，费城人用他们可以爆发的最大音量去灌足艾弗森对欢呼的渴望。接下来，闪电飞逝地切入中一记跑投，再一次切入造成两个罚球。当阿伦·艾弗森站在罚球线上时，拉里·布朗看了看记分牌，点了点头。大局已定。费城将要晋级。艾弗森抬起头，射进了第一个罚球。

然后，他的耳朵里灌满了一个词。20550条嗓子在一起喊：

“MVP！ MVP！！ MVP！！！ MVP！！！！ MVP！！！！！”

27投14中，9个助攻，37分。阿伦·艾弗森率领费城101比91击败了奥兰多魔术，3比1，76人晋级第二轮。

在奥兰多的板凳上，坐着另一个人。费城队史乃至联盟史上最伟大的小前锋之一“J博士”朱利叶斯·欧文。他的身份是魔术的教练组成员，可是他身披费城球衣所做的一切——包括1983年那个总冠军以及率队大战“魔术师”、伯德和贾巴尔的伟大时刻——让全世界都明白他的倾向。所以他并不加掩饰：

“今天，这个球馆里充满了昂扬的情绪，这都是阿伦制造的。他就像我，以及查尔斯·巴克利一样适合这座城市。”

艾弗森在更衣室换好装束，然后出门，和等候着的人们击掌。保安们阻拦着热情的球迷，

艾弗森带领76人在季后赛第一轮3：1淘汰魔术。慰藉了费城人8年来对季后赛晋级的渴望。他成为费城人心中的上帝。

赛后球迷们对忙着拥吻自己儿子的艾弗森母亲说：
“安·艾弗森，你孕育了上帝！”

以免他们冲上去把艾弗森举起来。因为采访不到他，费城记者包围了安·艾弗森的哥哥格里高里·艾弗森。

“阿伦一直在渴求爱和尊重。我可以告诉你，费城现在就是他的家，他不会离开的。”

最忙碌的是安·艾弗森。她被球迷之海卷裹着。四面八方递来的签名本让她应接不暇。对每个签名本，她都签了一句话：“留在学校，好好读书。”最后，她抬头，看到费城人在挥舞一面旗帜：

“安·艾弗森，你孕育了上帝！”

阿伦·艾弗森的车穿过夜色离开了球馆。整个城市都在狂欢，他坐在车里，依然听得见所有人呼喊他的名字，“MVP”，以及“上帝”。多年以来，这座不敬权威的自由之城一直在寻找张伯伦、“J博士”，以及巴克利之后的人，一个可以当作神的人。这个夜晚，他们找到了。这个前一年夏天还在汉普顿法庭上低着头，被全美国媒体一一揭露往事的23岁青年，成了费城的“上帝”。

12 血战

1999 年 5 月 23 日，印第安纳步行者在东部半决赛中，以 4 比 0 淘汰费城 76 人，六年中第四次晋身东部决赛。

如果翻阅历史，你会看到以上这句轻描淡写的话。但事实，可以参考步行者当家，篮球史上最冷血的远射手之一雷吉・米勒的原话：

“四场比赛？我感觉，我们像是拼了六场，甚至七场。”

早在 4 月中旬，米勒已经吐露了他的忧虑。史上屈指可数的冷血刺杀生涯，让他像猎人般对野兽与危险有所预感。“76 人，是那支让我担心的队伍。”

1999 年的 76 人和步行者有所类似——1994、1995 两年，东部决赛两次 3 比 4 惜败时，步行者的教练是拉里・布朗。他们的团队、坚韧和冷酷，都来自布朗的传授。但除了这点之外，两支队伍几乎在两个极端。76 人年轻、迅疾，运动能力非凡、激进。步行者首发平均年龄达到 33 岁，已经到达中年期。76 人的生死系于 23 岁的阿伦・艾弗森，而步行者则依靠经验、团队和闭着眼睛都能运行自如的掩护投篮。

拉里・伯德和他执教的步行者全队，都非常了解布朗的进攻体系。他让队员们尽全力应付费城的角色球员，让马克・杰克逊一个人去防阿伦・艾弗森。舍其一点，以保其余。老杰克逊运动能力已经无法赶上疾走如风的艾弗森，可却是 20 世纪 90 年代屈指可数的油滑球皮。

他尽量把艾弗森逼出三分线诱惑他远射，在艾弗森无球时用阻绝绕前来防止他接球。艾弗森接球后，杰克逊和他保持距离，鼓励他投篮但绝对禁止他切入。与此同时，伯德深明进攻是最好的防守，于是在球场另一端，雷吉・米勒用他冠绝 NBA 历史的无球跑动，逼着艾弗森在人群里跟随他捉迷藏飞跑。最后，每到第四节，伯德会派上贝斯特和杰伦・罗斯来跟防艾弗森。车轮大战，把比赛引入单挑。

首战印第安纳，伯德的策略奏效了。艾弗森被放任到全场 26 投 13 中 35 分，但队友却被掐死，于是艾弗森只有一次助攻。步行者全场压制节奏，94 比 90 按住了 76 人。次战变成了完全的肉搏，艾弗森手感丧尽，28 投 7 中 23 分。步行者全队则多达 26 次助攻，85 比 82，步行者再次险胜。

回到主场的第三阵，步行者已经敏锐的发觉，艾弗森体能的问题：在主场熟悉的篮筐面前，他的跳投却屡屡偏短。可是除了不断进攻，他又没有其他办法——每当他想串联球队时，却发现步行者的老油子们总是先一步阅读清他的想法。

毕竟，论起对拉里・布朗战术的熟悉程度，步行者这拨人比他资格老多了。艾弗森全场 33 投 13 中，三分球 10 投 2 中，32 分。可是步行者还是靠着全队合力，97 比 86，3 比 0 领先。

I-VERSON 季后赛首轮淘汰魔术后，艾弗森的 76 人队被老辣的米勒领衔的步行者队淘汰。而在自己的第一次季后赛经历中，败给一个可以作为好老师的对手，也许是最好的败北方式。

NBA 史上，从未有 0 比 3 落后而能反败为胜者。当记者提起这个典故时，艾弗森认真地说："那我们就做第一个！"

遗憾，他的诺言没能成真。

第四场比赛，艾弗森小心谨慎地避免错误，尽量保持着节奏，不断引领队友。可是，他的组织并没唤起队友的活力，费城半场落后 17 分。下半场，双方拖沓流离，第四节中段，步行者还领先 9 分。

艾弗森开始发力。他身先士卒的防守让全队绝地反击，步行者在 9 分 58 秒内一球未进，连失 13 记跳投。76 人靠着艾弗森和盖格尔的轰击，一波 19 比 4 的高潮。第四节还余 3 分 17 秒，盖格尔打板跳投，76 人 83 比 79 领先。

可是，76 人还是年轻了一点。

盖格尔错失两次跳投机会，斯诺失误。步行者被扼紧的喉咙略微放松。杰克逊切入，分球给"上帝的左手"克里斯·穆林，史上最优秀的左撇子射手毫不停顿，一记让米勒事后说"那一球让我知道我们必胜"的三分。紧接着，雷吉·米勒时间到来：跑动中在斯诺头顶一记单手后仰抛射，83 比 82。步行者就此夺回主动，而 76 人跌回谷底。终场比分 89 比 86。

阿伦·艾弗森，职业生涯第一次季后赛败北。被横扫的四战，有三场胜负只在四分之内，最后一分钟才定大局。这是价值连城的战术课：老奸巨猾而又心胆如铁的杀手步行者，给他演示了天才的另一面——技术熟练、精确、老练、聪明、针对性、团队。步行者主教练，篮球史上最伟大的前锋拉里·伯德很平静地陈述了他的思想：

"1986 年，迈克尔·乔丹在对阵我们凯尔特人时，单场得到过 NBA 季后赛单场纪录的 63 分。可是，人们都忘了，我们赢了系列赛。一个人无法打败一支球队，哪怕是迈克尔都不能。"

所以呢，"我们要尽量让比赛变成艾弗森一个人的战斗。"

1999 年 5 月，阿伦·艾弗森走出球馆时已是夏季。这是他第一次打球到 5 月。他的第三个赛季至此结束。对他来说，这是一个里程碑式的、百感交集的赛季：胜利，得分王，巨星地位，季后赛的胜利，以及败北。甜苦相济，五味杂陈。然而，这毕竟是一个好的开始——毕竟，经历惨痛血战，败给一个可以作为好老师的对手，也许是最好的败北方式。

尤其是在你逆风前行，奠定巨星地位，已经打出超越人们想象的成绩之后。

13 | 文身与文化

费城的明星，联盟得分王，NBA 最让人激动的烈火青年，矮小却勇决的战士阿伦·艾弗森。这是 1999 年安放在他身上的名号。媒体偶尔还提起他阴郁的往昔，但那些故事就像他的文身一样，只会带来些暧昧迷人的色调。联盟的官方杂志《体育时空》（*HOOP*）给他发了上

艾弗森的文身和他的垄沟头一样知名，而他的第一个纹身便是他的绰号——“The Answer”。

封面的邀请。嗯，因为你是联盟的招牌明星之一了嘛。

可是，当他看到杂志封面时，却大发雷霆，几乎要闹到联盟总部去。原因？这个不解风情的杂志拍完照后，自作主张小心翼翼地，把照片上遍布他胳膊、腿、脖子的那些美妙文身给清洗干净了。

他当然有理由生气。杂志，连同联盟官方，都一相情愿地想象，把这文身当作了他的表面修饰。他们很难理解艾弗森对文身的态度——这是他的生活态度，他的家庭、亲人、朋友，以及他在汉普顿的过去。抹去文身，等于是屈从了联盟的势力、白人对黑人的歧视，以及大卫·法尔克每天叨叨不休的“你要迎合世界的审美嘛”。

文身，一针一指，把图案刻进肌肤，永不消退，成为身体的一部分。过程并不容易。可是，当你在球场上跑动，那些文身就是你的宣言书。在职业体育界，文身许多时候可以判断球员的爱好。低调如蒂姆·邓肯，就是前胸后背各一个了事，当然其背后的豹子深获阿泰斯特的赞誉。而痞如迈克·毕比，“只有上帝可裁决我”，耀眼臂上，天下知名。技术犯规大师罗德曼和拉希德·华莱士基本就是文身博物馆，把身体当画布，文秀华丽。

艾弗森的文身风格，并不像华莱士那样成为整体，而是零零星星的宣言。不成体系。将这些片段凝聚成一体，就是他个人世界的描述：

“ONLY THE STRONG SURVIVE”：惟强者独存，位于他左上臂。ONLY THE STRONG 悬挂在一

个匕首交叉的十字架上，而 SURVIVE 则在本应钉着基督的地方。用他自己的说法："那是我一生中学到的最真实的道理。"

"THE ANSWER"：他的第一个文身，他行走江湖的绰号。来历已在 1996 年大二时通过他的采访公之于众。文身下方，一条龇牙咧嘴的虎头犬，是乔治城大学留给他的纪念。

"DYNASTY RAIDER"：位于左前臂，王朝突袭者。这是汉普顿人人皆知的艾弗森及其死党们招摇过市团队名。

"FEAR NO ONE"：直到 2003 年之后，这个文身才出现在艾弗森的左前臂上。"不畏惧任何人"，外带一个呼啸的头骨。"因为你永远不会看到我有畏惧之情。"

"HOLD MY OWN"：把持自我，位于左上臂，与"ONLY THE STRONG SURVIVE"相对应。由于他一向是个忠实于自己意志的人，这个文身更像是自我介绍。

士兵的头骨：位于"HOLD MY OWN"下方，占据了左上臂到肘的部分。一个幽深碧绿的士兵头骨，瞪着一双怨灵般的眼睛。艾弗森如此自述：

"我的人生是场贯彻始终的战争。我从许多障碍中存活下来，就像一个真正的士兵。"

"忠"：位于右颈的汉字，其意无须解释。

"CRU THIK"：出现了四次。那是他的唱片制作公司，同样也包含着他对死党们的情谊——他的说唱乐，他们的俚语和街头混打方式，他长大一路走来的旅程。左颈处的 CT 是缩写，并带有蜘蛛网和弗吉尼亚州字样。

持球的死神 / 黑豹：他的右前臂曾经有一个持着篮球的死神形象。艾弗森的解释是："我想这就是我的对手在场上看见我时的感觉。"而之后，这个形象被艾弗森处理了一下，变成了一只黑豹。有传说艾弗森的家庭成员中，有人加入了黑豹党——那是 1966 年成立于加州的，一个反对美国政府、提倡社会主义、提供穷黑人孩子免费早餐、为黑人提供政治教育的黑人社团。

梵语所纹的"力量"：他对自己的要求：能够有力量面对任何恐惧。

"仰"：汉字，位于右前臂。艾弗森的解释："我觉得我的出身值得尊敬——出头、生存、真诚面对每一个人。"

"VA'S FINEST"：弗吉尼亚州最好的，位于右前臂。毫无疑问是他的自诩。

"TIUARA & DEUCE"：在他的右胸，平时被球衣覆盖。这是艾弗森儿子、女儿的名字，被他完全覆盖在最贴近心脏的地方。

祈祷的手：位于胸口，上下则是艾弗森母亲与外婆名字的首字母。代表着他对母亲与外婆的感恩之心。

"JEWELZ"：位于右前臂，是他的说唱乐艺名。

"NBN"：Newport Bad News，故乡新港。

"EAST END"：位于左小腿。东岸，意味着他来自新港东岸。

"RAHSAN"：在"THE ANSWER"正下方。他幼时朋友的名字。

对艾弗森来说，嘻哈衣饰、垄沟头、文身都是他个人的一部分：他从不愿意为了任何清规戒律而改变自己的意志。

“FOR ALL MY ENEMIES”，位于右肩胛骨，“给我所有的敌人们”。

“MONEY BAGZ”，位于左手，钱包。

“TI”：妻子塔瓦娜名字的缩写，位于腹部。

这些文身综合起来，会传递以下信息：弗州，新港，妻子，母亲，忠诚，信仰，乔治城大学，勇气，尊重，斗士。这就是阿伦·艾弗森。这是他的姓氏和判别符号，是他的身份证明。

“把这些文身去掉，你们不能这么干。嘿，我是我，不是别的任何人。你无法改变这个事实。谁给他们重新标读我的权利了？每个人都知道阿伦·艾弗森是个什么样的人。我文身是一种自由，一种自我表达。”

当他被媒体围攻，堆积无数罪名——自私、专横、幼稚、肤浅、狂妄——时，这些文身也是罪名的一部分，代表着主流对黑人天才青年的轻视。当艾弗森逐渐成为巨星之后，这些文身，以及他的嘻哈装扮，他的我行我素的风格，他简单明了直言无忌的街头风，成了他的商标。年轻的新一代在他身上找到了自己，找到了那些随性、直接、大胆讥讽主流约定俗成的风尚。甚至连他斥责《体育时空》这件事本身，都成了他的一个新文身：他再一次清晰地站定了自己的立场。

甚至他自己，也许都不了解他对 NBA 的文化意义。年轻的街头风骨球员，都以他为航标。他代表着离经叛道，代表着对所有即定形式的否定和讽刺，代表着独自闯过一切争议，最后让媒体看着他情绪复杂的桀骜形象，可也同时代表着对家庭、内心、自我意志的忠诚与肯定。

如果说，乔丹改变了黑人的形象，改善了黑人运动员在大众眼中粗野鄙陋的姿态，那么，阿伦·艾弗森就改变了街头黑人的形象。他的嘻哈风，他的自我，他的大胆坦率，他对过去的忠诚，对虚伪流程的厌恶，都推进着街头黑人青年文化在美国的发展。孩子们像当初模仿乔丹一样，模仿着他的打球方式，他的做派，他的直截了当和随性张扬。球场之外，他在引领美国文化的潮流涌动，一如 70 年代嬉皮士文化对时代的推进一样。

“我是我自己，独一无二，阿伦·艾弗森。”

意外的是，他对外表的在意，第一触忤到的不是联盟，而是老拉里·布朗。

1999-2000 季，费城 76 人被 NBC 安排了 11 场全国直播。对艾弗森来说，这是他明星地位的彰显；对拉里·布朗来说，却意味着另一面——11 次在全国直播镜头前亮相？嗯，仪表可是很要紧的。

拉里·布朗对细节的着重，严密到了手帕露出左侧口袋多少厘米都要讲究的地步。在他理想中，出现在全国观众面前的费城 76 人，得是一支衣甲鲜明、规矩肃然的军队，只恨联盟不能发批军装让队员穿着。私下里和林奇、麦基、斯诺们一交流，几位都是听惯话的孩子，教练一说，他们交口赞成：

“好，统一着装吧。”

艾弗森疑惑地看着布朗发给他的要求：

“开玩笑吧？我永远不会穿成这样。我又不是那些中年白人球迷，为什么要穿这么正式？

我的衣服，我的嘻哈装扮都是我的成长环境和我的朋友，这才是我。为什么联盟总要试图改变我？！”

这一次的矛盾，与其说是针对布朗，不如说是他长久以来积郁的爆发。他，艾弗森，一生的理想是可以随心所欲地拥有个人世界，忠实于个人愿望。自从保龄球馆事件之后，他对自己的黑人肤色，自己的街区背景格外在意。对于那些试图扭转或改变他风骨的人，他会毫不犹豫地加以反击。《体育时空》杂志企图对他改头换面，等于阉割了他骄傲的气度。他宁折不弯的脾气于是再次发作。

他和布朗那被胜利掩埋的矛盾，又开始露出狰狞的面目。

14 | 再次争执

1999-2000 季，76 人的阵容几乎保持不变。毕竟赢家不换阵，布朗历尽艰难配齐好牌，轻易不变。然而，球队却以客场三连败开局。第四场，艾弗森以 29 投 14 中 37 分率队力克超音速，两天之后在奥兰多，33 投 18 中 46 分击溃魔术。之后是 35 分、30 分和 39 分，带领 76 人三连胜。11 月 22 日，艾弗森在对阵马刺时右拇指受伤，依然撑完全场得到 35 分。之后，他休战了三周——他的职业生涯第一次休息如此之久。

之后的情景颇为尴尬。他受伤前，76 人 5 胜 7 负；他受伤期间，76 人 6 胜 4 负。12 月 11 日艾弗森复出，首场就是 16 投 5 中仅得 11 分，球队败给了黄蜂。之后的两场，76 人连胜猛龙和公牛，然而艾弗森也不过 53 投 21 中，将将 40% 的命中率。

拉里·布朗的脸随着 1999 年冬天的来临而逐渐降温。他的眼睛盯着艾弗森。赛季前 25 场，艾弗森出阵时 76 人 7 胜 8 负，缺阵时 76 人 6 胜 4 负。哪里出了问题？

12 月 18 日，底特律奥本山宫殿。半场结束，拉里·布朗气得错碎口中牙：落后 16 分也还罢了，可是 76 人纪律涣散，第二节一度被活塞把分差甩到了 23 分，防守心不在焉，放任活塞半场横冲直撞取下 62 分，却直接砸碎了他老人家内心底线。宁可输球，不能丢防守，老头子快崩溃了。

“如果不打起精神，我就用替补阵容。”

说到做到，下半场打了四分钟，布朗换下五大首发，让他们坐到全场结束，看着球队以 91 比 104 败北。比赛结束后，唯恐天下不乱的底特律记者，满面不怀好意挑拨离间地偷笑，围在艾弗森身旁，听他说出以下的话——

“我的风格似乎不适合球队。看来得做些改变。如果我伤害了球队，那我就该离开。我不喜欢这里发生的事儿。”

——然后立刻揣着这些话，翻过身去采访拉里·布朗：

“拉里，阿伦说他该离开球队了。您怎么看呢？”

体能教练约翰·克罗斯——帕特·克罗斯的弟弟——发觉大事不妙，赶紧一个电话找到兄长。“你快来吧，这儿有两个针锋相对、不让对方走人不罢休的家伙！”

克罗斯给艾弗森打了电话，听到费城王子当头一顿抱怨：“我是先发球员！我为球队付出了这么多，就为了在场边看半场球？”

再给布朗一个电话，老头子言简意赅：“把他弄走，我不做他的教练了。”

克罗斯的脑袋像装满了冰水和辣椒一样，被刺激得嗡嗡直响火花飞扬。他像劝解离婚夫妻一样，软硬兼施地哄骗这对顽劣的怨偶。他骗孩子似的圈住了艾弗森，然后首次使用了他的总经理权威命令了拉里·布朗：

“我们明天见一面，必须这样！面谈！”

1999 年 12 月 19 日，费城的训练馆，三个人聚在了一起。拉里·布朗无所谓似的琢磨着训练计划，艾弗森气哼哼地训练，俨然把篮筐当作拉里·布朗似的射击不止。克罗斯走到他身旁：

“谈谈吧。”

艾弗森开始说话了。先是聊前一天的事，然后，他的言辞滔滔不绝，一发不可收拾。1997 年夏天以来，所有的事。训斥，批评，不亲自请假都要被训，不让他上场，着装禁令——积怨从未流失，只是逐渐堆积。终于在这一天，所有的总账一起爆发。拉里·布朗冷冷地看着脸色激动的艾弗森，一言不发。

等艾弗森停下时，帕特·克罗斯，迅速、流利、毫不间断的说了一段话——那也许是他执掌 76 人期间最重要的一段训示。

他肯定了问题的症结所在——这两个人像两个大孩子一样，认定对方不尊重自己，以此观点出发，于是互相怎么看怎么不顺眼。他提醒拉里·布朗，艾弗森一直在认真比赛。他提醒艾弗森，他替换上下场或其他场合嘴里不干不净骂骂咧咧，会让布朗觉得是种不尊重。他提醒两个人：在队员面前或公开场合，双方彼此的轻慢，都很容易伤及对方的面子。

在此期间，一老一少两颗费城的心脏都企图插嘴，但克罗斯没给他们留机会。他必须一气呵成地继续解开这对活宝冤家纠缠了三年的绳结。

他再次提醒二人：他们在一个方面很相似——都很敏感，都意志坚定，都疯狂好胜，所以才会彼此难以相容。他们彼此间可能因为对胜利过于专注，以及对现状不满而产生冲突，原因在于，他们缺乏交流。最关键的是，两个人的习惯不同。布朗是个坚定沉稳的老人，艾弗森则是个干脆直接的青年。他们各自有自己一套为人处世的法则，很难去为对方改变什么。

克罗斯强调说，他们其实并没有实际的矛盾——矛盾，很大程度上，源自于他们俩彼此不愿交流，造成的少许误会。

布朗开始说话了。他对克罗斯和艾弗森解释他的观点。他的整体篮球，他认为球员应该服从于整体。他对艾弗森正面说清，自己对艾弗森并无私人恩怨。一切的矛盾，都是源于工作态度。

当两个年长者说完话后，艾弗森的情绪逐渐轻松下来。他终于肯对布朗说：

“其实你说的话，我都在听。你以为我一直无视你的话，可是我并没有那样。我一直在听你的教导。我只是希望球员和教练是平等的。”

克罗斯终于笑了：“我希望如此。”

对阿伦・艾弗森和拉里・布朗来说，1999 年 12 月 19 日的上午是一个转折点。

一个人是习惯于被世界误解而不加解释的浪子，一个人是习惯于居高临下作为导师把持一切的铁帅。艾弗森是一个渴望爱和关怀的青年。对约翰・汤普森、死党和母亲这样以诚相待的人，他会肝胆相照。可是，当拉里・布朗始终铁青着脸色做着指挥时，他也就回以一副淡然的神色，同时，疑心布朗存心整他。反过来，拉里・布朗习惯了弟子们言听计从令行禁止。可是，看到这个青年一副爱答不理的样子，他觉得自己无法完全控制他，总琢磨着艾弗森是不是心里在嘀咕着咒骂他的脏话，他们的恩怨自 1997 年之后越纠越深，胜利时便隐忍不发，每次失败或矛盾便加重一分。

在这个上午，他们把一切都讲开了。他们之间并没有完全统一意见，因为在篮球哲学和为人处世方面，他们是秩序与自由的两端。可是，至少双方澄清了一点：他们没有私怨和成见。他们的所有不满，都集中在球队胜利上。没有私怨，只谈公事，这对他们的关系大有好处。自此而后，艾弗森不再担心布朗要整他，而布朗也不会看到艾弗森两次防守失误就疑心他放水——他们依然在争论，可是，彼此猜度心思的钩心斗角，暂时结束了。

以下的争执，都是战术阶段的问题。

他们当然完全不知道，他们彼此剖白内心、中断长久以来争执的事实，对费城、对东部乃至对整个 NBA，会产生多么巨大的影响。

15 休斯和斯诺

1998 年夏天，拉里・休斯以第 8 位被费城选中。他的特质，似乎天生为与艾弗森搭档而存在：196 公分身高，可以客串两个后场位置的全面技巧，双能卫身手，柔韧性、速度和灵巧惊人。比起斯诺，他更飘逸全面，但缺一点厚实与沉稳。

因此，虽然早在高中就拥有“丝般光滑”的绰号，他还是只能在费城苦熬岁月。拉里・布朗信任老将，信任基础，信任脚踏实地的东西。最让布朗不安的事情是，这小子左肩文了一个“无可畏惧”，又一个阿伦・艾弗森——一个艾弗森已经够布朗头疼的了，何况是两个。

1999 年底到 2000 年初，休斯开始让布朗犯嘀咕。1999 年 11 月 8 日，球队开局三连败后他改任首发，一场 27 分 7 助攻 3 抢断的华丽表现，让布朗觉得斯诺可以做替补了。可是，接下来两战，休斯合计不过 15 分，于是休斯重回替补。他的才情飞扬，但发挥不稳；而 76 人又面临着除了艾弗森外，天才的稀缺。在这两重算计之间，布朗的头开始疼了。

2000 年初，媒体铺天盖地地讨论布朗和艾弗森的是非。现实主义和浪漫主义的对决在费城上空飞舞。休斯无意间被拿来作为艾弗森的代替品。世界一再回忆起他在圣路易斯大学的表现：摆脱投篮，中距离跳投，在大前锋头顶劈下前场篮板，截断对方传球路线时敏锐如猎鹰。可是，布朗看见的却是他懒散的训练态度和过于冒险的防守——要知道，布朗不喜欢抢断，即便在艾弗森单场 10 次抢断之夜，他也是以“我不喜欢抢断”开始访谈的。于是，休斯每场只有 20 分钟的出赛时间。此举引来 NBA 其他球员兔死狐悲式的感叹。斯塔克豪斯、杰伦·罗斯等才华型球员一起站在他身后支持他。“便士”如此评价他：

“如果休斯在快船这种差一点的队伍，他会和艾弗森取得一样的成绩。他有足够分量的天赋，只是没机会展现。”

只有极少数人明白，布朗对休斯怀有极高的期望。他认为，休斯 84 公斤的体重无法防守对方小前锋，控球又不够圆熟无法长时间当控卫。他只能打得分后卫，而艾弗森每场至少要在这个位置打 40 分钟。布朗的理想是，休斯可以在板凳上浇铸自己，在两三年内提高控球能力，代替斯诺。“如果他训练认真，认真学习，他会在费城有一个美好的未来。”布朗如是说。而休斯的回答则是：

“我只想打球，现在。”

盖格尔、斯诺这些低调沉默的斗士，都站在了布朗这一边。斯诺认为休斯的训练态度还有待改善，不该太随情绪而起伏；盖格尔认为休斯是个好孩子，但是，“他好像被阿伦感染了。”

整个费城，真正站在休斯身后的，只有阿伦·艾弗森。他公开宣称，“我把休斯当作弟弟。我觉得他应该留在队里。我不想看到他遭遇这种事。”

他很熟悉休斯所经历的。这一切和他的新秀季如此相似。天才被秩序打压，被日复一日的枯燥训练磨平。盖格尔认为，休斯多少有点儿被艾弗森影响了。他们都有这种心态：

“与其做那些枯燥乏味的准备，不如就干脆随机应变地打球——比赛和训练是两码事。”

全明星赛后，休斯被交易去了金州。在那里，他得到了他所想要的一切：下半季 32 场全部首发，场均 22.7 分。虽然命中率只有 39%，但至少他有了自己的天空。而布朗把斯诺的上场时间推到了每场 37 分钟。

也就在 2000 年春天，斯诺和艾弗森成了联盟最铁打不动的后场。交易掉休斯，意味着布朗连最后一点飘逸的可能性都不留给 76 人了。他的理想是 1989–1990 年的活塞：众所周知，那是联盟历史上最坚韧残忍的球队。双后场是联盟历史上最才华飘逸的小个子“微笑刺客”伊塞亚·托马斯，以及联盟历史上最谦逊有礼温厚沉着的乔·杜马斯。布朗试图照搬这一模型：

一个沉稳坚韧朴实的斯诺，加一个上天入地无所不能的艾弗森，配以钢铁丛林般的全队背景。够了。

斯诺和艾弗森逐渐磨合出了爱与默契。他们都打过橄榄球，都是骨子里坚韧不拔的人，

球场上183CM的“巨人”

从大学时期，艾弗森就不断与各种巨人对抗。NCAA 淘汰赛对垒马萨诸塞的坎比，在 NBA 与三位乔治城学长莫宁、尤因与穆托姆博的对垒，2001 年总决赛对阵鲨鱼，2003 年季后赛对阵同为 3 号的本·华莱士。他总是以 183 公分的身高叩关直闯，直入禁区，间不容发之际与大个子们一决高下，这是他整个职业生涯的缩影，勇猛疾进，以小搏大，不知退缩为何物。

虽然表现出来时动静悬殊。斯诺赞美艾弗森："我喜欢和他一起打球，唯一的问题是，有时我会停下来观赏他。没办法，忍不住啊。"而艾弗森回以赞美："当他不在场时，我就觉得很艰难。他总是在我需要的点把球交给我。"

可是，失掉休斯前后的争执，则是这一季的象征性事件。76 人放弃了代表未来、可能性和才华的休斯，得到了经验、顺从与现在此刻的托尼・库科奇。费城成为了一支完全的秩序得缺乏幻想的球队。

除了阿伦・艾弗森。

16 锋刃与鞘

运球游走，闪躲穿插，转身，投篮。旋转，摇摆的假动作，像切开骨头的利刀般切入禁区，被撞倒。起身，在两万人的鼓噪下罚球让他们闭嘴。接球，找到擦板点，跳投。

2000 年的春天，艾弗森随心所欲。他是 76 人的帆，大风呼啸中推进着胜利。2000 年 2 月 3 日，在休斯顿，他 25 投 16 中扫落 40 分。2 月 6 日，对阵国王，40 投 20 中 11 罚 9 中，他得到自己职业生涯第二场 50 分。国王队助理教练皮特・卡里尔，传奇的普林斯顿体系编制者，满怀激情地承认，他当了 46 年教练，可是：

"这小子真是前所未见的好。"

赞美声海潮汹涌，拉里・布朗独自在艾弗森身后的孤岛蹙眉。40 分？ 50 分？ "他的确打了些匪夷所思的比赛，但是，40 分连着 50 分，我真不觉得他能每晚都能拿 40 分。"

三天之后，对阵新泽西，艾弗森 28 投 15 中，41 分。

然后，他去了全明星。

职业生涯第四季，他的第一次全明星。他得了 26 分和 9 次助攻。当然，比他的演出更重要的，是他的身份——以全联盟第三票数入选全明星。这是他此后每年全明星生涯的开始。

在全明星前的 39 场比赛，艾弗森的成绩令人震惊。场均 40.5 分钟，出手 27 次，31.3 分 3.8 个篮板 4.6 次助攻 2 抢断。自从乔丹 1992-1993 季以场均 32.6 分荣膺得分王以来，再无人达到这一场均数字。然而，拉里・布朗瞩目的却是另两项数字：

76 人队全明星前 49 战 27 胜 22 负，其中艾弗森出战的 39 场 21 胜 18 负。

艾弗森的命中率是 42.3%。

下半赛季，随着休斯的离去，斯诺更多负责起了球队的主控。有意无意之间，布朗在控制艾弗森的进攻。艾弗森依然是秘密武器，是终极杀招，是僵持时局用来切开阵营一击制敌的王牌，但布朗授意斯诺，更多的让其他队友参与到进攻之中。

艾弗森在 2000 年的春天所向披靡。他像神剑初成的豪侠，大肆挥霍自己的锋芒。而布朗

2000年春的全明星赛是艾弗森的第一次在全明星赛上亮相。而且是以全联盟第三票数入选。最终他得了26分和9次助攻。

却希望他可以更谨慎，更准确，善用剑鞘隐藏自己，做致命的一击。可是，整个下半赛季，艾弗森的命中率并没有上升：全明星之后的 31 场，他场均出手跌到 23 次，命中率反而降至 41.7%。场均得分只有 24.8 分。全季 28.4 分，屈居于“鲨鱼”之后，联盟第二。

这里的矛盾在于：

拉里 • 布朗，虽然学问渊博，但阿伦 • 艾弗森却是篮球历史上屈指可数的特例。就像一个老博士初到新大陆，也会对烟草与南瓜深感好奇一样。布朗并不理解艾弗森的攻击方式。他并不像普通得分手一样，会因为节约体力的打法或更有节奏的打法而提高效率。

将场景转回贝泽高中，那个阳光灿烂的下午，橄榄球队科兹洛维斯基告诉阿伦 • 艾弗森：“看到了吗？你系鞋带时，甚至都不需要看自己的鞋？你系鞋带时连想都不用想？对了！我就是要你这么打球，就跟系你的鞋带一样——想都不用想，自动化。在做一件事前，你脑海里先已有一幅图画，然后你就自然操作完成——就这样！”

这他的打球方式。就像他业余爱好的素描一样，他会提前在脑海中描绘一种场景，然后表演出来。他的贴身保镖特里 • 罗伊斯特后来回忆：

“我没看到过他做一些反复的机械训练。每次，跟他一起去球场时，他都静得不出一声。最后，阿伦会说：‘你知道我现在经常晃过、切入然后急停跳投。今天，我要晃过、拉球后撤步，然后后仰跳投。我今晚要用这一招把他们全干掉。’而且，当晚他确实这么干了。这就是他准备比赛的方式。他坐那儿想，然后就表演出来。”

艾弗森习惯了随机应变、预先想想和手中无招心中有招。他适合如浪潮般随比赛节奏不断进攻以保持手感，而不适合被随叫随到——那反而会破坏他连绵不断的节奏。因此，在乔治城，他都是以快速而自我的节奏打球来保持流畅性。布朗用斯诺来作为球队的驭手，这意味着艾弗森成为了一个接受命令的枪手，而不是自由挥洒的奔马。

可是，布朗的实验还是奏效了。艾弗森的锋芒被收入了鞘中，76 人却成了一支节奏井然的队伍。全明星后，76 人轰下了 22 胜 11 负的战绩。这一回合，拉里 • 布朗又赢了。

自 1996 年后，阿伦 • 艾弗森和费城 76 人队之间，一直有场悬而未决的拔河。当艾弗森自由发挥时，球队要求他放慢速度；当艾弗森开始无私时，球队要求他提高组织能力；拉里 • 布朗为他配备了斯诺，把他推上了得分后卫使他从筹谋之帅变成突阵之将；当他终于杀气四溢成为联盟第一利剑时，布朗又要求他收敛锋芒，像将帅一样审时度势。

四年之间，艾弗森一直像个棋子，被费城犹豫不定地选择、试探着，试图找到平衡。这中间经历了狂喜、忧患、变化、试探、再变化、争吵、误解。2000 年春天，他们之间并没有找到彼此利益的完美双赢，但至少 76 人开始赢球，开始拥有强队的胜率。49 胜是 1990 年以来，费城最好的战绩。于是，这似乎就是最优配置。

因为，无论彼此怎么鸡吵鹅斗，阿伦 • 艾弗森和拉里 • 布朗至少有一点是共同的：于他们而言，胜利的价值高于一切。

17 败北

2000 年，费城的季后赛之路像是前一年的复制。艾弗森已经不必经历 1999 年蝴蝶与秃鹫的困扰。他像一个不解风情的刺客，击破了夏洛特人的幻想。2000 年 4 月 22 日，他打了一场典型的阿伦·艾弗森式比赛：76 人在夏洛特与黄蜂打成一团，人人汗出如浆、手感冰冷，比赛拖沓，只有他一个人来往如风。92 比 82，费城在夏洛特取下首胜。艾弗森是这片钢铁森林中唯一的火焰。25 投 13 中，40 分。

然后，和前一年一样，双方以平局来到费城，来到安·艾弗森张牙舞爪的球馆。一场犬牙交错的 81 比 76，然后是收尾之战，艾弗森 26 分 7 次助攻率领 76 人晋级。与去年一样的 3 比 1，与去年一样的先取首胜，战平，主场连翻两阵，与去年一样的以弱克强。

与去年一样，遇上了印第安纳步行者。

印第安纳步行者很老了，雷吉·米勒已有 34 岁。自 90 年代以来便一起拼杀的战士们有人撑不下去，特拉维斯·贝斯特和杰伦·罗斯这两张新面孔钻进了首发阵容。这是他们迟暮时光最后一次冲击总决赛的机会。记者去问拉里·伯德是否还会为比赛而激动，伯德笑了笑。

“每天如此。”

但伯德也承认，他已经很难再继续执教这支球队。他可能会退居总经理职位。2000 年，这一代步行者的最后一年。

拉里·伯德决定让马克·杰克逊，史上助攻第二的老指挥家做替补。因为，“阿伦·艾弗森实在太快了。我们得让一个小而敏捷的家伙来对付他。比如特拉维斯·贝斯特。”

杰克逊接受任务时面色如常。雷吉·米勒跑来问他：“我要穿那件超人 T 恤吗？”——那是件他曾经穿着得了 41 分的吉祥物。杰克逊像个老狐狸，给了句刺人的回答：“你确定你能闪亮登场？如果不，别穿。别侮辱超人。”

他当然知道，这样的回答会如何点燃雷吉·米勒的灵魂。

5 月 6 日，杰克逊依然首发。他和米勒用快速的转移球，躲避阿伦·艾弗森的闪电手抢断。76 人开场的追杀熄灭之后，步行者开始反击：贝斯特和杰伦·罗斯担负起第二波进攻。冰之后继之以火。76 人败北。

米勒和罗斯各拿到了 40 分，尤其是米勒：18 投 11 中，三分球 10 投 7 中外加 12 罚 11 中。杰克逊得到 0 分，但 23 分钟内 10 次助攻 0 失误。

隐藏的小英雄：贝斯特只得了 2 分，拼到 6 次犯规。但他跟住了艾弗森。费城 3 号依然有 20 投 10 中 28 分的表现，但他没能像在夏洛特一样得到 40 分——那就够了。

步行者像经验丰富的老头子一样，逗弄着凶猛的 76 人，用各种方式缠住阿伦·艾弗森，

艾弗森在与步行者的系列赛中表现卓越，但仍然不敌老米勒的步行者，重复了上赛季的命运。

用米勒和罗斯的远射来滋扰费城的铁骑军。5 月 8 日，罗斯的 30 分助步行者险胜第二战；5 月 10 日，米勒的 29 分让步行者 3 比 0 领先。

似乎到此为止了，NBA 历史上，0 比 3 后还能反败为胜的球队前所未有。

阿伦 · 艾弗森看着围绕他的媒体，说出了他前一年此时说过的话：

“我们要做第一支。”

5 月 13 日，第四场。费城用非凡的斗志和步行者熬到了比赛结束，险胜 2 分。擦完了冷汗，5 月 15 日，他们去了印第安纳。步行者球迷欢天喜地，等候在主场庆祝晋级。

艾弗森对他们摇了摇头。他从第一分钟就开足马力，全场只歇了两分钟。他的突破让贝斯特早早犯规，他接到球后眼里便只有篮筐。这一场比赛，拉里 · 布朗多少放弃了他的成规定见。艾弗森，一个人的绝地冲刺。

康塞科球馆的球迷们目瞪口呆看着他不断被撞倒，然后不断上罚球线。看着他投进匪夷所思的远射后对球迷们的冷眼。37 分。76 人扳回一城。

“我们要做第一支。”

言犹在耳，掷地有声。

可是，雷吉 · 米勒和拉里 · 伯德，身为 NBA 历史上创造奇迹最多的人，最了解如何扼杀奇迹。5 月 19 日，步行者用一场干脆利落的胜利，结束了费城 76 人的 1999-2000 季。

阿伦 · 艾弗森结束了他的第四季。他被选进联盟第二阵容，第一个全明星，以及联盟得分第二——输给了“鲨鱼”职业生涯最优秀的一季。他没成为得分王，76 人的 49 胜并不卓越，因此他被大多数记者遗忘了。只有一个记者在到处为他疾呼。当季 MVP 评选中，121 位记者有 120 位把第一票给了“鲨鱼”，只有弗雷德 · 希克曼把第一票给了艾弗森。

“如果把他从 76 人剔走，76 人就连快船都不如！”

可是拉里 · 布朗并不这么想。

18 交易？

2000 年夏天，艾弗森回到了汉普顿。和母亲、死党们玩儿，顺便去录音棚捣鼓自己的说唱乐 CD。帕特 · 克罗斯、拉里 · 布朗和 76 人总经理比利 · 金则在费城通宵达旦地盘算。

布朗和艾弗森之间的个人性格嫌隙，已在 1999 年 12 月那次对话中改善。但在具体战术角色上，他们俩从未达成一致。艾弗森在下半季放弃了追逐得分王，却率球队拿下 22 胜 11 负，这是布朗眼中的王道。可是，这还不够。6 月 28 日，76 人在 2000 年选秀中获得了 180 公分高的“速度”克雷格 · 克拉克斯顿。布朗的评价一夜间通过电波传遍美国，直至汉普顿。

“我们需要有个人在 24 秒限时即将走完时跑个战术配合，让队友获得投篮机会——问题是，我们真的没有这样的人。"

是不满，也是暗示。弦外之音传到了艾弗森耳里。记者闻到了大新闻的味道，追去探问布朗他和艾弗森的关系。布朗继续追加炮火：

"如果你的一名员工经常迟到，你对他怎么看？"

传媒兴奋了。自从拉里·布朗上任以来，他们一直在等候这一天的来临。艾弗森和布朗终于破裂了，于是他们从1996年开始的"街头不羁青年艾弗森"这一形象终于要迎来戏剧性结尾。随后，北卡大学放出的消息更令世界震惊：他们正企图约请拉里·布朗去北卡执教。

这可以看作一种姿态，一种要挟：布朗治下，76人正在复兴路上。此时谈论抽身离去的可能性，颇有挟功自重之嫌。于是，布朗去北卡的流言之外，又多了一重——艾弗森，可能被交易去快船。

似乎他们真的已到了势不两立的地步。

他们俩再一次展示了彼此的倔强。比利·金和克罗斯委婉地劝解，但拉里·布朗的脾气宁折不弯，眼里不揉沙子。艾弗森更是吃软不吃硬。所有试图让他低头、畏惧、退缩的都已经失败了。这对冤家寸步不让的是各自的原则。布朗要求严格与纪律，艾弗森则要求舒张自由与个性。7月7日，当记者向艾弗森问起快船、北卡这些流言时，艾弗森承认：

"下季继续在布朗手下打球，对我来说会极其艰难。"

7月13日，布朗再次公开重申了他的观点："如果你的雇员不准时开工，不来上班，拒绝和组织里其他人享受平等待遇，然后还说他对他所接受的待遇不满。你们会怎么想？"也就在那一天，费城的九名球员在公开场合亮相，唯独艾弗森没有出现。

克罗斯和比利·金磨破嘴皮，打爆电话，试图把这对冤家黏糊起来。除此之外，他们还在准备B计划。如果布朗真的走人了呢？他们已经和伊塞亚·托马斯或"J博士"联系，以备随时来顶替主教练。另一边，76人、活塞、黄蜂和湖人在谈一个四队大交易——76人将得到黄蜂的后卫埃迪·琼斯、湖人的射手格伦·莱斯和活塞的角色球员威廉姆斯，活塞将得到阿伦·艾弗森和盖格尔。

那时，费城的3号离开费城，似乎只在读秒之间。很多年后，艾弗森的朋友回忆说，艾弗森曾如是表达：

"如果费城把我交易了，以后每次遇到他们，我都要砍50分。"

然而，交易取消了。

否决交易的，是马特·盖格尔。这个铁人中锋不愿放弃76人应付给他的违约金。500万美元对巨星来说弹指一挥，但对他这样的蓝领中锋则弥足珍贵。交易搁浅。埃迪·琼斯随后宣布他想去热队。无法得到琼斯，76人也就懒得再交易了。

阿伦·艾弗森一度即将被派上去底特律的飞机，但结果他又回来了——虽然，其实他原封未动。

风暴忽然消失，地震瞬间停止。艾弗森和布朗剑拔弩张的气氛，忽然静如止水。媒体盯着艾弗森，等待他愤怒、嘶吼，谈论自己如何被背叛。

可是，他的冷静出人意料。

2000 年 8 月，艾弗森见了一次帕特・克罗斯，“魔术师”也在身旁。克罗斯告诉艾弗森，他希望再保留现有的阵容一年。他告诉艾弗森自己允许球队管理层寻求交易，但必须是与他等价的筹码。

“我告诉他们，我不想把你交易出去。但如果你不能做到你该做的事，我也无法阻止他们把你交易出去。”

而“魔术师”，篮球史上最伟大的控卫，则对他这么说：

“你和你的老板有这样亲密的关系，这很不易，阿伦，年轻人都爱你，但你必须为他们做一点表率。我知道为一个倔强的教练打球有多痛苦，我为帕特・莱利打过球。可是，那其实正是他们关心你的方式。”

帕特・克罗斯继续补充：

“我从没认识过谁比你更能控制自己的命运。你所要做的一切就是听布朗教练的话。就这么简单。”

“我不恨拉里・布朗。”艾弗森说，“我会继续在费城打球的。”

仿佛是交易的风波洗去了他们之间的戾气，或是如艾弗森对克罗斯所说，“25 岁了，我成熟了。”

25 岁上，一如之前所有命运十字路口时一样，艾弗森控制了自己命运的航向。

于是传说开始了。

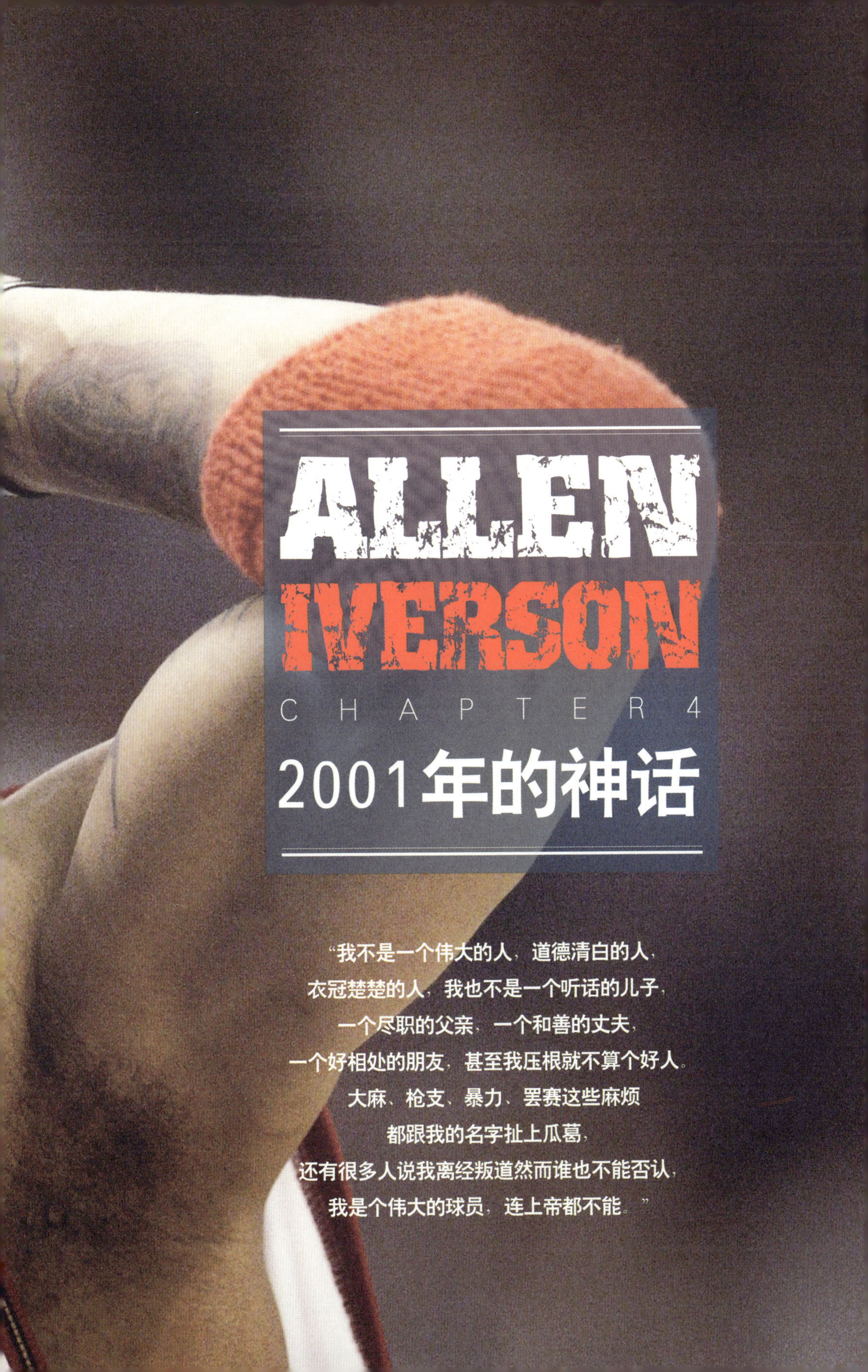

ALLEN IVERSON

CHAPTER 4

2001年的神话

“我不是一个伟大的人，道德清白的人，
衣冠楚楚的人，我也不是一个听话的儿子，
一个尽职的父亲，一个和善的丈夫，
一个好相处的朋友，甚至我压根就不算个好人。
大麻、枪支、暴力、罢赛这些麻烦
都跟我的名字扯上瓜葛，
还有很多人说我离经叛道然而谁也不能否认，
我是个伟大的球员，连上帝都不能。”

01 | 巨人与侏儒

2000年10月，艾弗森又被媒体逮住了。他以JEWELZ为艺名出的第一张单曲《40号酒吧》（40 *BARS*）里如是开头：

“像个爷们那样提着枪

像个爷们似的扣动扳机

不相信就溜走

只要和百万美刀有关的我都会参与……”

各种、杀戮、钱、同性恋外加各类家长听见孩子唱了就会吓到面如土色的词句。同性恋团体开始抗议，大卫·斯特恩也慌了手脚。媒体开始严肃讨论：

“你还敢让你的孩子喜欢阿伦·艾弗森吗？”

可是艾弗森认为，媒体又一次误解了他——他特意做了一首叫做《误解》的曲子。他把自己的说唱乐当作贫民窟的CNN，认为那里记录着最真实的生活。阿伦·艾弗森一直希望自己真实、勇敢而无畏，不怕说出真相。可是，媒体世界并不这么想。他们觉得艾弗森揭露真相是在破坏和谐社会，宣扬暴力和色情。这种把直率当作粗鲁的行为，艾弗森都懒得解释。最后，一封道歉信了事。

但是，他无法忍受外界继续扭曲他的形象。他打电话给妈妈：“你听到他们都怎么说我了吗？”安·艾弗森，一直以来都被媒体非议太招摇的老妈，冷静地说：“你不能改变人们的想法。做好你自己的角色，做一个好领袖，做一个好人。”

看淡风云、直言不讳的老蓝领前锋查尔斯·奥卡利在多伦多伸来援手，一针见血地说：“联盟总盯着阿伦，他一做错什么就随时尖叫。他们想让这孩子变成另一个完全不同的人。”

因此，2000年秋天，艾弗森是带着一种仇恨的情绪面对世界的。他的街区背景，他的少年不羁，他的种族，他的说唱乐，他的死党和母亲们，又被媒体拿来抨击和扭曲了。他再一次回到了约翰·汤普森在乔治城教导他的状态：

“现在，我出去和这他妈的世界对抗吧。”

费城并无变化，无非老了一岁，外加新来了弗农·马斯维尔，1994年跟随休斯顿火箭夺冠、第二年杀上波特兰看台和观众对掐的疯子射手。76人的锋线已经过了巅峰期。希尔32岁，林奇30岁，库科奇32岁，盖格尔31岁。

库科奇是这支球队经验最丰富的人物。在欧洲时呼风唤雨的“魔术师”，跟随公牛队拿到后三连冠的第六人。布朗指望库科奇能帮忙卸去一些艾弗森的压力，但把筹码放在一个32岁老将的身上显然很冒险。

外界眼中，2000-2001 季的 76 人一如往昔。成型团队，将帅暗斗，一个超卓的天才。他们来不及注意到一些变化，一些足以改变一切的变化。2000 年 10 月 22 日，新选来的克拉克斯顿在季前赛伤了左膝。两分钟后，艾弗森闯进更衣室："哥们，你没事吧？"

也就在这一天，艾弗森站在布朗面前说：

"任命我为队长吧，我和斯诺共担队长之职。"

"好。"

他决定改变，决定担负起责任，然后一切都变得匪夷所思。体能教练约翰·克罗斯打电话告诉他哥哥帕特·克罗斯，艾弗森居然开始在力量房待着了——而不再是散步溜达和冥想。克罗斯惊讶地打去电话，艾弗森回答：

"不是你要我从 70 公斤练到 81 公斤的吗？"

2000 年 10 月底，世界看到了一个完全不同的阿伦·艾弗森。麦迪逊花园的揭幕战，76 人以 101 比 72 屠杀了纽约人。纽约人恼羞成怒，控卫克里斯·柴尔兹甚至去挑衅 76 人的二年级前锋杰梅因·琼斯。琼斯正忙着和纽约板凳对吼，艾弗森从身后抱住了他。

"哥们，别把注意力集中在这事上。我们赢了回家就好。"

他像个队长一样指挥队友，也像个队长一样打球。血洗纽约之战，他送出 9 次助攻，只有 2 次失误。第二天击败多伦多之战，5 次助攻 1 次失误。对纽约的第四节，他视柴尔兹如无物地闪进内线，面对老冤家坎比和科特·托马斯的包围，眼皮都不抬，送出一记"魔术师"般的妙传，库科奇起手命中。拉里·布朗在板凳席上激动地跳了起来。

"阿伦已经学到了伟大球员应做的事。就像 1993 年乔丹传给帕克森绝杀太阳、1997 年乔丹助攻科尔解决爵士一样。乔丹当然可以自己做，但他知道空位队友更有把握。阿伦也明白了！"

可是最让布朗震撼的是……

2000 年 11 月 2 日，早上 9 点 37 分——十一小时前，艾弗森刚得了 24 分，率队击败了猛龙，扭伤了自己的右膝。布朗来到训练馆，惊讶地发现阿伦·艾弗森在训练。

而队规设定的训练时间是十点整。

截止到 11 月 20 日，76 人队完成了匪夷所思的十连胜开局。更匪夷所思的是，在此期间的艾弗森没有一场得满 30 分，场均却有近 6 次助攻。拉里·布朗大肆赞美："他在用正确的方式打球，他的防守比以往好一百倍！"

世界在歌颂 76 人的强大，而故事的中心人物阿伦·艾弗森平静地坐在更衣室。"我学到了许多重要的东西。我经历了太多事，我现在成熟了。错误偶尔会发生，但你不能两次踏进同一条河流。就这样。"

那些非议、指责、中伤、挑拨、谩骂、抨击呢？

他笑了笑，用《40 号酒吧》里的一句歌词回答。

"我是个巨人。你们全是侏儒。"

职业生涯第五年，风风雨雨，艾弗森已经可以对全世界的压力应付自如。

02 | 独？合理？成熟？

11 月终了，76 人取下华丽的 12 胜 2 负。一整个月，艾弗森无一场突破 30 分。场均不过 22 分，失误却少到了职业生涯新低的 2.9 次。费城球迷且欣慰且遗憾，无数次满球馆串通好了高呼：

“阿伦，投篮吧！”

12 月，阿伦·艾弗森亮出了他锋锐凄绝的鱼肠剑。

12 月 1 日面对黄蜂，22 投 11 中 37 分 10 助攻，逼到防他的威斯利和补防的 P.J. 布朗各 5 次犯规。三天后在丹佛，37 分 9 助攻，背靠背在洛杉矶 27 分，12 月 8 日在波特兰又 30 分 10 助攻。

并非他耐不住寂寞重现峥嵘，只是随机而动。11 月 76 人主场为主，情势轻松，他更多让队友发挥。但从 12 月 2 日开始，七天内五个客场。作为队长，他必须担负起责任。

因为早在 2000 年 1 月，他就已经感觉到，如果他想得分，全联盟无人可挡。但此后他善藏剑刃，却能为球队带来胜利。到 2000 年底，他到了收发自如，得分如探囊取物的地步。但现在，费城的 3 号，却不能只想着自己的攻击事务。他必须多琢磨队长的责任和义务。

12 月过半，全联盟重新风声鹤唳。费城的 3 号犹如死神归来，杀戮的阴影覆盖世界。12 月 16 日，在芝加哥，他扫落 33 分；四天后，面对爵士，45 分。2000 年 12 月 30 日，当年最后一场比赛，他打足加时 52 分钟，36 投 18 中劈下 46 分 9 篮板 9 助攻。

为什么忽然大开杀戒呢？原因很简单，斯诺在 12 月 9 日受伤了。

进入到 1 月，全联盟所有对局 76 人的队伍都恐慌无已。艾弗森 1 月 5 日对阵西雅图得到 41 分，第二天背靠背在克里夫兰 30 投 20 中 13 罚 10 中轰下 54 分。1 月 13 日对阵马刺 29 投 17 中 40 分，两天后对阵黄蜂 35 分。再过两天 25 投 15 中 43 分击杀公牛。1 月 21 日与多伦多血占加时，51 分。之后的十天，30 分、32 分、44 分、27 分和 38 分，带领球队一波 4 胜 1 负。

多么奇妙：在全世界都赞美他无私、场均只得 22 分的 2000 年 11 月，76 人 12 胜 2 负；在他大包大揽所向披靡场均 34.6 分、取下两个“50+”、四个“40+”的 2001 年 1 月，球队战绩是 13 胜 3 负。

困惑吗？专断与无私，哪个阿伦·艾弗森才是最合理的？

这是另一个话题。

艾弗森来到费城整整三十年前的 1966 年，76 人已经发生过这样的故事：亚列克斯·汉纳姆教练试图驯服职业体育历史上最桀骜的种马之一威尔特·张伯伦，勒令他少得分多防守注意团队。日得百分夜御万女的霸王哪受得了这个，直接非暴力不合作。汉纳姆直接捋袖子预备动武——事实上他们俩被劝住了，张伯伦被慑服从此改变了得分霸王的球风。之前连取七届得分王的他，在此后八年职业生涯再没得到得分王，他获得回报是 1966-1967 季，76 人取得 68 胜的破纪录战绩，中断凯尔特人的连冠事业，以及 1967 年总冠军。

——如果当时 76 人队员们——康宁汉、格利尔和沃克——没有一齐涌上，抱住汉纳姆，则大致如下事件会发生：1. 凯尔特人队王朝延续；2. 张伯伦将踢死汉老师而留在费城；……

——当然，这是玩笑话。生活不是电脑游戏，无法存盘重来。

2000—2001 季常规赛，费城 76 人 VS 湖人——科比，“鲨鱼”，艾弗森这三个人包揽了 1999-2007 年之间九个得分王中的七尊。那时他们谁都不知道，2001 年夏天，他们三人会创造出怎样伟大而惨烈的史诗之战。

理论上而言，最合理的篮球就是场上五个人都技术全面、性格冷静、勇于承担责任、具有集体精神、技术全面而扎实、视野开阔、富有战术头脑、防守能力突出。但这样一支球队出去打比赛，除非是五个人都是机器，能保证一定的投中及投失率、能准时预测对方的进攻技巧，否则就很难均匀起来。这是拉里·布朗的理想：人无限接近于机器人，以最低的失误来博取胜利。

但人是复杂的动物。他有情感波折，有手感起伏，有身体因素，还会有感情问题。而最后，打球的目的是为了胜利。

于是，什么是合理？答：能以最大概率赢球的就是合理。

但这里最大的悖论就是，你没法 SAVE/LOAD。你没法检验怎样才是最合理的。

有一些例子证明，无私是好的。比如，迈克尔·乔丹 1986-1987 季场均得 37 分时没有总冠军，20 世纪 90 年代每场得 31 分左右时却成就王朝。可是另一些例子也有，1996-1997 季，伟大控卫斯托克顿增加投篮而助攻下降时，爵士却成为西部最强的球队。

伟大如乔丹，其实并不总能够做出最符合学院派的选择：他在第四节永远掌握随时开火权。他的有些投射选择其实不是那么合理——按照学院派的“合理”解释，1998 年总决赛第六场，在 43 秒落后 3 分时，他不应该悠闲的用两次一对一进攻打败布莱恩·拉塞尔。如果拉里·布朗在，大概会要求他传球给队友吧？但事实上他赢了，他就是合理的。胜利者拥有豁免权。

按照学院派的习惯，将球分到每一个空位，组织起整个球队，这叫做合理。而乔丹、伯德、斯托克顿们有时会提供令你困惑的情况：他们做的情况有少数并不符合这些老习惯，但他们能够取得胜利。

实际上，做一个球队领袖不仅仅是控球在手组织全局。你需要鼓励每个队友，召唤起每个人的斗志，平衡场上的局势，控制着场上的节奏，在对方势起时压制对方，你必须随时随地阅读场上的形势，注意细节，权衡每一个球员的损益得失，选择传给该传的人，或者自己解决问题。

我们现在可以给“合理”一个解释：

学院派的“合理”，是把场上的队员当作了机器人，用概率和运动学的观念来支配这一切。而伟大巨星们所做的，是把自身的杰出能力、对球场的阅读和观察、从对方和己方态势的判断之后，做出的选择——说简单一点，就是建筑在自身超强的实力上。他们选择了最保险的法子，从这个角度而言，这就是合理。

因此，在 2000 年 11 月，球队人员整齐时，艾弗森选择相信队友，让 76 人这架机器碾过联盟所向无敌。胜利即合理。2000 年 12 月至 2001 年 1 月，因为斯诺的缺阵，76 人缺少一个驱动机器的人选。艾弗森此时选择独自战斗，一人对抗世界，把 76 人拖过最艰难的泥淖。这是另一种合理。

大多数情况下，无私是正确的态度，但并不绝对。有时，独也是一种合理——只要你足够强大。

2001 年 1 月，没有人敢对阿伦·艾弗森说三道四。独吗？也许，但这里的独不是独断专行的独，而是孤胆豪杰的独。他终于把自己调整到了最好状态：积极训练，队长的责任，求胜欲，以及一人挑战世界的决心与勇气。

于是他所向无敌。

03 全明星之夜

电影需要纠结密集的矛盾，球赛需要激情迸发的一刻，占星师会抬头惊讶于星辰连珠，因为高浓度的一切——不只是酒精——总易于让人激动：就像华山论剑，大地四方俊杰向一处拍马奔集时，满怀大河入海的豪情。

这大概是 1951 年，NBA 全明星赛举办的初衷：让不可能的成为可能，让关公和秦琼面对面，让四方大腕齐集一堂搞晚会，这是球迷喜闻乐见的形式。20 世纪 50 年代，全明星赛是最高水准球员的战争，然而，经过 20 世纪 70 年代，全明星赛正在转向一场盛宴，一场篮球技术的表演，一场你来我往的戏剧。20 世纪 80 年代之后，全明星是一整个周末，而高潮的全明星赛演出则是一场地道的剧院演出。20 世纪 90 年代，全明星赛更像是排练好的舞台剧。双方心照不宣地展示优雅球技，合演一出合辙押韵、紧凑秀雅的大戏。

2001 年，华盛顿，全明星赛，阿伦·艾弗森代表东部明星队出战。安·艾弗森一如既往地在场边观战。拉里·布朗凝目望着艾弗森：这一夜，他当然不会再勒住艾弗森的缰绳——因为这是狂欢之夜。

还因为，约翰·汤普森也来了。

西部全明星先声夺人，而且出招咄咄逼人。邓肯开场便盖掉麦迪的扣篮，韦伯与加内特的空中接力扣篮让西部打成 15 比 2。第一节结束，西部队 30 比 17。拜西部队异乎寻常的认真所致，东部第一节有 10 次失误。

这已经不像一场友谊赛了。空气里忽然开始弥漫起火药味。你来我往之间，眼神交错犹如刀声铿锵。谁都不必明说，剑已拔，弩已张。

雷·阿伦第二节开始开弓神射，连得 9 分，文斯·卡特施展一记 360 度战斧扣篮把分差减至个位数。半场余下二分半，卡特一记三分球把分差追至 44 比 49，随后一记风车扣篮，全场球迷起立为星球第一扣将鼓掌：只差三分。

比赛进入了奔放的节奏。西部的先声夺人煽起了每个人血液中的火。对巨星来说，彼此的华丽演出是最好的催情药。基德一记底角三分，一记半场三分。西部 61 比 50 领先半场。第三节，西部队烈火燎原地奔袭。高强度防守逼迫东部只得 20 分——这样的分数已经不像全明星赛了——而自己轰下 28 分。麦克戴斯一记跟进扣篮后，第三节结束，西部 89 比 70 领先。又过了三分钟，西部队 95 比 74 领先。

距离比赛结束还有 9 分钟。差距 21 分。

拉里・布朗为东部队叫了暂停。阿伦・艾弗森看了看记分牌，看了看妈妈和约翰・汤普森教练，然后走到技术台。

“嘿，有没有人和我打赌，我们能翻盘？”

2001 年全明星赛的东部阵容——卡特和雷・阿伦不知道，他们会先后在当年夏天与艾弗森决战东部季后赛；穆托姆博当然也不知道，他会和前排那个 3 号年轻人成为搭档。

2001 年的全明星赛上，艾弗森率东部队上演大逆转战胜西部队，并获得全明星赛 MVP！

他眼中的光闪动，犹如利刃。

这是华盛顿，这是乔治城大学所在的华盛顿。有观众呼喊他的名字，让他回忆起五年之前的大学时光。这是全明星赛，礼尚往来。可是阿伦·艾弗森不了解这些礼仪和规范。

就像他闯入联盟以来，不断在破坏各种即定成见和规则一样。

艾弗森开始提速，整个东部队陡然醒来一样奔驰。西部全明星措手不及，被他一波席卷。艾弗森身先士卒地切入得分。每次得手，他会抬手放在左耳，接受全场的欢呼。他像操纵潮流的海龙王一样兴风作浪。艾弗森在赛后接受采访时说：

“进入到第四节，我们坐在场边说：‘嘿，为什么不能是我们呢？我们怎么就不能在一场全明星赛里逆转个 19 分呢？’”

他总是爱提出这类问题，就像当初他提出：“没有球队在 0 比 3 落后时翻盘？我们可以！”

阿伦·艾弗森，开始挑战不可能。

斯塔克豪斯远射，卡特远射。阿伦·艾弗森上篮，得手，裁判吹哨，加罚。全场呼啸。艾弗森起身罚球，96 比 100。

只差 4 分。

艾弗森再罚中两球，麦迪一记补扣。比赛余 3 分 10 秒，100 平。在艾弗森决定下赌注之后六分钟，东部队打了一个 26 比 5 的超级大反击。拉里·布朗几乎感到困惑：

“我们有许多理由可以把这场全明星就这样收尾，大家躺倒休息认输。可是，事实上没这样。我完全不知道我们怎么能反击成功的。”

显然，老头子在装糊涂。全场观众都在扯破嗓子呼喊着那个救世主的名字，提醒他这波澜壮阔的反击是如何成功的。

艾弗森连取 5 分。当他在罚球线上把分数定在 105 比 104 时，安·艾弗森听到全场观众在叫她儿子的名字。“M-V-P！ M-V-P！”约翰·汤普森微笑了，仿佛听到了自己一生中最美好的乐曲。

艾弗森的烈火突袭似乎令西部呆若木鸡。长达六分钟，他们没有做出像样的调整。他们也许还不适应一场全明星赛忽然变成你死我活的拼争。科比·布莱恩特最早清醒过来。费城之子不愿意轻易让费城 3 号取走胜利。

一记跳投，106 比 105；再一记 20 尺跳投，西部队 108 比 105 领先，还余一分钟。科比精确的两记突刺，把东部的狂欢变成了恐慌。然后，另一个与艾弗森类似的，不知天高地厚的家伙出场了。马布里一记远射，追平比分。科比还以一记跳投，但马布里再一记远射，111 比 110。华盛顿观众的欢呼被扼在咽喉中，直到西部队最后一投失手。然后，全场的赞美声如星辰瀑布般，朝阿伦·艾弗森头顶倾泻而下。

“我打了七年全明星了，从没看到过这种场面。”迪肯贝·穆托姆博说，“这就像一场冠军战。”

艾弗森，全场最高的 25 分，其中 15 分来自于最后 9 分钟。在东部 93 比 100 落后到

105 比 104 反超的关键时刻，他包揽了 10 分。

他从大卫・斯特恩手中接过了 2001 年全明星赛 MVP 的奖杯。乔治城的朋友、约翰・汤普森教练和母亲一起朝他拍出雷鸣般的掌声。毫不意外地，他把奖杯递给了他的妈妈。

他说：“我的家庭、朋友和那些眼看着我一路挣扎过来的人，这是给他们的礼物。”

在这一夜，最伟大的部分，并非他和技术台打的赌——当然那很酷；也不是他最后 9 分钟的 15 分——当然那很炫目；也不是他最后的感言——每个人都知道他对母亲与朋友的爱。

最伟大的部分，是他本质的又一次体现。全明星的友谊赛性质，21 分之差，西部全明星的身高优势。他完全没有必要拼命去夺取胜利。就像一直以来，他没必要去悖逆媒体、大卫・法尔克和拉里・布朗一样。

可是，他还是像《皇帝的新衣》里戳穿一切的孩子，做了违反所有定律和传统的事。他是最矮的得分王，是最疯狂的新秀得分手之一，是全联盟最让人恐惧的年轻人。而这一晚，他又带领着东部明星队卷土重来。他只是厌恶失败，哪怕仅仅是一场全明星赛。他不知道客套或放弃之类的东西，只知道把舞会变成战斗。这种夹杂着鲁莽、单纯、勇敢和天真的精神，让他在那夜像孩子一样战斗，也像孩子一样庆祝胜利。

庆功宴上，艾弗森感叹：“人人都说我们个子小，都说东部队赢不了。我要说的是，赢球和体格大小无关，只看你的心是不是够大。”

04 “大山”来临

2001 年 2 月，艾弗森继续来去如风洗劫联盟。2 月 2 日对魔术 47 分，两天后在新泽西 32 分，隔一天回到主场在掘金面前取下 37 分。两天之后对休斯顿，全明星前最后一战，西奥・拉特里夫受伤了，恰好在交易截止期之前。

76 人开始筹谋。

全明星赛之后，挟 MVP 奖杯余威，艾弗森带队飙出 6 连胜。在密尔沃基 49 分，对湖人 40 分，破快船 42 分。对太阳 26 分，然后是在灰熊和活塞头顶的 36 分和 43 分。76 人以麦克洛奇为首发内线，效果并未见差。这一连串胜利，让帕特・克罗斯开始心思活络：

既然对 76 人而言，拉特里夫并非必不可少，那么……

拉特里夫时年 27 岁，赛季前 50 战场均 12.4 分 8.3 个篮板，以及联盟第一的 3.7 次盖帽，入选全明星阵容。就是这样一个盖帽王，重头筹码，76 人在交易截止期前 50 个小时，决定交易他：将拉特里夫和托尼・库科奇外加穆罕默德、桑切斯，打包去交换亚特兰大鹰队 35 岁的迪肯贝・穆托姆博，外加麦克劳德。

这个交易大大违反了常理。黄蜂队 P.J. 布朗说：“我完全无法理解，我不喜欢。他们和西奥相处融洽。你不能改变一支在赢球的阵容啊。”

这是 NBA 的普遍观点。冠军不易阵，胜利者不换人。76 人在全明星赛前领跑联盟，却发动了历史上头名球队做出的最大幅度地震。

比利・金这样解释：“如果西奥健康，我们不会交易的。”帕特・克罗斯补充道：“西奥在队伍里很有用，但如果有机会弄到穆托姆博……我们不能放弃。”

迪肯贝・穆托姆博，全名是迪肯贝・穆托姆博・莫普兰多・穆卡姆巴・简恩・杰奎・沃恩托比，出生于刚果的金沙萨，据说是 1966 年，不过他的真实年龄一直存疑。1987 年去乔治城大学，想做个医生。一年内他学会英语。毕业时，他已经能说英语、法语、葡萄牙语、西班牙语，以及 5 种非洲部落方言。有语言学和外交学双学士。

1991 年入行 NBA，立刻成为 NBA 最伟大的防守者之一。第一季 71 场，210 个帽 870 个篮板，场均还有职业生涯最高的 16.6 分。从此之后，他的兴趣专注于防守。1994 年，带领西部第八的丹佛掘金挑战西部第一的西雅图超音速。0 比 2 落后。随后，掘金第三场狂胜扳回，第四场加时险胜。穆托姆博第三场 13 板 6 帽，第四场 16 板 8 帽。赛后他这么说：“我并不喜欢粗鲁。但这是季后赛，没人会开门揖盗，你得学会主动，让自己更舒服。”第五场，16 个篮板 8 次盖帽，掘金淘汰超音速，NBA 史上第一次以下克上的黑八。

1996 年，他去到亚特兰大鹰队，连续两年球队 50 胜开外。1997 和 1998 年，连续两次年度防守球员。2000 年以 34 岁高龄拿到篮板王。他一直有福将之运：所到球队无不铁树开花穷人乍富，弱队黑八强队复苏，无论张三李四阿猫阿狗都瞬间达到人生巅峰。

他是真正的、已经失传的禁区大山。精通所有把戏，篮板、封盖、保护禁区、协补、对位，始终是联盟顶级。他甚至是 NBA 史上最伟大的防守者之一。

只有一点：2001 年，交易发生时，这个“黑山老妖”将满 35 岁了。

费城解释了他们的想法。拉特里夫是盖帽王，而且 27 岁的年纪也更诱人，但他只有 208 公分，打法更接近一个大前锋。而穆托姆博，218 公分 117 公斤，是座地道的中锋大山，防守经验更老辣更不动如山，对假动作嗤之以鼻。因此，黄蜂主帅保罗・西拉斯点了点头：

“这个交易能让他们攀上巅峰。”

当然，这样做可能会牺牲未来。但赛季前帕特・克罗斯已经申明，他的要求仅是“让这支阵容再保留一季”。2001 年的费城，没有什么可失去的了。联盟大局对他们有利：热队失去了莫宁，活塞失去了希尔，东部列强都在 76 人脚下。这支磨炼了三年的队伍需要做末日狂奔的最后一搏。值此危难之秋，你必须把所有筹码都放在桌上，冷眼望向全联盟：

“赌了。”

2 月 23 日，前一天只睡了三小时的穆托姆博睡眼惺忪，去底特律与 76 人队会合，发现自己的新球衣上名字都拼错了。无所谓。战士随意披甲上阵，打了 36 分钟。当活塞的斯塔克豪斯望着艾弗森和布朗目露凶光时，穆托姆博一掌盖飞了他的扣篮，整个奥本山宫瞬间死寂，看着“非洲大山”对斯塔克豪斯摆出那经典的手指摇动：“小子，你还不行。”拉里・布

NBA 最伟大的巨人防守者 +NBA 最犀利的精灵进攻手搭档 =2001 年的费城

朗回过头，对他的助理教练们眨了眨眼。

实际上，这个小阴谋是拉里·布朗策动的。全明星之夜，他看到艾弗森为东部队独得 25 分，看到穆托姆博狂劈 22 个篮板。老头子心中动了一下——如果费城拥有最强之矛和最坚之盾，会发生什么事呢？

他想起了传言，据说穆托姆博已厌倦了亚特兰大。于是，他仗着东部全明星队主帅身份，在教练席和穆托姆博聊天。“干吗不来我们队呢？”穆大山看了看他：

“我喜欢温暖的天气。”

2 月 23 日这晚，穆托姆博 36 分钟内 17 分 13 个篮板 5 记热辣辣抽在活塞脸上的盖帽，艾弗森狂飙突进得到 43 分。76 人血洗了奥本山。穆托姆博点了点头：

“天气很好。”

穆托姆博到来之前，艾弗森场均 42.6 分钟、31 分和 2.39 次抢断，三项联盟第一。全明星之后的八场比赛，他五场 40 分开外，已经使 MVP 成为他一个人的竞赛。国王队的超级前锋克里斯·韦伯场均 27 分 11 个篮板的表现，也只能望其项背而已。拉里·布朗对艾弗森啧啧称赞：他在用迈克尔·乔丹以来仅见的战斗热情进行着比赛。他毫不畏惧地的和比他大两三圈的对手撞击，甚至敢于杀回内线以微细之躯来造对手的撞人犯规。看到他对黄蜂一战得到全队 85 分中的 47 分后，穆托姆博忍不住对艾弗森报以赞叹：

“他真是一个匪夷所思的人。看电视是不够的。你站在场上看他时，才会明白他多可怕。”

在他身后的是谁呢？是蒂龙·希尔、林奇、麦基和斯诺这些费城的蓝领工人。毫无特殊之处，都在布朗那以不犯错误为指导思想的哲学下打球，对胜利充满饥渴。他们是一群平民的亡命赌徒，拥护着一个狂热的斗士领袖前进着。穆托姆博明白他们的悲壮与孤绝。76 人是一支人梯般的队伍，以无数铁铸的汉子扛着他们的火焰精灵去追求胜利。而现在，他要加入这支队伍了。他会是艾弗森背后最高大的一座靠山，为这只蜂鸟遮挡飓风，让他逆风飞舞。

可是，联盟最稳重的大山和联盟最轻逸的蜂鸟，会不会有矛盾呢？

穆托姆博发出了斧砍枯树般嘶哑的笑声：

“我们都是乔治城大学出来的呀。”

05 | MVP

拉里·布朗拍拍艾弗森的背，艾弗森回以一个拥抱。2001 年春天，这种场面比艾弗森单节得到 15 分更让球迷快乐。斯诺依然伤病，但有穆托姆博主守，有艾弗森进攻，有布朗把持秩序，三层蛋糕再加上布朗和艾弗森拥抱的酱汁，一切于是美味可口。

他们并没有到达亲密无间的程度。就在 2000 年 12 月，费城的更衣室里对布朗有了意见：

他的严厉，让 76 人队员觉得自己好像是支不成器的弱队——而当时他们正领跑联盟。他们剑拔弩张了一段时间，然后又坐下来，很爷们地把问题谈通解决了。这次，艾弗森公开支持了布朗。

而另一边，拉里·布朗罕见地寻求安·艾弗森的帮助，让她帮忙做做思想工作。布朗知道，艾弗森身旁的死党全部不喜欢他。而安·艾弗森如此回答：

“上帝把你放在费城是有道理的——是为了指导我的孩子。我尽我所能。但是拉里·布朗，请不要离开我的孩子。”

2001 年 3 月份，艾弗森断断续续地因伤休战。他每场都蜂鸟撞向岩石般的努力毕竟有其极限。3 月 26 日复出当天，他 36 分 6 次抢断击败雄鹿。此后又是一波“35+”的得分潮。最后一个月，76 人胜少负多，但之前的积累，已经足够让他们坐稳大西洋区第一的宝座：56 胜 26 负。

阿伦·艾弗森，2000-2001 季出场 71 次，场均 42 分钟，31.1 分和 2.5 次抢断均为联盟第一，前者更是 1993 年乔丹以来仅见。场均 3.3 次失误职业生涯最少。NBA 史上首位同季包揽得分王与抢断王的选手。他站在世界的巅峰，全世界的怀疑与赞美在他身旁打到火花四射。他像拂去蜘蛛网一般无视争议，继续着训练。

“阿伦，首轮对阵步行者，你是否怀有强烈的战斗欲？”

“那不是我们的目标。”

“你的目标是？”

“看看我们的常规赛战绩，我们的教练和球员。我们要的是总冠军。”

他口无遮拦地将野心吐露出来，世界为之战栗。一支 56 胜的球队当然有资格对冠军发起冲击，但众所周知，费城是他一人支撑的球队。他是唯一的锋芒、火光与蜂刺。在 NBA 漫长历史上，快速的、孤胆的、轻逸的队伍，无一例外会为缓慢团队和持重队伍做配角。成王败寇的黑暗世界，没有星辰璀璨的余地。

比如，老对手步行者就横在面前。

2001 年 4 月 21 日，费城 76 人和阿伦·艾弗森一起，开始了他们的季后赛征战。首战是完全的绞肉机之役。穆托姆博猛虎咆哮，拿下 12 分 22 个篮板 5 次封盖，对面的内线小奥尼尔拼足 46 分钟得到 12 分 20 个篮板最后 6 犯下场。米勒仅有 21 投 5 中 17 分而艾弗森也仅是 19 投 7 中 16 分。三年内第三次交战，老冤家熟到猜得出对方内裤的颜色。而步行者终究老辣一点点：前 20 投 4 中的米勒，在最后一刻如期醒来。起手远射，投中，绝杀。费城跌入深渊。艾弗森却不以为意。

“我们太紧张了。后面的比赛，我们不会再给对手机会。”

第二战，米勒的手感醒来，22 投 14 中轰下 41 分。然而艾弗森以牙还牙，27 投 15 中 45 分。高分于他司空见惯，妙处在于，他发现了破解对手包夹的秘诀。

常规赛斯诺受伤期间，阿隆·麦基占据了大量出场时间，表现不俗。这一场，艾弗森有意识地寻找麦基，因为后者拥有斯诺所不具备的远射能力。当步行者企图包夹艾弗森时，费

2001 年，第三次与雷吉·米勒的步行者相遇，这一次，艾弗森赢了。

城 3 号鬼斧神工地妙传给空位的麦基，远射，得手。麦基全场 20 分钟内三分球 5 投 4 中射落 19 分。而拉里・布朗，每看到艾弗森送出一记妙传，便激动得要心脏病发作似的：

“阿伦太完美了，他发挥到了极致！”

第三战，双方的策略堪称极端。76 人赌博般收缩内线，任步行者外围如何风吹火燎，始终龟缩不出。进攻端，艾弗森领衔全队，殒身不恤地朝内线冲刺。艾弗森全场只休息了一分钟，不断冲击内线搏下 14 次罚球，全场 32 分。麦基是唯一在外围游弋的火力点，继续和艾弗森连线，36 分钟内得到 22 分。76 人全场拼到 31 次罚球机会。步行者方面，米勒 25 投 11 中，三分球 14 投 5 中，35 分，但除他之外，其他步行者三分球一共 9 投 1 中。在步行者最擅长的三分利刃架颈之下，76 人赌赢了这一局。

这是 76 人和艾弗森成熟的标志：在客场，面对步行者这样老辣、精准、杀人如麻的射手队，敢和对手赌命，然后以坚韧不拔的斗志和杀气，把对手内线强行冲开一条血路。

第四战是悲壮绝伦的一战。步行者不会让麦基恣肆，于是麦基摇身一变成为组织者。穆托姆博、斯诺和蒂龙・希尔在步行者防守的罅隙间浑水摸鱼，捞取金帛无数。当然，后门翻箱倒柜，前门得有个把风的。

艾弗森负责把风，打满全场 48 分钟。奔跑、穿梭、冲刺、投篮、挑衅对手、一对一切入。印第安纳观众眼睁睁看他来往如风，犹如七年之前独战纽约时那欺天骂地、杀得鬼哭狼嚎的雷吉・米勒。艾弗森 48 分钟 33 分，米勒 43 分钟 32 分。这对彼此时代最为逆天而行的英雄，继续你一个三分我一个切入地互致敬意。

——这是英雄们致敬的方式：互相推搡、冲刺，砍到血花四溅伤筋动骨。最后能站住的就是胜者。

76 人队站住了。

88 比 85，76 人取下了一场残忍血腥的胜利。雷吉・米勒走过球场，和拉里・布朗拥抱，和艾弗森拥抱。史上最大胆三分手对史上最快突破手说：

“我相信，这是你们的第一步。”

在此之前，艾弗森独自在板凳上流泪。康塞科球馆，三年以来的噩梦。他两次在这里成为了败者，而如今他终于迈过了这一道宿命关卡，也接过了米勒的命运——像一个斗士那样继续下去。

5 月 2 日淘汰步行者进入第二轮后，2000–2001 季的奖项陆续颁布了。阿隆・麦基，年度第六人。迪肯贝・穆托姆博，个人第四次年度防守球员。拉里・布朗，职业生涯第一次年度教练。费城观众看颁奖仪式直到眼花缭乱审美疲劳，而联盟其余两手空空的球队气得错碎牙齿。最后的压轴奖将在 5 月中旬颁下，分量重到足以定义一个赛季：

常规赛 MVP，它会在多年以后告诉联盟，这个赛季，这一年，至少是常规赛，由谁的名字命名。

虽然“鲨鱼”、韦伯、邓肯这些巨人的身影高耸林立，但在奖项的中心，一个名字注定无法被改变了。奖项尽归费城的走向已经暗示了一切。阿伦·艾弗森，费城 3 号，梳着玉米地垄沟头，在每场比赛前冥想。球馆之外的世界，一半人恨他一半人爱他。恨他的人，直到 2001 年夏天他站在联盟常规赛巅峰之处时依然如故。因为他从来不试图去说服、迁就或解释什么。

“我是个巨人，你们都是侏儒。”

他即将成为 NBA 历史上最矮的常规赛 MVP，也许还是争议最大的 MVP。这个奖项用以表彰他 2000-2001 季的杰出表现，但是他的辉煌无关幸运。阿伦·艾弗森所走的每一步，都可以上溯他 25 年人生的每个细节。苦难的童年，街区的污水，街区的斗殴，橄榄球的经历，伯利教练，心理训练，保龄球馆事件，约翰·汤普森。世界对他的热烈赞美和歪曲抨击，警察，管理层，拉里·布朗，还有永远站在他身后的母亲。他身上有多少个闪光点，就有多出十倍的伤痛和刺激。

仿佛是上帝制造了他，来颠覆秩序。他进入 NBA 的 1996 年，世界已经规范了位置分工、造星流程、球评体系、数据记录。而阿伦·艾弗森，用他离经叛道又冷酷沉静的姿态，混淆了苍老教练们脑中蓝天白云的世界。他施展一些教练们仇恨、观众们热爱的邪诡招式，诱惑着 NBA 抛弃既定的规则为他喝彩。于是，他就像是刺客。他让人血液沸腾，忘记理智，只想看他们的轻歌艳舞。

他像蜂鸟一样永不停止翅膀扇动，永远把自己化身为利器刺入敌人心脏。他只适合做战士，狭短锋利，冷漠无情。巨人们面对天下沉思之时，阿伦·艾弗森远在世界的尽头，每晚用奔袭和暗杀刺激无数眼睛和心脏，催动血液奔涌。这是上帝对世界的虐待：评论家和拉里·布朗们扶正眼镜，穿过无数的数据纪录与黑白录像凝望他，找不出形容词。而制造艾弗森的上帝则微笑着，凝视人间的乱境。

最后，他成功了。他从弱肉强食的世界中冲杀出来，以瘦小的身躯违反所有定律，站到了巅峰。将不可能成为可能，将所有既定的规则推翻。

——但是，在拿到奖杯之前，他还必须经过一些关卡。

06 两种飞翔方式

每个孩子的枕边有一本书，随手翻一页就是个故事，可以供你在睡前阅读。字句的色彩与起伏各不相同，但最终的流向却总是类似：巫婆被扔进了白菜窖，黑心后妈皇后变成了黑夜枭，魔鬼被封进了瓶子扔进了大海，勤劳的牧童获得了田螺姑娘，善良的老爷爷得到了金斧子，王子和公主十指相扣，接受百姓的婚礼祝福。总而言之，“他们从此快乐地生活在一起了。”

你合上厚重的书页，就像合上一块三明治，故事像黄油融进面包一样，渗进了孩子的梦里。那里蓝天白云，绿草如茵。你相信勤劳的人必获丰收，善良的人必有好报，慷慨者得赠宝藏，孝顺者天伦之乐。诸如此类。

在费城，阿伦·艾弗森的脚印犹如斧凿所刻，终于走到了2001年的常规赛MVP奖杯之前。回首每一步，都见证着他的传说。可是，世界上并不只他一个人在经历励志童话般的生活。

比如说，北卡大学有过一个叫做文斯·卡特的青年。他1998年进入NBA的世界，在多伦多扑扇紫色的翅膀。他仿佛是天生的雕塑家、舞蹈者和画师，他飞天翩舞时总被全世界镜头捕捉追拍，那些瞬间被做成海报、短片和画卷，让人如饮醇酒心醉神迷。2000年2月，他在全明星之夜扣篮大赛上，做了一生最美的演出，开场优美的360度大风车扣篮震惊全场，第三记接麦迪砸地球胯下风车扣，决赛第一记前臂直入篮筐的暴力美学，最后罚球线双手扣。没有任何多余的道具、花样和创意，当他扣完那记风驰电掣的胯下风车落地后，沉默地伸手指向大屏幕时，伊塞亚·托马斯弯下他从没向乔丹、“魔术师”和伯德屈服过的膝盖，把额头贴上他的手背。

那一夜，他奠定了自己NBA史上最伟大扣篮手之一的地位。2000年，世界谈论他的扣篮，就像谈论“鲨鱼”的禁区威力、雷吉·米勒的远射，杰森·基德的传球，蒂姆·邓肯的基本功，以及阿伦·艾弗森的闪电突破一样。

但是，和艾弗森一样，他并不满足于此。

2000年4月，他第一次打季后赛，离开自由飞翔的灌木丛，闯进了荆棘密布的死囚之地。在留下无数骷髅的死亡之地麦迪逊，他被纽约的拉特雷尔·斯普雷维尔捕住了。20投3中，16分；一周后，多伦多，17投5中，15分。猛龙被横扫出局，他三场合计得到了58分，50投15中，三分球10投1中。

“我第一次见到他时，我想，如果他发展出跳投，就会所向无敌。”丹·马尔利说，“他进步很快，如果继续努力，他会变得很强大。”

卡特自己说道：“扣篮手来来去去川流不息。伟大的球员，应当同一时间做到扣篮、传球、罚球、投篮这些。而那就是我想做的。”

下一年，他满24岁了，炫耀新玩具一样展览他的远射，以41%的命中率，投进了162记三分球。他的飞翔和远射让猛龙47胜，他又在季后赛遇到了斯普雷维尔。决胜负的第五战，他在麦迪逊得到27分，三分球三投全中。助攻威廉姆斯锁定胜局后，他朝斯普雷维尔和他身后的观众席挥了挥右臂，然后，忽然绽放出孩子般的笑容。

至此，文斯·卡特已经是星球上最好的突击扣篮手之一，再加上见血封喉的远射手。猛龙队教练雷尼·威尔肯斯说：

“毫无疑问，文斯和阿伦·艾弗森，是联盟最让人激动的球员。”

艾弗森和卡特都擅长飞翔，然而方式不同。艾弗森如电光飞逝，卡特如巨鹰高舞。东部半决赛，76人VS猛龙，艾弗森VS卡特。早在2001年1月21日的常规赛，76人加时败于猛龙时，双方就打出眩目对决。艾弗森51分，卡特39分。帕特·克罗斯如此总结：

“两支球队都是完整的团队，都有一个巨星背负全队而战。因此，这既是球队之战，也是他们两个人的战争。”

2001 年 5 月 6 日，费城。与第一轮一样，76 人开局慢热。猛龙以强势围堵使 76 人首节就 11 次失误。艾弗森前 4 投 3 中，此后 13 投只中 2 次。第三节，他重新找到手感 8 投 4 中，但第四节手又冷了。布朗摇了摇头。

“阿伦今晚有些急躁。有时他就是太想赢了。”

费城主场的喧嚣使 76 人难以冷静，而猛龙的德尔·库里们却平静地射进一个又一个三分球。

2001 年季后赛第二轮，艾弗森 VS 卡特，最快的飞驰 VS 最高的飞翔。

76人一度落后达17分，第四节开始还落后12分。然后，和全明星赛时一样，艾弗森开始进攻：他的手感并不好，但依然全速推动球队。麦基得到5分，艾弗森射中3分，11比2的高潮将分差迅速拉近。比赛还余90秒时，他一记华丽传球助攻林奇扣篮。88比90。

只差两分。

巨星时刻来临。卡特还以颜色，一对一单挑麦基失手，但安东尼奥·戴维斯抓到前场篮板，助攻奥卡利得分。费城88比92落后。艾弗森翻身切入制造罚球，两罚得手。卡特再次单挑麦基。76人拒绝包夹。卡特切入，抛射失手，但是——

“当时球还在天空中，于是我后撤步，起跳，试图在穆托姆博手指触到前将球点进。”

卡特依靠他天下第一飞人的弹跳力把球补进。76人90比94落后。

可是艾弗森拒绝投降。

还余8秒不到时，艾弗森三分线外出手，长虹经天般地一击。费城球迷开始高呼：“M-V-P！！”

只要艾弗森还在，他们就不会输。

卡特罚中两分，76人最后一攻。艾弗森冲破阻碍传给麦基，三分球。

“我们有六套方案，”拉里·布朗说，“麦基这是第二套。”

然而，球没有进。96比93。猛龙先取一局。主场优势易手。艾弗森36分，卡特35分。艾弗森平静地说：

“比赛结束我看了看记分牌，然后说，‘好了结束了’。现在我要回去和孩子们玩，忘掉这比赛。我们曾经经历过这种情况，我知道我们可以解决得更好。”

他一向说到做到。

第二场，猛龙以华丽的10比0开局。第一节31比21。卡特第一节独取10分。费城的拉里·布朗进攻体系依然像钟表般严格地行进，但却刺不穿猛龙的钢铁厚幕。戟折粮尽，轮陷马倒。

于是阿伦·艾弗森擦去甲衣的灰尘，出战了。

第二节，当猛龙以35比21领先时，艾弗森带队一口气连得11分。半场还余56秒时，他一记跳投让费城以47比46反超一分。本节，艾弗森11投8中。76人队合计得到28分中他独占20分。卡特也不禁赞叹：

“他包揽了一切。快攻、跳投。我们全队都无法阻挡他。”

“我早就说过，我不会像第一场那样了。这次，我打得很聪明。”艾弗森说。

然后呢，低潮来了。第三节艾弗森前8投1中。布朗承认“他第三节有些过头了。”

幸好，“第四节他又神奇了。”

第四节，艾弗森一共得了19分。当比赛还余3分49秒时，他一记擦板跳投外加两个罚球，让76人以89比84领先。猛龙追分，艾弗森还以一记跑投，被撞倒，罚球。92比86领先。奥克利追一记三分球，艾弗森立刻劈头还一个18尺跳投。下一次进攻，艾弗森被犯规。走上罚球线锁定胜局时，他左手支在耳边，享受着英雄的歌颂：费城的 20870 名观众全体起立，吼声冲破球馆上空直撞云天：

“M-V-P！ M-V-P！！ M-V-P！！！”

“我总觉得，唯一能阻止我的人就是我自己。”全场劈得 54 分的艾弗森说。

他一不小心就破了 76 人漫长队史的季后赛得分纪录——之前的纪录由比利·康宁汉姆于 1970 年建立。年度第六人阿隆·麦基耸了耸肩：“人们都在说他是联盟的下个超级巨星，说他要接过火炬——现在，他已经拿到了火炬，迈步奔跑了。”

但他的对手，毕竟是文斯·卡特。

5 月 12 日东部决赛第三场，第一回合，卡特投了一记三分球。那是他每场比赛开头的火力侦察：他得确认今晚的手是否够烫。球穿过篮网，他觉得运气不错。那时，76 人还没望见远方涌来的黑云，没注意到即将到来的倾盆大雨。

第一节，他投了三记远射，全中。第二节，骤雨来袭。他投进第四个三分球时，费城板凳席一片哗然：他们听见了霹雳的声音。

忽然之间，这个球馆就只剩下他一个人了：过去的那个夏季，世界在反复重放他的扣篮，而他在球馆中独自跳投，当若干个球连续命中时，他获得了一种“我永远不会投失”的幻觉。他投了第五个、第六个、第七个、第八个，像在独自训练。每个球划出令人目眩的弧线，一个个劈入篮筐。

“我第一次见到他时，我想，如果他发展出跳投，就会所向无敌。”丹·马尔利说。

卡特半场 34 分、全场 50 分，猛龙一度领先 22 分。半场 8 记三分球，全场 9 记三分球，这是属于文斯·卡特的伟大纪录。在他的暴雨三分之下，猛龙早早领先一度多达 22 分。比赛毫无悬念。

“你觉得自己是一个好三分手吗？”

被问到这句话时，他摘下了紫色头带，望向观众席：他的 15 号球衣像旗帜一样浮满白与紫的海洋。他等待了一年零三个月才再次说出这句话：

“把我称为三分射手并不是很好。我仍然想成为一个全面的球员。伟大的球员，应当同一时间做到扣篮、传球、罚球、投篮这些——而那就是我想做的。”

102 比 78，卡特神话般的表现取下第三阵，猛龙 2 比 1 领先。

第四场，拉里·布朗做出调整。麦基首发，斯诺替补。毕竟斯诺身高有限，对付卡特煞是为难；进攻又缺一手远射，让猛龙敢于放肆包夹艾弗森。而在策略上，布朗要求球队回归他们的体系：

沉稳、节奏、防守。

进入半场节奏，艾弗森和卡特的飞翔都失却用武之地。两队互揪罩门，消磨时光。猛龙第二节一度 10 投全失，命中率惨不忍睹。新入首发的麦基包揽 76 人队第三节的前 8 分，随后，穆托姆博抓下前场篮板打三分得手，76 人 60 比 46 领先。代价是蒂龙·希尔身陷犯规麻烦，

在 2000-2001 赛季季后赛第二轮对阵猛龙的第五场比赛中，艾弗森举起了象征球员最高荣誉的常规赛 MVP 奖杯。

乔治·林奇受伤下场。血腥而惨烈的比赛。

猛龙开始反击。

奥卡利和卡特在第四节开始前后两记三分球，76 人仅以 70 比 64 领先。此时，又轮到艾弗森来单挑多伦多全队了。然而猛龙对他实行双人包夹，逼迫他他分球。76 人此后五次进攻全部失手。

双方近身肉搏、枯藤盘树的死战。卡特点进前场篮板，柴尔兹一个打三分。比赛余 2 分 46 秒，双方 78 平。斯诺后来承认："双方打平，这时我们真的需要有人敲开僵局。"

比赛还余 2 分 21 秒，阿伦·艾弗森出现了。

一记远射划过天空，直穿多伦多两万球迷的心脏。81 比 78。

下半场，艾弗森一共 12 投仅 3 中。但这一球就足够了。猛龙的穷追受挫。奥卡利再被艾弗森神奇断球，斯诺接球中投得手。83 比 78。大局锁定。终场比分 84 比 79。大局 2 比 2 平。

这是一场磨牙吮血的胜利。麦基对卡特的死缠，穆托姆博的 17 分 13 个篮板，艾弗森全场仅 30 投 10 中，但是射中了最关键的远射。

"这就是季后赛吧。"艾弗森点着头。

第五场，天王山之战。联盟很识趣地将常规赛 MVP 颁奖仪式安排在赛前举行。费城 76 人队拥有了队史第五位常规赛 MVP——张伯伦、"J 博士"、摩西·马龙、查尔斯·巴克利之后，一个与他们一样孤高、桀骜又超逸绝伦的巨星。他得到了 124 张选票中的 94 张，将阿伦·艾弗森这个名字刻上了历史。整个费城的尖叫和掌声足以把安·艾弗森给托上天空。费城 3 号接过了奖杯，朝母亲的方向举了一下。

但是，他可没有忙于庆祝。

"他们准备好了，我们可没有。"猛龙主教练雷尼·威尔肯斯赛后叹道。

麦基一开场就紧逼卡特。费城挟 MVP 奖杯之光芒，以 11 比 0 开局，第一节中段领先到 17 比 4，第一节结束更是 33 比 12。此后三节，猛龙再未把分差拉到 17 分之内。他们在上半场投出了 53% 的高命中率，依然以 40 比 62 落后 22 分。

第一节，艾弗森得到 12 分。第二节，他变本加厉。他不只是要征服猛龙。这一夜，他是 MVP，因此，他要针对的是所有反对者。

“人们说我的比赛有缺陷，我投不进外围投篮。”他赛后说，“我就是要惩罚他们。”

急停，启动，切入，轻松晃过，假动作晃倒对手，起手远射，随心所欲。拉里・布朗只能摇头：“他表现得就是个 MVP 的样子。”第二节，艾弗森得到 17 分，其中射进 4 记三分球。有两次，当德尔・库里射进三分后，他立刻以牙还牙劈头还一记三分球。他仿佛向世界示威——你们以为只有文斯・卡特能投三分球吗?

第三节，又一记三分球，被克里斯・柴尔兹撞倒在地却依然射进一记跳投，随后一个经典的接球—试探步—背后运球晃得阿尔文・威廉姆斯倒地，投中。威尔肯斯心悦诚服：“一旦他启动了，似乎他想得多少分都随心所欲似的。”

最经典的一个回合：艾弗森面对卡特，直视对面的眼睛，似乎要看穿他的心。左晃，右晃，拍球，拉球撤步，一记三分球——

“对我来说，篮筐看起来就像汪洋大海。”艾弗森如是说。

52 分，三分球 14 投 8 中。费城 76 人取下天王山之战。一场地道的 MVP 表演。

“夏天发生的事（差点被交易），使我决定要向冠军发起冲击。我希望我能对自己说，我真的尽了力。”艾弗森说。

“在 NBA，除了乔丹，只有他，阿伦・艾弗森，”拉里・布朗停顿了一下，吸了口气，“可以带给球队及他所在的城市，如此之大的冲击。”

那一天，布朗的教练席多了几个人。艾弗森朝他们举起了 MVP 奖杯，他们回以掌声，热泪盈眶。安・艾弗森拥抱了他们。

那是艾弗森在贝泽高中的篮球教练迈克・伯利先生，以及他的家庭。

可是，文斯・卡特及他的猛龙队，依然坚韧不拔。第六场在加拿大航天中心，他们不想在主场看 76 人晋级。文斯・卡特说到了他们的策略：每当艾弗森接球，便两个防守者夹攻。

“我们必须这么干。我们知道，联盟中没人可以一对一阻挡他。那是他应得的待遇，是对他的尊重。”

之前系列赛场均 39 分的艾弗森，在第六场前 12 投仅 2 中，全场 24 投 6 中。卡特卷土重来，劈落 39 分 4 次抢断无一次失误。76 人虽有穆托姆博在禁区呼风唤雨得到 14 个篮板 6 封盖，却独木难支。比赛推到第七场。

阿伦・艾弗森职业生涯第一次第七场。

在 NBA 的历史上，第七场有着历史悠久的风貌。最惯常的第七场没有伟大发挥，只是拖沓、冲撞、防守和犯规。双方都唯恐露出破绽，像一对保守的拳击手，等候对方犯错。第七场不拼才华，只决出谁更坚韧，谁更爷们，谁的心脏更大一点。卡特参加完他在北卡的毕业典礼后直飞费城，预备和阿伦·艾弗森一决生死。

然后，他看见一个完全不同的艾弗森。

在此之前，全世界都在谈论艾弗森的孤胆拼搏。他一个人能够得到超过全队一半的分数，他如何如何不适合控卫这个位置。然而在这一夜，情况发生了巨大的变化。代替林奇首发的琼斯说："我们不想输掉回家，所以，我们每个人都得干点什么。"

还记得第一轮费城如何击败步行者吗？

威尔肯斯继续指挥猛龙对艾弗森采取双人包夹，然后发现情况有变：第一节，艾弗森就是两次抢断，继以一个扣篮和一个上篮得分。除了这两次个人突击之外，他一直在找队友。第一节末，麦基上篮得手，那是艾弗森的第5次助攻。76人以29比16领先。

猛龙第二节一波8比0追上比分，但76人再还以10比3。第三节，艾弗森妙传希尔扣篮，第10次助攻。随后，他打出全场最漂亮一球：阿尔文·威廉姆斯单人快攻，在他上篮的瞬间，发现身旁一个黑影起跳，手指高过篮筐30公分，遮住了自己上篮的角度，干扰了这记上篮。

——那不是盖帽大师穆托姆博，而是回追的阿伦·艾弗森。

——这是一个橄榄球角卫最擅长的动作。

第四节，76人的手感枯竭。猛龙急速狂追。但是艾弗森在比赛末尾继续寻找队友。76人比赛最后三球，有两球来自艾弗森的助攻。比赛还余54秒，76人88比87领先。希尔的前场篮板，费城的防守，卡特最后一记远射划过长空——失手。

88比87，76人取下了比赛的胜利。

穆托姆博46分钟内17个篮板10分，拱卫了禁区。杰梅因·琼斯16分。斯诺11投5中13分。而最值得铭记的却是——当费城全体走出过道时，克里斯·柴尔兹走向阿伦·艾弗森。"打得好，AI。夏天给我打电话。"然后，他回头对麦基说：

"你把我们给宰了。就你，哥们。"

年度第六人麦基全场助攻为0，全队最高的22分。阿伦·艾弗森仅得21分，但却拿到了职业生涯最高的16次助攻。

你还能说他自私吗？在这最需要胜利的一夜，也许他想起了第一轮……

还记得第一轮费城如何击败步行者吗？

艾弗森和麦基的连线，射穿了猛龙的铁幕。艾弗森抱着他的孩子去了记者发布会。本星球的第一扣将经过七场大战被他击败了。英雄们对决了六场，最后，是麦基、斯诺和穆托姆博们站出来，和艾弗森一起赢下了比赛。为了胜利，他愿意相信自己的队友。而这些铁汉也没有辜负他的希望。

"我们是一个团队。"艾弗森对全美国的记者说，"我生命中，第一次，真正在一个团队之中了。"

07 阿伦 VS 阿伦

东部决赛，费城迎战密尔沃基雄鹿。仿佛命数使然：1996 年 11 月，艾弗森职业生涯的第一个对手，又横在他面前。不只是雄鹿，还有雷·阿伦，那从大学里就站在他对立面的男人。

五年以来，阿伦·艾弗森在突破、一对一、撞击、疯狂揽下得分、与世俗的舆论战斗不休，满身伤痕。而雷·阿伦却静悄悄在另一端行走。他弹钢琴，成为“马绍尔基金会”的 NBA 代言人，收藏艺术品。他继续着大学里的风格：V 切，卷切，深切，所有的无球跑位，接球之后迅速而又优美的出手能力，晃动之后的急停跳射，低重心情况下的干拔远射——以及所有飞人应该精通的持球进攻技巧——急速切入，上篮、抛射、空中腾挪后扣篮、滞空后变换姿势投篮、滑行扣篮。这个少年时居无定所的射手，以书籍和艺术品做自己的朋友。他很好地掩护着自己的内心，以及自己的身体。职业生涯前五年一场不缺。他优雅柔缓，如天鹅行走于钢琴键盘般轻盈的风格，可以落雪无痕地狙杀对手。密尔沃基媒体一言判定：“他睡着了都能拿 20 分。”

而他的雄鹿队与他的风格一样。队中有三个火枪手：雷·阿伦，1994 年状元“大狗”格伦·罗宾逊，冷血老辣的萨姆·卡塞尔。2000-01 季，雄鹿以联盟第十的速率，每场轰下 101 分，是全联盟进攻最有效率的球队。他们的风格意味着轻盈、优雅、聪慧、远射。

76 人与雄鹿的对比，就是阿伦·艾弗森和雷·阿伦两个人风格的对比。前者顽强、坚韧、凶猛、桀骜不驯、迅速、心如铁石；后者轻巧、优雅、娴熟、出招无痕、潇洒、静若冰山。他们的相遇，仿佛是宿命使然：1996 年大二时的纠结，新秀初战时的遭遇，2001 年东部决赛的生死战。火与冰注定要相逢。

可是，在费城的首战，烈火 MVP 却感受到了卡特给予他的伤痛。在和多伦多七场惨烈的血战中，各种小伤像白蚁般侵蚀艾弗森的身体。他极度疲倦，但拒绝休息。一如麦基所说：

“哪怕只有一条腿，阿伦也会撑上场的。”

但他终究被伤病影响了，前 9 投全失。赛后艾弗森承认：“一般人 9 投不中开局，许多人会放弃。可我一直在寻找投篮机会。因为，我的队友需要我继续。”

在他手感冷却时，是麦基的投篮保持着 76 人的热度，是穆托姆博山一般的身形庇护着费城内线。赛前雄鹿教练乔治·卡尔贸然对老兵发不敬之词，说“我们不怕穆托姆博在内线的统治，因为我们大多靠外围跳投。”然后，雄鹿发现穆托姆博统治了所有篮板球。76 人全队的人肉城墙撑到了第二节，撑到艾弗森苏醒。

第二节，艾弗森 10 投 7 中得到 16 分，一个人打平雄鹿全队。半场结束，76 人 51 比 35 领先。艾弗森在第三节一记三分球把分数定在 59 比 43。

艾弗森率队闯入季后赛东部决赛，他面对的是从大学到联盟的老对手——雷·阿伦。

接下来，轮到雷·阿伦了。

雷·阿伦连得7分，带队打出一连串高潮。76人仅以70比63领先进入第四节。艾弗森和麦基各一记跳投再把分差拉开到12分。但随后，雷·阿伦一个打三分，一记三分球，冷静地将分差拉近。萨姆·卡塞尔罚球得手后，比赛还余1分59秒，76人仅以85比83领先

第四节前7投仅1中的艾弗森在下一回合启动，造罚球得手。再下一回合，艾弗森右翼接球，面对雷·阿伦，起跳，出手。雷·阿伦回过头，目送球穿网而过。

三分球，90比83。大局锁定。

“你不能想着那些投丢的球。”艾弗森看着终场93比85的记分牌说，“你得考虑投中一个关键的。不是吗？”

但是，尾椎骨的伤痛，终于还是影响了他。第二场，艾弗森被迫用跳投来进攻。当他更多进行外围进攻而不再烈火般切入时，76人便失去了他们最锋锐的武器——他们需要艾弗森的切入压缩雄鹿阵线。全场比赛，艾弗森26投仅5中，三分球8投全失。拉里·布朗面色凝重：

“我让他加速，但他告诉我他快不起来。”

于是虽然穆托姆博大山兀立，44分钟内18分20个篮板统治内线，76人却无法磨开进攻。第一场34分的艾弗森，本场仅有16分。对面，首场31分的雷·阿伦，本场24投15中，三分球11投7中，射落38分。因为，萨姆·卡塞尔告诉他：

“别去考虑队伍的其他。你只要负责投篮。”

76人以78比92败北。赛后布朗和艾弗森有所分歧。布朗认为，既然艾弗森受伤，球队应当考虑放慢节奏。而艾弗森则认为：

“我不希望停顿下来思考太多，犹豫然后投失。”

5月26日的密尔沃基，艾弗森没有上场。全季2979分钟常规赛，季后赛13场比赛合计休息27分钟。战斗岁月如雨水风蚀，渗透他的铁骨。作壁上观看着队友败北显然让他痛苦，但队医和拉里・布朗把他囚禁在了板凳上。74比80，76人败北，1比2。

5月28日，费城3号出现在密尔沃基观众们充满敬畏的目光中。他全身上下戴满护具，遮挡他伤痕累累、183公分的身躯。在那一天，出场的不再是篮球手阿伦・艾弗森，而是新港史上第一四分卫、被无数对手拉扯满身伤痕，依然勇往直前的橄榄球手阿伦・艾弗森。

拉里・布朗派麦基以身高臂长去干扰萨姆・卡塞尔的组织。而196公分的神射手雷・阿伦，留给艾弗森盯防。

尾椎、肩、臂和腿的伤势，不断啮咬着他。艾弗森上半场18投4中，麦基几乎没有得分。可是中场休息回更衣室时，76人仅以40比42落后。倾塌的房梁又落在穆托姆博的大山之肩上。他全场17分15个篮板球4记封盖，牢牢咬住了76人随时会崩溃的阵线。麦基在第三节苏醒，射落8分，第四节更以一个三分球开局领先10分。然而，76人至此弹尽粮绝。每个人都已拼到极限。他们无力阻止雄鹿打出一波9比0。双方疲惫不堪的互相砍刺，直到终场前3分钟。费城的所有战士回过头来看着领袖：

我们已奉献所有，看你的了。

不知道第多少次，艾弗森带着遍体伤痕疲惫走过中线。但是，仿佛战马听到征鼓，他走到前场，忽然就苏醒了。右底线一记划过埃文・约翰逊指尖的跳投得手，然后立刻回身跑向雷・阿伦身旁就地开始防守——全场比赛，雷・阿伦被他防到14投5中。

这就是战士的本能。

没有什么能阻挡他继续战斗，包括终场前2分02秒那件事：他奋不顾身去抢断雷・阿伦的运球，未遂，阿伦的胳膊无意间撞上他的嘴唇。艾弗森倒地，雷・阿伦助攻给约翰逊一球，回身时看到艾弗森口唇带血。裁判吹哨中止比赛，让艾弗森离场：NBA规则，球员若受伤必须清理血迹后方能继续比赛。

艾弗森点了点头，走到场边象征性地转了一下便重新回到疆场。唇边血迹消失不见。一分钟后，斯诺断球，他接球上篮，76人84比77领先。最后一分钟，他射中五记罚球，锁定胜利。最后3分6秒，他得到了全场28分中的9分。76人89比83击败雄鹿，追平比分：2比2。费城扭转了危局，这场胜利浸透了血与伤痕。

“当时血并没有止住。”费城3号赛后说，“裁判要我清理掉血。所以，我就把血都吞咽下肚了。”

第五场天王山之战前，一个新故事被费城媒体掘出。1995年，埃里克・斯诺在选秀大会被全世界错过，最后，在第二轮慧眼相中他的，正是密尔沃基雄鹿。只是，雄鹿也没有珍惜这个朴实的少年，任由他后来浪迹天涯辗转来到费城。就在第五场前两小时，这颗雄鹿的遗珠被队医叫去了。

“你右踝又骨裂了。”

那是他 2000-2001 季第二次骨裂。第一次，他休养了 32 场比赛，引发了艾弗森 12 月逆天横行的杀戮。这一次，他盯着 X 光片看了半天，然后自己试着跳了跳。

“我要出场。”他说。

艾弗森和斯诺，两个伤痕累累、各只剩半条命的后卫出场了。老规矩，费城又和雄鹿熬到了最后时刻。艾弗森手感奇差 27 投仅 5 中，但是 9 个篮板 8 次助攻 4 次抢断，居然还有 1 个封盖，防守端势如疯虎。又到了最后两分钟，费城 85 比 86 落后。

这次站出来的不是艾弗森了。

斯诺一记跳投，令费城领先。费城全力防下两次进攻。斯诺在比赛还余 31 秒时再次出手，89 比 86。雄鹿最后一投失手，76 人取下天王山之战。3 比 2。

系列赛走向尾声。双方都已疲惫不堪。费城失去了林奇，伤了艾弗森和斯诺；雄鹿的“大狗”、卡塞尔走路打晃。6 月 1 日的密尔沃基，最后的两个英雄被扶上命运的天平。

开场两分钟，斯科特·威廉姆斯一肘撞中艾弗森的咽喉。火势挑起，两人开始单挑。艾弗森取下费城前 15 分中的 11 分，威廉姆斯包揽雄鹿前 19 分中的 10 分。双方天雷地动，进入了雄鹿喜爱的快节奏，于是——拉里·布朗说：“我们有些太不耐心了。”

76 人阵形松动，雷·阿伦游鱼得水飞龙在天。NBA 最优雅的杀手开弓劲射，例不虚发。七分钟内，他一口气包揽了雄鹿的 19 分。篮球从各个角度呼啸而出飞入篮圈。上半场他轰下 25 分——费城全队仅有 31 分。第三节结束，雄鹿以 80 比 54 领先。26 分之差，密尔沃基球迷的欢呼声，通通砸在艾弗森身上。

艾弗森启动。一个 15 尺跳投，一记三分球，再一记三分球，得分加罚，全场球迷静了。看着这个小个子罚中球。

嘿，他认真了？ 26 分之差，他想扳回？

艾弗森再次抢断，上篮得分，被击倒。罚中。再一记三分球。再次切入被犯规，罚中。再罚中。

76 人在第四节前五分钟轰下了匪夷所思的 21 分，艾弗森独得 19 分。布拉德利中心死一般寂静：分差正在飞速逼近，到了能让他们呼吸困难的程度。

“费城展示了他们的个性，大部分来自艾弗森。吓到我了吗？的确。”乔治·卡尔承认。

“当艾弗森冲起来时他无可阻挡。”雷·阿伦温柔地说，“我想他过去几年与米勒的交战中学了不少。如何躲避对手，如何调整跳投。”

也就在艾弗森得到他第四节的第 19 分时，雷·阿伦想起了件事。

就在第二轮，艾弗森对阵的文斯·卡特，单场投中了 NBA 季后赛纪录的 9 记三分球。嗯，你们知道 NBA 现在最好的远射手是谁吗？

1996 年，康大的卡尔霍恩如是说：

“雷·阿伦他好像那些从不沾咖啡的人一样，冷静之极。不对，他就像水一样。他使一切都变简单。”

雷·阿伦投了两个简单的三分球。费城再度被甩开。追击结束了。

雷·阿伦冷若冰霜地拒绝了费城在布拉德利中心晋级的希望。全场取下职业生涯季后赛最高的 41 分，外加平 NBA 最高纪录（卡特刚创下）的季后赛单场 9 记三分球。可是，密尔沃基人高兴不起来：一度 80 比 54 领先的他们，最后只赢了 110 比 100 这么个比分。艾弗森取下了 46 分。在第四节，全城球迷都被这个 3 号杀得心慌意乱。费城虽败犹荣。10 分 14 个篮板的穆托姆博走出球馆时回过头，豪气万丈地说：

“我们会赢下这个系列赛。我们不会让他们在我们球馆里赢的。”

第七战，他实践了自己的诺言。全场屹立于费城禁区，只休息了一分钟。23 分 19 个篮板 7 记封盖，如海岬之岩般遏止了雄鹿的浪潮。

这一晚的主角，当然还是阿伦·艾弗森。

全身戴满护具活像木乃伊一样的费城 3 号，望去让人难以相信：他活像战壕里爬出来的伤员，从事的居然是篮球运动。然而，这一夜，他火光四射。33 投 17 中，包括四记三分球。在第二、三节，76 人拉开分差锁定胜利的时刻，他轰下了 27 分，全场 44 分。2001 年血与火的季后赛，他个人第五次“40+”的表演。对 76 人来说，这是完美的一夜：麦基 10 分 13 次助攻，蒂龙·希尔 11 分 10 个篮板。新人拉加·贝尔都取下了 10 分。雷·阿伦也曾努力：他取下了 26 分，但扭伤了左膝。他休息的第三节，费城打出高潮。第四节，艾弗森一记三分球开局，一波高潮将分差甩至接近 20 分。

费城的 21046 名观众开始提早庆祝，在比赛结束前三分钟开始高唱“BEAT LA！”打倒洛杉矶是他们的新目标，因为他们要进总决赛了。阿伦·艾弗森在比赛最后一分钟下场，依律把左手支在耳边。他听见费城人像呼喊上帝一样呼喊他的名字。他看到“J 博士”和摩西·马龙在为他鼓掌。NBA 史上最伟大的人物之一，1983 年带领费城在总决赛击败湖人夺冠的英雄，在对他点头微笑。第一个迎来的是拉里·布朗。一个长长的，被掌声暴雨从头至脚浇透的拥抱。

“作为一个篮球手或一个人男人，是他使我变得如此强大。”艾弗森如此谈论布朗，“他是全联盟、全世界最好的教练。能为他打球我就很快乐。”布朗则说：“阿伦·艾弗森，从做人到打球，他都完成了如此惊人的进步。”

只有他们明白彼此话语的分量。1997 年 5 月布朗接任 76 人以来的四年时间，76 人流水营盘，只有艾弗森这个最小的基石恒久不变。布朗给他打造了一根足够长的基石，然后，用艾弗森做杠杆，撑起了世界。

他们经历过的争执、吵闹、信赖和愤恨，仿佛是艾弗森与外界关系的缩影。拉里·布朗代表着外界的眼光，代表着那些固执的白人势力——他们信赖秩序、团队、严肃、细节、积累和等级森严；艾弗森代表着他自己、他的母亲、他的死党和街区：他信赖才华、瞬间反应、随机应变、反歧视、自由。拉里·布朗对艾弗森的不满，几乎就是大众传媒的意见：他们希望艾弗森循规蹈矩，希望艾弗森像迈克尔·乔丹一样合乎一个完美男人的形象——大卫·法

2001年东部决赛

淘汰雄鹿，跻身NBA总决赛，艾弗森到达了个人职业生涯的巅峰！这是艾弗森一生最美好的时间点之一！

THE
ANSWER

尔克的观点，希望艾弗森修正他的那些缺点然后投入大众的怀抱。

但是 2001 年夏天之后，一切都改变了。热爱阿伦·艾弗森的青年们终于可以不必躲躲藏藏。他们可以昂起头来，就像雄鹿布拉德利中心仰望雷·阿伦的球迷们一样抬头，谈论自己的偶像。阿伦·艾弗森，完美地镶嵌进了自己的团队，用一种孤傲勇决、一往无前的方式，在泥浆沼泽中匍匐着战斗：遍体鳞伤地经历了联盟历史上最冷血的两位三分手——雷·阿伦和雷吉·米勒如今是 NBA 史上投进三分球最多的二人——以及史上最伟大扣篮手之一，两个七战系列赛，无数次殒身不恤地撞击。他和他的团队，就像子弹射完、刀锋卷刃的一群战士，寥寥数人举着旗帜，肉搏的刀光剑影中杀到了总决赛，杀到了最后的巅峰。这已经成就了 NBA 历史上最悲壮惨烈的故事之一。他自己，阿伦·艾弗森，已经像 1977 年独力奋战的“J 博士”、1981 年在火箭完成不死神话直奔总决赛的摩西·马龙一样，撑起了费城这座自由精神之城。

而等候他的，是洛杉矶湖人。

08 逆天

2001 年春天的洛杉矶湖人，是横扫海内无敌手的霸王之师。进入 4 月之后，他们便再不知输球是何滋味。“鲨鱼”和科比正值巅峰，联盟最强的二人组合，外加联盟史上戒指最多的教练之一“禅师”菲尔·杰克逊，挟上一年冠军之威，季后赛 3 比 0 卷飞常规赛 50 胜的波特兰开拓者前锋群，4 比 0 击散常规赛 55 胜的萨克拉门托国王，西部决赛更将西区第一的马刺 4 比 0 横扫。挡者披靡，荡决无前。他们不仅击败对手，而且如科比所说：

“我们摧毁了对手。”

常规赛 56 胜的费城 76 人，伤兵满营，没有主场优势，而且还是从偏弱的东部一路鏖战出来的。挑战湖人？乔治·卡尔带雄鹿谢幕时曾经忠告，这就是一场“钢铁工人 VS 禅师”的比赛。拉里·布朗甚有自知之明：“这就是大卫 VS 歌利亚。”

大卫 VS 歌利亚，也许正适合两位王牌的对比。1996 年状元，联盟历史上最矮常规赛 MVP、得分王的阿伦·艾弗森扮演大卫，对阵歌利亚——1992 年状元，联盟历史上最庞大、最魁梧、最类似洪荒巨兽的怪物“鲨鱼”奥尼尔。乔丹退役之后，连续三年，得分王自他们二人中决出。他们是全联盟攻击力最恐怖的两个人，可是方式却又是两个极端——一者以速度、敏捷、小巧；一者以力量、步伐与体格。

2001 年 6 月，歌利亚俯瞰着大卫。全世界在为不败的湖人唱赞歌。世界相信湖人不是去战斗，而是去例行公事的赢一轮比赛。媒体期待着湖人横扫费城，因为如此一来，湖人就将破掉 1983 年费城的纪录——十八年前，费城上一次总决赛之旅，在东部决赛创造过季后赛只

总决赛第一场，在洛杉矶斯台普斯球馆，面对此前季后赛全胜碾碎全世界的湖人队，“鲨鱼”与科比的无敌组合。阿伦·艾弗森逆天而行。

输一场夺冠的纪录。1983 年，摩西·马龙和“J 博士”的费城曾经横扫过“魔术师”的湖人。

但是，如前所述：

费城是座自由之城，是座不死之城。张伯伦独力对抗八连冠的凯尔特人，“J 博士”独力对抗凯尔特人和湖人的包围。巴克利、摩西·马龙，这是一座逆天之城。而阿伦·艾弗森，是这座城市的圣子。

2001 年 6 月 6 日，阿伦·艾弗森穿过洛杉矶斯台普斯球馆的过道，踏上球场，然后听见球馆穹隆下雷雨般的“横扫”吼声。球场那一端，金色的洛杉矶人在热身，每耍出一个扣篮就引来一片尖叫。赏光前来的洛杉矶贵人们神情轻松，兴高采烈，像周末去一趟动物园一样快活。在他们眼里，黑色的费城野兽等于已经死了，悬念只在于，他们死前所做的挣扎是否有趣?

本来，NBA 每夜的比赛，无非是一个两万来人观看的大型斗兽，一群身体素质异于常人的巨汉在里头战斗。唯一的区别是，过去斗兽场的看台上，人们大拇指向下一划拉，便宣布一条命的死亡。而在 NBA 球馆里，人们则为这些“半兽人”鼓掌呐喊，或者捶胸顿足。2001 年 6 月 6 日，洛杉矶人有闲情逸致把这场对决看成一场围猎、一次斗兽，而不至于像 2006 年的迈阿密人那么像看一场战争似的紧张。他们的信心来自于 2000 年的总冠军，头顶悬挂的无数冠军旗，以及那两个身披金色球衣并排叉腰而立的家伙——34 号奥尼尔故意把口香糖龇出唇外以示粗蛮，8 号科比在看自己双手无名指所裹的绷带。他们已经征服了西部的劲旅，把最棘手的疆域划归己有，一路兵不血刃，横扫诸军若拓荒。对上费城，不是戏剧的高潮，而是一个必须有的大团圆结尾。楚歌已作，霸王溃围南出时，天下已定。至于最后追击项羽于乌江，只是一个斩草除根的戏码。

尤其是，当湖人开场一波 16 比 0，头 6 分钟便 18 比 5 领先时，洛杉矶人已迫不及待地弹冠相庆。胜利已在手边，横扫指日可待。费城的旗帜被子弹打成了漏斗，气势已沮；湖人差不多可以像斗牛士一样放松耍几个回合，然后用弯头剑结束战斗了。

他们都不了解阿伦·艾弗森。他们不知道，这个人从来不会在万众居高临下的呼喝或强大的对手面前汗出如浆战战兢兢。这个人亲眼看到过子弹从身旁飞过，看到过朋友倒在血泊中喘息。死神迫在眉睫他的眼睛都不会稍瞬。约翰·汤普森的告诫出现了：

“我们来和这个世界干一架吧。”

第一节后半段，艾弗森独得 10 分。第二节，他在科比头顶一记跳投开局，76 人 24 比 23 反超。费城人的防守陷阱围捕猎物，然后是不断划过天空的长传，总在你一眨眼间，艾弗森已经完成快攻跑回半场。湖人单节 6 个失误，优势被费城不断蚕食；第二节，盖格尔忽然开了天眼得了 8 分。而阿伦·艾弗森完全不可阻挡，左右翼侧游弋跳投出手如风，任何对位者的跟随都像慢动作重播。盖格尔跳投使 76 人 41 比 40 领先，随后艾弗森接管比赛——包揽了 76 人上半场的最后 15 分，全是他招牌的华丽晃动后出手命中。一记三分球，76 人 56 比 48 领先半场。

费城76人，或者，就是阿伦·艾弗森自己，给了洛杉矶湖人队2000—2001季夺冠历程中，唯一的败局。

仅仅上半场，艾弗森就轰下了30分。他一个人压倒了无敌的洛杉矶湖人。拉里·布朗摇了摇头：

“上半场的他，是你可以想象的球员极限。”

第三节，艾弗森助攻杰梅因·琼斯扣篮，一记跳投加一个奥尼尔头顶的上篮，继续拉大分差。抢断得手，一记上篮，再一记后仰跳投，斯诺跟进上演一个打三分。费城在斯台普斯中心以73比58领先15分。

然而，湖人终究是湖人。

穆托姆博以犯规为代价阻止“鲨鱼”的肉搏计划，到第三节终于塌陷。非洲大山坐上板凳后，“鲨鱼”所向无敌，半节轰下14分。另一边，菲尔·杰克逊出招了：一个和艾弗森一样梳着玉米地头，一样身高的小伙子出场：泰伦·卢。

“我尽力不让艾弗森接球。因为一旦他得到球，作为世界上最好的突破手，根本无法阻止。”卢说，“我们反正就是尽力不让球到他手里。”

这个勤勉的小伙子不惜一切代价的跟着艾弗森。76人的进攻熄火。湖人蚕食了巨大的分差，以77比79仅落后2分进入第四节。第四节还余1分57秒时，“鲨鱼”接科比传球扣篮得手，94比92，第二节以来，湖人首次领先。斯诺还以一记跑投。此后双方连续投失。比赛进入加时。

泰伦·卢，菲尔·杰克逊端出来的影子版阿伦·艾弗森。

势头重新倒在湖人一边。整个球馆的金色火焰又开始升腾——大比分领先，被艾弗森的神勇所慑转而落后，奋起直追进入加时。主场，巨人，天时地利人和。只要击败费城，就是一场完美的反击战。“鲨鱼”勾手得分，科比上篮得分，“鲨鱼”罚中。湖人 99 比 94 领先。拉加·贝尔被包夹，时间即将走完。

那时，76 人似乎大势将终。但是——贝尔用左手投进了一记勉强的跳投，时间还余 2 分 19 秒。转折点再次到来。

艾弗森两次罚球得手，76 人 98 比 99 只落后湖人一分。湖人叫暂停。下一回合，泰伦·卢投篮失手倒地，76 人抓到篮板，艾弗森反击。卢站起身来时，看见艾弗森起手一记三分球。101 比 99，76 人以一波动人心魄的 7 比 0 反超。时间还余 1 分 19 秒。

“那真是伤人见血的一刀。”湖人教练席上的菲尔·杰克逊赛后说。

湖人队福克斯传丢，76 人进攻。底线，艾弗森和泰伦·卢一对一。切入，急停，拉球后撤步。泰伦·卢失去重心，倒在地板上。艾弗森起手跳投，103 比 99 领先。

然后回过头，跨过泰伦·卢，跑回半场。时间还余 47 秒，整个斯台普斯中心被这一击直中咽喉。大局已定。

费城 76 人，在全世界一边倒的“横扫”声中，在洛杉矶的心脏，剜走了第一场胜利。

后面的故事，属于洛杉矶的光荣历史：第二场，科比第一节得到 12 分，“鲨鱼”第二节得到 12 分。麦克洛奇在第三节拼死抵抗“鲨鱼”，湖人第三节领先 13 分，费城打出逆转。第四节最后时刻布莱恩·肖的远射才帮助湖人奠定胜局。艾弗森 23 分。第三场，泰伦·卢和艾弗森各吃一次技术犯规。湖人领先 10 分进入下半场，但艾弗森和穆托姆博分享了全队第三节 21 分中的 16 分，拼命追上。湖人第四节重新领先 9 分后，艾弗森、贝尔和斯诺的三后卫阵重新开始绝地反击，但霍利突如其来的单节 12 分搅了好事，他全场 35 分 12 个篮板的努力化为泡影；第四场，他继续 35 分的表演，但穆托姆博无力抵挡“鲨鱼”。湖人第三节一度领先 20 分，艾弗森再次带队反扑将分差追至 7 分，此后“鲨鱼”扣篮、肖三分球解决问题。第五场，艾弗森第一节便得 11 分，但提早吃到 3 次犯规，只得下场。76 人第一节尚以 27 比 24 领先，但第二节打到 2/3，湖人已以 49 比 40 反超。艾弗森背着 3 次犯规出战连得 6 分，使 76 人不至于落后太多。然而，湖人在第三节一波三分潮拉开比分，艾弗森下半场几乎一人之力追袭，全场 37 分，但 76 人难以阻遏科比和“鲨鱼”合计 55 分 25 个篮板的发挥。湖人夺冠。

但是——

阿伦·艾弗森全系列赛场均 36 分，五场比赛只有 12 次失误。拉里·布朗在败北之夜感叹，“他被湖人用 X 光研究个通透，但依然做到了这种地步。他打出了伟大的一年。我想，在这种舞台、这种环境下，人们必须认识一点：阿伦·艾弗森是多么不可思议的一个斗士，多么伟大的一个球员。”

媒体在他败北之后第一时间开始指责他缺少公平竞赛精神，因为他拒绝与冠军湖人握手。但是，有些东西是无法抹去的。在洛杉矶取下第一战后，艾弗森说：“我真希望那些赌湖人横扫的先生们，没有赌上他们的身家性命。”

历史记下了最后的结局。黑色的费城游侠们先声夺人，然后被满城尽带黄金甲的王朝湖人以山雨崩临之势力连胜四局。只是，亲历过程的人会绘声绘色地形容说，费城人没有轻易投降。他们像自知必败的游击队一样顽抗，像项羽出逃时东城的二十八骑一样盲目信任自己的领袖。重要的是，这是一场早被认定是垓下之争的困兽犹斗，阿伦·艾弗森是早该被处死的野兽或者末路的霸王。你可以说，他早晚会败北。许多人都这么认为，但是，在第一场之后，故事是这样的：乌江虽不远，霸王犹未死。

这就是他 2001 年的神话结尾。以末日狂奔为开始，以悲歌绝塞鏖战至死为终。这是他职业生涯的巅峰，也是他一生的缩影。他在 2001 年夏天的奔驰，就像刀刃在月光下横侧时闪动如流水的光芒，或者狼饥饿时獠牙所发的森白。一个个对手被他狭薄锋利的身躯卸倒，成为他战利品名单里的狮子标本。用自己的锋利杀出一条笔直的血路，万军丛中穿越重围。一直到最后，他都没有屈从任何人。他用自己的方式作战，用世界都一直劝他改变的方式作战。一直到最后，遇到一个最高大的障碍，他已遍体鳞伤，却依然笔直撞了上去，粉身碎骨成为败者，但依然——在总决赛第一战中——爆发出了他败北前最炫目闪亮的一道光芒。他可以被摧毁，可以被砍伤，但从来不能被征服。

2001 年总决赛

2001 年费城来到总决赛时，全队上下已被伤病剥蚀：艾弗森、斯诺带伤鏖战，林奇已经缺阵。而对面湖人则是历史上季后赛最具有统治性的球队之一，已有两月未曾输球，季后赛一路全胜，“OK”组合正值巅峰。就在这一边倒的局势之下，阿伦·艾弗森几乎以一己之力，在湖人主场逆天而行，拼下了第一战。虽然最后以 1 比 4 败北，但他做到了整个西部都没做到的事——让 2001 年夏天无敌的湖人得到冠军之后，还会回忆起那一场苦涩的败北。

09 婚礼

即便总决赛败北，拿到东部冠军的阿伦·艾弗森依然是胜利者。他可以享受一个甜蜜的假期，坐拥着他的常规赛 MVP 奖杯、东部冠军奖杯，以及他的女人。

26 岁，他决定结婚了。

塔瓦娜·特娜，早在高中时她就是阿伦·艾弗森的甜心。1991 年他们相识，1995 年，她为艾弗森生了第一个孩子，即女儿蒂娜。这也是艾弗森决定 1996 年参加选秀的部分原因。她名字的缩写被艾弗森刺在腹部。她是他身体与灵魂的一部分。

2001 年 8 月 4 日，来宾们陆续聚齐在新泽西一个僻静庄园。艾弗森坐着劳斯莱斯到场，两个孩子负责托着妈妈的婚纱。牧师将塔瓦娜的手放入阿伦·艾弗森手中。“你是否愿意永远和她一起生活？”

2001 年 8 月 4 日，艾弗森“真正有了自己的家庭”。

家人在艾弗森心中永远是最重要的。

“我愿意。”

他对拉里·布朗说：“这意味着我成熟了。我真正有了自己的家庭。”这是他度过的最好的休赛期，最快乐的休赛期。在自己功成名就令世界改容相对的人生巅峰，娶到多年心爱的女人，世上乐事莫过于此。

只是，他并不知道，无常的命运，也就在他的幸福时刻朝他逼近。

IVERSON
3

ALLEN IVERSON

CHAPTER 5

漫长的告别

"我离开后，你们才会真正明白我的价值。"

"也许有天我会停下脚步休息，
那一天就是生命终结的那一刻。"

"如果可以，将来某一天，在我的葬礼上，
请用你们在赛场上的欢呼声来做安眠曲，
这是世界上最动听、最美丽的音乐。"

01 | 不祥之夏

1997—2001 年，费城 76 人唯一不变的只有三极：阿伦·艾弗森、拉里·布朗和帕特·克罗斯。艾弗森和布朗怨偶相争时，克罗斯总是从中斡旋，和稀泥般地调停将帅矛盾。1999 年 12 月的调停，2000 年夏天与艾弗森的谈话，都是他一力促成。2000 年夏，当艾弗森交易在即，76 人解散箭在弦上时，是他力挽狂澜，要求“让这支球队再多保留一年”。

也就是这一年，费城、艾弗森、布朗，达到了各自的巅峰。

但是，美好的故事到此为止。

2001 年 7 月 26 日，76 人宣布，克罗斯已正式辞去总裁一职。至此，费城的一个时代结束了。

没有人会在布朗和艾弗森怒目相对时出面调解，球队也不再有一个稳定的航向。2001 年夏天，76 人的建队方向模糊不清。2000 年被嫌偏老的阵容，在 2001 年却为了稳定而继续保留，只是招回了 34 岁的德里克·科尔曼——这只是让球队更加老化。76 人没有能够锐意革新地做出针对性的举措。2001 年的东部冠军在军备竞赛中慢了一步。

对一支处于巅峰但并不年轻的队伍来说，这一步是致命的。

费城老了。从十一月行驶到次年五月甚至六月，他们万年不变的首发阵容也会疲倦；而更重要的是，2001 年东部冠军达到巅峰后，他们的欲望随身体一起老去了。帕特·莱利总结 80 年代湖人王朝四座冠军时说：“杀死冠军的，是冠军本身。”拥有过一些成绩之后，你便不再想回到原地，继续每日枯燥训练、对身体自我虐待、紧张兮兮地保持身体状况，始终绷紧弦。这就是伟大王朝的难处：卫冕或王朝球队都需要一个神经不那么正常的好胜成狂者，而且队友会听由他朝所有人挥鞭子——比尔·拉塞尔、乔丹，诸如此类。而费城的稳定高效，很多时候来自于布朗的逼迫。而随着他们持续地机械运转，那些优良的机器人般的习惯，只会慢慢驰惰。

斯诺的骨裂尚未痊愈，又加了肩伤；艾弗森则在夏天做了去除骨刺的手术。意志可以压抑伤痛，但不能使之消失。2001 年 9 月，拉里·布朗去了训练营，被告知说，艾弗森的伤不轻，肯定要缺席赛季第一周。

最后一个坏消息：2001 年，NBA 允许实行区域联防。

也许大卫·斯特恩改变此规则的初衷，是用联防来限制巨人。“鲨鱼”对联防口出怨声：“在NBA打球的都是爷们。一个成熟的男人根本不需要联防。如果你打不了人盯人，你就不该在这儿。”

区域联防对艾弗森的影响显而易见。在人盯人规则下，他的切入无可阻挡，泰伦·卢所做的，也不过是限制他接球，一旦艾弗森接球，全联盟都只能听天由命：他可以用尖锐的切入和迅疾的投射一对一秒杀对手。人盯人规则下，限制他只能靠第二个防守者来包夹他——

这意味着他有分球的空间，队友有足够的远射机会。

然而，新规则下，对手不必再像当初一样手忙脚乱地轮转了。他们可以派一个球员去堵塞艾弗森的道路，可以用三到四个人保持合围之势，提前布阵，控制禁区。他们可以只给艾弗森两种选择：尝试一打三或者一打四，或者传球——而由于联防站位的缘故，他的分球杀伤力也将大大减弱。超音速队助理教练德文·凯西无意间吐露出全联盟心声：

“用两个人遮蔽艾弗森。他还是可以得到 40 分，但他得付出远远多出以往的精力。”

破解联防的最好利器是什么呢？精准的外围跳投。但对费城来说，问题很明白：艾弗森不是一个稳定的三分射手。斯诺根本不会远射。全队可以依靠的远射手，只有阿隆·麦基。

02 | 跌宕

2001 年 11 月，艾弗森伤愈归来时，发现球队以五连败开始常规赛。东部卫冕冠军王气尽扫，联盟列强则如狼似虎。艾弗森复归，带队打出一波七连胜。但是胜利并不代表万事皆休：伤病使艾弗森的手感生疏，联防更使联盟成为另一个世界。七连胜期间，艾弗森仅有一场命中率达到 40%。11 月 28 日，他终于找到久违的手感，31 投 15 中射落 40 分，但却有 9 次失误。

2001 年夏天壮观的大战，给他留下的除了巅峰败者的光荣，还有无数伤病。伤病撕咬艾弗森的身体，光荣则产生负面作用。费城本是一支以低姿态去搏击对手的猛犬铁军，但如今他们是东部卫冕冠军。声名在外，所有球队都对他们虎视眈眈。如你所知：这支球队唯一的进攻王牌便是阿伦·艾弗森。

即便是猛虎，成为众矢之的时，都会无能为力。

赛季第一个月，艾弗森场均命中率不过 34%。12 月，他的手感逐渐正常，76 人却开始连败。上旬的五连败之后，另一端的问题又被点燃。

12 月 15 日，艾弗森 29 投 18 中 40 分威震克里夫兰，终止了五连败。两天后，24 投 14 中 37 分人破波士顿。但在更衣室，他却听到了其他消息。拉里·布朗因为五连败而忧心忡忡。老头子又被媒体骗开了话匣子：艾弗森的训练态度啊，艾弗森的球队纪律啊，诸如此类。

他们俩的个性冲突始终是存在的。针尖对麦芒，天造地设要做冤家。以往，克罗斯是他们之间的棉花墙，左提右劝，一路胜利可以让他们忘记彼此的缺陷，互相赞叹与欣赏。换句话说，艾弗森和布朗可以共享福，要共患难却要看克罗斯的调停。

可是，克罗斯不在了。

当费城的船长和大副不和时，76 人依然可以行驶——船员各司其职，掌舵者把握航向了解下一步的目标。可是，掌舵的克罗斯走了，连同带走了地图。2001 年 12 月的费城 76 人和艾弗森一样尴尬。目标是什么呢？争冠？胜率低于 50%，球队伤兵满营；培养实力？球队一群走下坡路的老将；重建？根本没有年轻筹码。

球队随波逐流地结束了 2001 年底的 30 场比赛，12 胜 18 负。12 月 28 日对阵掘金前，拉里・布朗对艾弗森说：

“帕特不在了，我们必须好好合作。”

进入 2002 年 1 月，艾弗森开始担负起队长的责任。他对媒体公开谈论球队的问题，他要求球队像过去一样勇敢战斗，灾难到来时需要稳定。可是拉里・布朗又误会了——他们俩仿佛永远无法让对方了解自己。他们偶尔争吵，竖起耳朵预备反击，有时把注意力返回球场。几场胜利就可以平复他们的争执，让他们决定有架明天再吵。1 月中旬，艾弗森手感大开，带队打出一波 4 连胜。1 月 15 日对阵休斯顿火箭之夜，艾弗森打足 50 分钟，42 投 21 中 14 罚 14 中，射落职业生涯迄今最高的 58 分。赛后，他和布朗又和好了：你赞我是联盟最好的主教练，我夸你是联盟最好的得分手，这是个特殊的夜晚。穆托姆博说：

“阿伦和拉里，就像是一对父子。”

他们真的像一对典型的美国父子。父亲固执保守，儿子新潮激进。彼此的爱恨交加令他们无法停下来弥补代沟。一片喧嚷声中，76 人在 2002 年 1 月打出 11 胜 4 负，艾弗森当月场均 33 分。只要还能赢球，一切矛盾都可以被暂时遗忘。

1 月 25 日麦基受伤，76 人失去了最后的射手。2002 年全明星赛在费城举行，艾弗森却提不起兴致。伤病和争执令他疲倦，前一年的全明星赛 MVP 使他对全明星赛兴味索然。

可是，外界并不把他当作一个血肉躯体的人看待。他是前常规赛 MVP，是联盟得分王，东道主的大明星，满足媒体的职责非他莫属。他应当像个公众人物似的舌灿莲花、满面堆笑，一口气回答一百万个问题都面无倦容。

2002 年 2 月，出现在全明星周末的阿伦・艾弗森依然是他以往的模样：靠墙站着，面无表情，偶尔微笑，对镜头的闪光木然伸伸手。他是打球的，不负责出售笑容和谄媚。媒体又找到了攻击的口实：未尽到作为公众人物的义务，公然藐视球迷！联盟莫名其妙罚了他一万美元，理由是他没出席一个记者招待会。他看着科比在 2002 年全明星赛上成为了 MVP，看着费城球迷集体对这个费城之子发出嘘声。这一切全然莫名其妙。阿伦・艾弗森了解篮球的秘密，但是球迷群体和传媒却是另一回事。你无法预测传媒何时失去对你的宠爱，何时又开始对你攻击。

2002 年 3 月初，艾弗森的状态达于巅峰。五场比赛中四场 40+，并且这四场全胜。他再度成为全联盟畏惧的得分怪物。然而，当他声嘶力竭发出战斗呼号时，76 人的铁军却没能跟上。

苍老与疲惫，在 2002 年春天终于袭击了费城的腿。麦基受伤断断续续出赛，盖格尔已经退役，麦克洛奇被推上前台。穆托姆博以 35 岁高龄，每场要打近 36 分钟。他身旁则是德里克・科尔曼，34 岁，同样每场 36 分钟。即便他们都是铁人，体格又天赋绝人，但自古美人如良将，不许人间见白头。4 月，穆托姆博终于哀叹：

“我觉得体力不支了。”

76 人是一柄铁枪。铁柄由那些顽强的蓝领工人们夯实，枪尖是艾弗森。但铁柄锈斑之后，

2002 年的全明星赛，和偶像乔丹一起拍宣传照，可能是艾弗森唯一乐意做的事。

这支枪也无法随心所欲地突刺。噩梦在 3 月 22 日来临。76 人对阵凯尔特人，托尼・巴蒂一掌打在艾弗森手上。艾弗森走到场边，皱了会儿眉，然后归来，又得了 20 分。然后他告诉拉里・布朗：

“我的左手好像不大对。”

两小时后，队医对更衣室等候消息的诸人说：

“骨裂，休息四到六周。”

队医给了艾弗森两种选择。手术，或者自然恢复。前者有风险，但他可以赶上季后赛。后者则会让他直接开始放假。艾弗森选择了手术。他依然想在季后赛一战。

但他的常规赛毕竟结束了。职业生涯新高的场均 31.4 分和 2.8 次抢断，连续第二年包揽得分王、抢断王，场均 43.7 分钟职业生涯最高。然而，命中率只有 39.8%。凯西的预言成

在2002年3月，状态正佳的艾弗森左手受伤，只能在场下为队友加油。

真了。联防规则之下，联盟头号得分手是众矢之的。他是在万箭所向的奔驰中伤痕累累最后倒下的。拉里·布朗，在他宣布手术两小时后，说：

“这一季的他，其实比上一季发挥更好。”

“他给予我们的实在太多。”穆托姆博说，“所以我们要回报他。我们要把球队撑进季后赛。当他归来时，一切又都会好起来的。”

失去了枪尖的76人，疲惫、伤病和老迈的76人。艾弗森休养的14场比赛，他们拼死取下了7胜7负，50%的成绩，没有掉出季后赛。穆托姆博拼尽老命，在3月底至4月初连续三场拼到41分钟，赛季最后两场更是合计拿到42分28个篮板，把球队牢牢托在了季后赛一线上。麦基在4月扶病打出场均17分的进攻表现。最感人的是德里克·科尔曼：34岁浪子回头，将发胖、缺训、纪律的毛病改了大半。自26岁后第二次单季打满58场，补上了大前锋蒂龙·希尔离去后的空缺。

然而这样的拼搏，折射着断壁斜阳般的凄迷。前一季的东部冠军，至此已到极限。人人超水平的踊跃，也不过是50%胜率，费城显然很难再归于强者之列。他们就像2001年夏天那样肉搏拼命尽量拖住对手，等到最后时刻，艾弗森出来接管比赛。

2002年4月21日，季后赛首轮对决波士顿凯尔特人的首战开幕，费城等回了他们的3号。开场情况很好：艾弗森前5投4中。然而，此后他10投全失。凯尔特人收缩阵线控制了禁区。76人的三分球合计13投仅2中。马特·哈普林和科尔曼无法抵挡对面的凯尔特人双子星保罗·皮尔斯与安托万·沃克。皮尔斯轰下31分11个篮板4抢断3封盖，统治全场。76人82比92败北。

复出首战，艾弗森的手感依然生疏，感冒也让他的体能受到影响。第二场，情况一度有所好转：前 23 投 11 中。但是，比赛末尾，艾弗森连续 7 投不中。76 人在第四节被逆转。艾弗森最后时刻犹如被锁进冰箱，从罚球到跳投全面瘫痪。拉里・布朗在场边看到眉头深锁。

他们的争论又开始了。对战凯尔特人不暇，忙里偷闲互掐几句。似乎这样能让他们回到 2001 年的氛围。第三战艾弗森回到主场疯狂切入，打到对手控卫肯尼・安德森 6 犯毕业，替补后卫罗德尼・罗杰斯 5 次犯规。全场凯尔特人双子星依然合计有 56 分的贡献，但艾弗森独自劈下 42 分 5 抢断的华丽表现，赢下第三战。第四战则是典型的 76 人战役：76 人 83 比 81 险胜，穆托姆博 10 分 14 个篮板，艾弗森 28 分 4 抢断。

似乎东部冠军将王者归来?

然而，命运没那么恭顺。事实证明，76 人的反击，只是老将们的尊严与努力。第五战，艾弗森打出 24 投 11 中 31 分的表现，但已经没有意义：

皮尔斯 25 投 16 中轰下 46 分，凯尔特人早早奠定胜局。全场比赛，波士顿花园球迷看着主队打出 54% 的命中率，三分球更是 29 投 19 中。76 人 87 比 120 大溃败。2001-2002 季到此结束。

艾弗森依然是联盟得分和抢断双料王者，入选了 2001-2002 季年度第二阵容。但是，前一季总决赛败北与这一年第一轮出局，结果过于悬殊。费城管理层开始思谋改变。这也意味着，2001 年那支队伍的骨架，必须被迫动一动了。

03 | 是非纷扰的夏天

2002 年，又是一个漫长的夏天。

阿伦・艾弗森和拉里・布朗，费城的领航者，都对球队的现状不满。败北波士顿之后，布朗又想起了旧话。他对媒体界的朋友说，艾弗森并不自私，他喜爱艾弗森的斗志。但是，还是老问题：训练态度。

在球队急待改变的多事之秋谈论这一话题，费城媒体的猎犬鼻子嗅到了大地震的味道。他们开始咬文嚼字，琢磨艾弗森是否会被交易。2002 年 5 月 7 日，艾弗森见了一次拉里・布朗。然后，他开了一个记者招待会。

他强调说，他承认自己与布朗的关系，并不像自己想象的那样亲密。他可以接受被交易，但他热爱费城。他觉得自己受到了伤害。当记者问起训练的话题时，艾弗森强调说：

“如果我无法训练，我就确实无法训练。我应该起到榜样作用，但我们现在谈的是训练，而不是比赛。我是特权球员。如果我不和队员们一起训练，我们的比赛就变糟糕了吗? ……”

他滔滔不绝地倾诉问题。他要求的是，拉里・布朗把和他的矛盾守在两个人的私人范围，而不要闹到外面去。在他看来，这只是球队内部的事。他用了 23 次“训练”这个词。然而，第二天，布朗对媒体说了当年夏天最火热的爆料：

“他谈论‘训练’的次数，比他实际训练还多。”

一整个夏天，这句话都在被媒体传扬。是否真实则无人探究。因为这代表着布朗和艾弗森矛盾的最高表现：布朗的怨恨，艾弗森的倔强，最后催生了这句无法收回的话。对他们若即若离的关系来说，这是狠辣的一刀。

艾弗森反感的并不是布朗强调的训练态度，而是老头子揪住“训练”这一点不放的执拗。艾弗森不喜欢被媒体包围，对他和布朗说长道短。可是，布朗却乐于在媒体面前倾诉一切。很显然：他们之间的事被暴露得越多，他们的关系就越不可能回到原点。

屋漏偏逢连夜雨：2002 年夏天，又出了桩意外。

1997 年的超速和大麻事件之后，长时间风平浪静，最贪婪的狗仔队都不再围着艾弗森家转了。他结婚了，是个合格的成年人。孝母，爱子，每到夏季就呼朋唤友言欢。可是 2002 年 7 月，他却出现在了警察局。7 月 12 日，费城警方声称艾弗森必须待在他自己的住处，如果他在街上出现，“我们就逮捕他。”

事情发生在 7 月 3 日晚上。阿伦・艾弗森，发如乱草、胡渣唏嘘，持枪杀到了他表弟家中。随同的还有他舅舅乔治・艾弗森。两个愣头青大吼大叫。警察赶到，几乎认不出这是费城当家巨星。爷俩被拖进警局问口供时，记者们闻风而至，如苍蝇见血。

依照艾弗森自己的说法，他和太太塔瓦娜吵架了，把她赶出了家门。后半夜，他出门找妻子，情急不顾，提着枪就跑去他表弟家怒吼了。费城警方打算以非法闯入他人居室、威胁等罪名起诉他。事情最后雷声大雨点小，不了了之。审判和坐牢之类程序一概不需。警察企图从塔瓦娜那里抠出点证据，可是塔瓦娜一言不发——她还没有傻到提供证据来对付她丈夫。

但是媒体又兴奋了。他们上蹿下跳，把涉案的邻居、室友们一一采访到。最后出笼的版本是，艾弗森把妻子塔瓦娜光着身子赶出了家门。安・艾弗森怒不可遏：“这纯粹是谣言！根本就不是这么回事！！”

和 1993 年、1997 年那两次事件类似：在他处于争议与低潮的时期，如此这般的事件足以给艾弗森的形象抹黑一笔。拉里・布朗都出面说话了：“这件事伤害了这孩子。”

这个漫长的夏季，是非纷扰流言飞舞。彼说长此说短，费城管理层则继续茫然。如果帕特・克罗斯可以出场，用坚定的语气阻止媒体、说服布朗、温柔地敦劝艾弗森，一切都还有可挽回。但是，又一次，艾弗森感受到了积毁销骨的恐怖。

有些人，比如帕特・克罗斯，在你身旁时不会令你多么温暖。但当你感受过失去他的寒冷之后，才明白失去他的价值。

04 改革

1997 年选秀大会，犹他大学的凯斯・范霍恩永生难忘的一天。他与妻子刚开始庆贺自己被费城 76 人选为榜眼，就被资本家的算盘打了当头一棍：76 人一个八人大交易，把他抛去了新泽西网队。不等落地便被抛弃，范霍恩赌咒发誓：一生都不会效力于费城。

但是，2002 年秋，他的经纪人大卫・法尔克来告诉他：你要去费城了。他和托德・麦克洛奇成为了新泽西网队的筹码，用来交换穆托姆博。

入行头三年，1997 年的榜眼不负大学时“拉里・伯德二世”之名：一个优质得分手，一个 208 公分的远射手，还能场均抢 8 个篮板球。可是 2000-2001 季，一次重伤把他的运动能力砍掉了一半。2002 年，他随网队杀到了总决赛时，只是基德身边的好助手。网队诸人集体看低他三分：虽然他是网队篮板王和第二得分手，但新泽西媒体却每天抨击他：

“软！”

可是拉里・布朗却喜欢他——老头子喜欢所有学院派、基本功扎实全面的球员。“凯斯能背身单打，能在外围投篮，而且他了解如何进攻。他能够为阿伦减轻压力。”

76 人开始改革。交易掉内线柱石穆托姆博，获得一个进攻能力出色，而且拥有远射能力的年轻锋线，76 人从一支偏老的铁军变得灵动化，趋向更合理的年龄结构。新加的格雷格・巴克纳和蒙蒂・威廉姆斯则用来增加锋卫厚度——那是老头子被伤病吓坏了。

2002 年 10 月底，新赛季开始。范霍恩的融入之快，令人大喜过望。拉里・布朗在场边扯着嗓子吼他，喝令他多靠近篮筐打球。布朗的理论很简单：范霍恩在内线杀伤越多，艾弗森在外围的空间越大。76 人并没为范霍恩设计许多战术，但打大前锋的他轻快灵巧，可以快速占据禁区有利位置，然后开始接球单打。他可以快下，可以在快攻中投远射，可以背打。全面的技巧，正符合艾弗森的口味。

12 月，范霍恩成为球队篮板王，而且 48% 命中率为职业生涯最高。他的高效率获得了艾弗森的尊重：他们俩开始玩一些令东部发抖的配合。艾弗森以往不喜欢挡拆，因为对手常用两个大个子来阻挡他的传球路线。可是范霍恩却给了他另一种选择：他为艾弗森做掩护，之后外切到三分线。艾弗森回球助攻他三分远射。他的全面进攻技巧，使艾弗森觉得传球也是件乐事。

范霍恩的到来，令艾弗森可以从狂奔进攻的杀戮轮回中抽身而出。2002 年 11 月终了，76 人 14 胜 4 负。艾弗森场均 31 分，一切如常。然而 12 月，他和范霍恩的三斧子配合开始被联盟熟悉，76 人战绩开始不稳。五连败后，费城寻求交易，得到了肯尼・托马斯。他首次身披 76 人球衣出战的比赛是 2002 年 12 月 20 日大战湖人：科比狂揽 44 分，但是范霍恩的 20 分、科尔曼的 18 分和艾弗森自己的 32 分 9 次抢断，使 76 人加时取胜。单场 9 次抢断就此刻入 76 人队史常规赛纪录。

肯尼·托马斯引发了 76 人的锋线之争。他与科尔曼、范霍恩三个大前锋如何配置，令布朗颇头疼了一阵。科尔曼甚至抖着一身老肥肉，试着去打了段中锋。冬季的一番演兵布阵后，76 人以 25 胜 24 负来到全明星周末。76 人似乎又将进入寒冬。

全明星前，艾弗森场均 26.8 分，39.9% 的命中率。这样的成绩，对他而言，实在不能算好。世界交头接耳，讨论他是不是低迷了——50% 的胜率，四年来最低的得分。联想到 2002 年的是非，联想到他在警察局度过的十个小时，以及此后他被媒体烦扰的日日夜夜，媒体开始耳语。多嘴的纽约媒体说：

2003 年全明星之夜，艾弗森取下了令人色变震恐的 35 分 5 抢断 5 篮板 7 助攻。

“他老了吗？”

当全世界将艾弗森的收敛理解为下滑时，2003年的全明星之夜，艾弗森上演了35分5抢断5篮板7助攻的华丽表演。

“我想，我只是不再把注意力集中到进攻上了而已。”

在此之前的冬季，他只是把他天下第一锐利的刀刃，藏进了鞘里。

全明星后，76人王者归来，风雷鼓动。球队一口气劈下了九连胜。2月12日至3月18日，76人取下波澜壮阔的15胜2负。他们像坐上了电梯，从东部第七急飞到东部第三。艾弗森在公牛头顶取下36分，在克里夫兰轰下41分。但最耀目的，却并非他的得分表演。

“他用简洁的传球，把球员们引导到合理的位置。”斯诺说，“他的整体在进步。他已经把注意力从得分上转移了。他像个领袖似的在教导我们，提醒我们情况如何，告诉我们比赛多重要——以前这些活儿都归我。”

3月14日76人击败开拓者后，拉里·布朗也追加了溢美之词：“艾弗森第四节只得了2分，但却是全场最佳。他一直在传球寻找队友，把进攻处理得井井有条。最重要的是，他很喜欢自己现在打球的方式，而且为队友而骄傲。”

费城的春季攻势，使艾弗森回到了MVP竞选之中。全联盟都觉得2002-2003季的常规赛MVP不出蒂姆·邓肯和凯文·加内特的掌握，但是艾弗森毕竟是个随时能制造意外的人……加内特对着媒体的话筒时深自谦抑，把票投给了科比，但谈到艾弗森时又忍不住迷惘起来。

“艾弗森也处在竞争者的位置。这个小个子每晚都做了那么多……”加内特疑惑地摇头，“我的意思是，他们说他只有183公分，但他比身高所标注的要巨大得多。他每晚推动自己的身体朝对方冲刺，每分钟都打得很拼命。我爱看他打球。”

费城从那个由蓝领为铁臂钢体，由艾弗森为灵魂的机械人，变成了一个有血有肉的人。更年轻，更机敏，更多变。2002-2003季常规赛结束，他们取下了48胜。不如2000-2001季的黄金年代，但比起2001-2002季，至少有所回升。

由于摆脱了每夜肉搏的战术，斯诺、艾弗森都保有了健康：他们都打满了82场常规赛。麦基则打了80场。凯斯·范霍恩场均15.9分7.1个篮板，证明了交易是合适的，职业生涯最高的48%命中率和37%三分命中率，则是费城给他的回报。

阿伦·艾弗森，三年来第一次丢掉了得分王。场均27.6分，对他来说实在不算多。但是，他出赛了职业生涯最多的单季3485分钟，以及职业生涯新高的2362分。他牺牲了一点点杀气，换取了更健康的一季，而且成为了一个更聪明的指挥者。用拉里·布朗的话说：“他成熟了。”联盟第二阵容，常规赛MVP选票第六。28岁生日将至，他仍在巅峰。

整季常规赛，他最高单场不过43分。但这一夜，他让UCLA大学的天才控卫巴伦·戴维斯和他的搭档大卫·韦斯利相顾色变。两大后卫合计10次犯规。艾弗森全场休息了一分钟，32投21中，三分5投3中，55分外加8次助攻。76人98比90获胜，分数的70%由他直接贡献。这也是1994年巴克利单场56分后，NBA季后赛单场最高分——也是艾弗森自己的

2002—2003 赛季季后赛首轮对阵黄蜂，艾弗森 32 投 21 中三分 5 投 3 中，55 分外加 8 分助攻。不但是 1994 年巴克利单场 56 分后 NBA 季后赛单最高分，也是他自己的季后赛单场得分纪录。

季后赛单场得分纪录。

76 人以 90 比 85 取下第二场，第三场在黄蜂地头新奥尔良败北一阵。第四场，斯诺 17 分 12 次助攻 5 次抢断，使 76 人全队六人得分超过 11，集体开花取下胜利，3 比 1 领先。回到主场，新奥尔良扳回一城。但是在 5 月 2 日的新奥尔良，艾弗森又一次拔剑出鞘：全场只坐了一分钟，30 投 14 中 18 罚 13 中轰下 45 分，把韦斯利打到 6 犯下场。76 人 107 比 103 取胜晋级。

接下来需要面对的，是底特律活塞。

1996 年选秀大会天才云集，众所周知。艾弗森被选为状元，百鸟朝凤，从此成为 NBA 最华丽的攻击手之一。而当年选秀之尾，却走了另一个极端：那是个与艾弗森一样贫困的孩子，家中排行第十。少年时也打橄榄球为生，以至于入奥本大学时被校方鉴定“我们能为你提供一份橄榄球奖学金。但是你不能加入篮球队。”1996 年，选秀大会上没人喜欢他：这个只会篮板、防守和抖横肉的，叫做本・华莱士的野人。

他去了奇才、魔术，最后去了活塞。他适合活塞的风骨，于是飞云化龙。

和艾弗森一样，他身披 3 号。2002 年，1996 年入行的费城 3 号成为了年度得分王时，同一年入行的活塞 3 号却成为了年度防守球员、篮板王和盖帽王。

在 2003 年的活塞队中，除了本・华莱士这个沉默的蓝领工，还有其他一些面无表情的战士：2002 年，在波士顿、猛龙、掘金和狼这些弱队历练到未老先猾、浑身是胆的 1997 年榜眼昌西•比卢普斯，在华盛顿不甚得志的理查德•汉密尔顿，外加选秀大会上拣来的小前锋：长臂、猪腰子脸、全身骨头棱突活像机器人的蒂尚・普林斯。他们像 80 年代末的活塞一样：添加的零件没一样光鲜夺目，世人只为活塞放弃了 2001-2002 季那 50 胜的阵容（斯塔克豪斯、克里夫・罗宾逊、威廉姆森等人）扼腕叹息，而且完全无法理解他们为何要囤积坎贝尔、奥库、里布拉卡这大群满手汽油味、满面尘灰色的蓝领内线。

但是，这支钢铁球队，却让艾弗森觉得似曾相识。

5 月 6 日，首战底特律奥本山宫殿，活塞扼杀了 76 人：98 比 87，艾弗森打满全场取下 27 分，依然无力回天。第二场，比卢普斯缺阵，艾弗森竭尽全力率队拼到加时，自己 50 分钟内 29 投 12 中得到 31 分，但依然败北。活塞在最后时刻，冷静得就像机器人一样。

艾弗森仿佛看到了 2001 年自己所率领的那支队伍。一样坚韧挺拔，一样拥有一个本・华莱士般在禁区坐镇的巨闸（穆托姆博），一样有一个普林斯那么高挑的小前锋（林奇）。2003 年的费城比 2001 年更优美、更有天赋，但却缺了那种打落牙齿和血吞的气质。

5 月 10 日的第三场，艾弗森全场 11 次助攻，带领全队多点开花扳回一城。第二天，76 人马不停蹄将分差扳到 2 比 2：艾弗森全场 47 分，27 投 13 中 36 分 11 次助攻。几乎是他一人之力逆天取回两阵。

但是，第五场，76 人再度败北。仅差了一分，77 比 78。本来，以低比分压制胜利是以往 76 人的专利，但这一夜，奥本山宫阵势肃然。艾弗森全场 25 投 5 中，最后时刻毫无手感。

第六场，比卢普斯归来。18 投 6 中并不出色，但三分线外的 13 投 5 中要亮眼得多。他

2002—2003 赛季季后赛第二轮，两个 96 年一起入行的 3 号相遇了。状元对非选秀球员，天才对铁汉，至利之剑对至强之盾。

杀人不眨眼地劈下 28 分 7 个篮板 5 次助攻，而且牢牢把握住了比赛的节奏。艾弗森竭尽全力推快节奏，以一当五地与活塞周旋：33 投 14 中 38 分 9 次助攻。76 人将士也不可谓不用命——科尔曼、范霍恩和托马斯各抓到 10 个开外的篮板球。

但 76 人还是败了。89 比 93，费城 76 人的 2003 年季后赛征程到此结束。

05 分手

2003 年 5 月 27 日，被活塞淘汰后一周多，拉里·布朗向 76 人管理层递交了辞呈。

没有人惊讶。对全世界来说，他或艾弗森任何一个人离开费城，都不会太出人意料。两柄高悬已久的剑，终于有一柄落了下来。

拉里·布朗当了 31 年主教练，在 ABA 到 NBA 巡游了 25 年，76 人是他的第七支队伍。他待了六个赛季，对他来说实在太多了——之前的最高纪录，是在丹佛的五季。他是个旅行家，是个到处领略风情的主教练。当然事出有因：他的球队都赞美他的严格，但也倦于他的严格。

谁会料到呢？反而是阿伦·艾弗森这个最不喜欢秩序、管制和禁锢的天才，和他合作得最长久、最和谐，成就最大，还给他，拉里·布朗，带来了第一座 NBA 年度教练奖杯。

而拉里·布朗的下一个去向，是打败他的底特律。

重新回忆他的爱好吧：他信奉那些最古老的东西：掩护质量，传球分寸，每次防守到位，以及空位射手的投篮。他相信离筐越近胜利越近，相信空位投篮命中率更高，相信默契可以提升速度，从而制造空间。他相信最简单的掩护、最简单的投篮可以赢球，只要你做得够标准。他要求一个高大有指挥能力的斯诺般的控卫，要一个林奇那样高大的小前锋，要一个范霍恩或科尔曼那样可以远距离进攻的大前锋，要一个穆托姆博那样的禁区铁汉。底特律和他的理想完全符合。那里有比卢普斯、汉密尔顿、普林斯和本·华莱士。他要去执教他的理想了。

他像一头永恒不变、步步为营的老海龟。岁月过于漫长，他不会做出改变，只是规行矩步复制着自己的历程。似乎这个世界上人人都比他聪明、多变而富有才华，要击败他轻而易举……但是，许多时候，他的竞争者就像兔子一样：你飞跃蹦跳，远把他抛在视野之外，但你头疼脑热、徘徊迟疑时，他又出现在地平线上了。这剧本如此老套，熟悉到人人过目能诵：细节、严苛、耐心和以不变应万变，比华丽、斑斓、多变、随性更持久、更坚韧。

他的离开，结束了费城的一个时代。斯诺、麦基和范霍恩都去送了他。在临走时，拉里·布朗像一个君子一样赞美了所有人，尤其是赞美了阿伦·艾弗森。

他们漫长的仇怨，用道格·里弗斯总结的说法："他们看待事物的问题不同。"他俩都对胜利无比渴望，却一个严格细致一个自由挥洒。他们会不断碰撞，只因为他们太执着。

帕特·克罗斯的离任，使艾弗森和老布朗的矛盾继续空前激烈。他们何尝不明白彼此的价值，但性格决定命运，却是无可奈何。因此，当他们不必再在一起争斗时，仇怨也消失了。这就像一对老夫妻。他们争吵只因为彼此相爱而要求得过多。

“我们打得不错，但我继续执教，会阻碍球队的发展。我想，是做出改变的时候了。”

拉里·布朗走了，带走了争吵、喧闹、媒体的杯弓蛇影和日复一日的口水仗，也带走了他的铁律、严格、专注和固执。空荡荡的费城留给了阿伦·艾弗森。这时他才忽然发现，他就像一个失去了严父的孩子。当拉里·布朗不断对他发号施令时，他像个怀有逆反情绪的孩子一样仇恨着这个固执的老头子；但当他离开后，他却发现，自己已经和他争争吵吵分分合合，度过了六年的时间。

这长到足以让人忘记原有生活习惯的六年时间。

06 | 低谷

2003 年夏天，故事又回到了起点。费城的中锋是 36 岁的德里克·科尔曼，拉特里夫和穆托姆博已成为传说。肯尼·托马斯的机动能力和篮板球不失为优秀，但他个子太矮，无法统治禁区。

新主帅兰迪·阿耶斯：唯一不必担心的，是他对 76 人的熟悉程度。他在布朗手下做助理教练已历六年。他是个称职的副手，但不可能像拉里·布朗那样，用权威和经验来管理艾弗森。他只能谨小慎微地做着局部的改革，取悦这些资历比他老得多的球员。

范霍恩走了，接任他位置的是格伦·罗宾逊。1994 年状元，2001 年东部决赛的死敌，如今来到费城，成为艾弗森的头号助手。时间可以改变许多事情，仇敌可以变成朋友也许只需要两年时间。当然，这些时间，也足够东部冠军跌落凡尘。

阿耶斯宣布说，球队要高速奔跑。这就意味着，拉里·布朗的钢筋水泥结构将被完全拆毁。球队要放弃坚韧的防守，转而与对手打机动战。大山消失了，平川流水成为了费城的主流。

他小心翼翼地避免着艰涩、繁难和枯燥无味，他试图取悦艾弗森。

“大狗”罗宾逊很配合球队的论调：“这是阿伦的球队。”他认为，有斯诺、艾弗森这对好后场，有科尔曼、托马斯这几位机动的锋线，他可以融入球队。阿伦·艾弗森很难合作？“拜托，艾弗森只有一个人。我在雄鹿时，需要和雷·阿伦、萨姆·卡塞尔这两个人分享球权呢。”

但一切并未如他所料：他和艾弗森配合的机会，真的不那么多。

2003—2004 季，前三场比赛，罗宾逊得到 15 分、20 分和 21 分，渐入佳境。尤其是第三场：13 投 7 中 21 分 11 个篮板击败公牛之战，他庆幸于自己开始融入球队了。可是 11 月 9 日的第四战后，他就进了伤病名单，再复出已是 12 月 12 日。刚踏进绿洲却跌入沙坑陷阱，一个月的枯燥休养足以让他的手感干涸。

罗宾逊伤病的一个月，艾弗森竭尽全力维持着球队：33分带领球队在芝加哥取胜，40分在华盛顿击败奇才，36分12次助攻击败马刺。11月26日30分在活塞身上报了一箭之仇。比赛之后，他和拉里·布朗携手言欢。似乎当他们不再一起为胜利而头疼时，才会开始欣赏彼此的品质。

然而，命运是反复无常的。费城等到了格伦·罗宾逊的复出，可就在同一天，艾弗森受伤。在此之前十天，中锋马克·杰克逊受伤。76人再次跌入2001-2002季的伤病旋涡中。

艾弗森再次出战，已是三周之后。兰迪·阿耶斯手忙脚乱地操持着球队。面目全非的76人在伤病流离中打打停停，毫无杀气。2月11日，全明星赛前最后一战，阿耶斯终于被忍无可忍的费城开掉。新来的主帅是克里斯·福特。艾弗森以21投11中7次助攻欢迎了新主帅，带领球队113比88血洗了华盛顿奇才。然而，截止到此，76人的战绩，不过22胜31负。

时运凋丧的2004年初春，一切都背叛了艾弗森远远奔走。2004年的全明星赛，他取下了区区3分而已。全明星后，艾弗森以一场27分14次助攻的表现宣布归来，2月19日在西雅图取下华丽的40分11次助攻5次抢断。可是，第二天在洛杉矶败北后，他又受伤了。此后直到2003-2004赛季结束的两个月，他一共打了6场比赛。76人在全明星赛后，11胜18负。

2003-2004季结束了。费城76人33胜49负，1999年以来首次缺席了季后赛。2001年东部冠军的铁骨被拆得七零八落。阿耶斯企图推行的快节奏完全失败，福特的调整也毫无效果。球队的防守尚可，但进攻效率却低到联盟倒数第四。

对费城来说，这一切无可奈何：他们本是一支进攻缺乏才华的队伍，靠着不求有功但求无过的死守，以及阿伦·艾弗森的个人才情赢球。可是布朗的离去似乎带走了球队的硬度，艾弗森全季只打了

2003—2004赛季，艾弗森偶尔的高光表现改变不了两手空空的失败一季。

在国家队，艾弗森的球衣号码是4号！而为国家队征战的经历，对艾弗森来说并不算美妙。骄傲的美国国家队在雅典奥运会上只获得铜牌。

48 场，76 人的进攻如午夜幽魂般漫无目的。

对阿伦・艾弗森来说，这是他职业生涯的低谷——确切地说，比低谷更可怕。他又回到了 1996-1997 季的原点。他两手空空，没有得分王，没有抢断王，没有年度阵容。他被时代短暂遗忘了。而且，比起 1996-1997 季，情况更加糟糕：那时他虽然和全世界为敌，但他足够年轻，有无限远大的未来可赌。可是 2003-2004 季结束后，他快要 29 岁。

22 岁的失意与 29 岁的失败：前者依然可以放歌纵酒，后者却需要严肃地考虑人生方向了。

2004 年夏天，另一个讽刺的故事结尾在等候他。前一年夏天，艾弗森被选入了美国国家队参加奥运会资格赛，并被任命为队长。他出战 8 场比赛，发挥尚可。而美国国家队主帅，正是刚离开费城的拉里・布朗。

2004 年夏天，雅典奥运会，第一场比赛就出了状况。艾弗森开会迟到，拉里・布朗，就像在费城 76 人队一样，摆出了教练架子：停赛，反省！

在美国队的经历，让艾弗森逐渐发现：布朗并不刻意针对他，他对每个巨星都是那副严格姿态。他逐渐明白了拉里・布朗并没骗他。一直以来，老头子都在告诉他：我没针对你，我只是希望你成为更好的。

可是，直到布朗离开一年之后，他才真正明白这一点。这实在太晚了。这就像命运给予的一个迟到玩笑。离得远了，他们才发现，原有的误会是多么无趣。而最后，布朗和艾弗森也没有能够取下冠军。2004 年奥运会，美国队以铜牌收尾。

那是艾弗森的失意之夏。但对拉里・布朗，铜牌并不令他沮丧。因为之前的 6 月，他度过了教练生涯最光辉的瞬间。

布朗去到底特律活塞，统领着 2003 年夏天击败自己的那支队伍。他让这支球队恢复了 80 年代末的光荣：2004 年春，拉希德・华莱士自亚特兰大飞来，犹如画龙点睛。这个事例成为 NBA 史上最典型的事例之一：张牙舞爪的他，成为活塞最不可捉摸却又是最后一张完整王牌。他和本・华莱士短暂地组成了历史上首屈一指的内线防守组合，几乎是立竿见影地提供了活塞所需要的一切：三分，一对一防守，前场篮板球，封盖，准确的传送。

于是，时隔 16 年，配装完成的汽车再度启动了。拉里・布朗拿到了一个完全符合他哲学的阵容，于是，他将 2001 年教导费城 76 人的一切都灌输给了这支钢铁雄师。当艾弗森在费城被伤病所苦时，布朗在底特律训练活塞，让他们像群拼接零件的工人。机器鸣动、钢钉铿锵声中，活塞修理了雄鹿，险胜了网队。在对阵旧教练卡莱尔执掌的、常规赛 61 胜的步行者，拉希德将开拓者队队友小奥尼尔拆卸重装了一遍。总决赛，活塞神话般地解决了才华横溢的湖人，2004 年 6 月 15 日，冠军得手。拉里・布朗在艾弗森低谷的时刻，达到了自己的高峰。

命运就是这么讽刺。

07 复兴的幻觉

2004 年 3 月，艾弗森在病床休养时，传媒在暗流涌动。他们计算了 76 人的工资，丈量了 76 人的天分，然后得出结论：76 人太老了，他们堆积了足够多的垃圾合同。整支球队，就像一个老迈肥胖的高血压病人。球队需要减肥，可是，谁会在交易市场上接过那些角色球员？

“交易艾弗森吧，趁他还有交易价值的时候！他留在费城，只能阻碍年轻人的发展之路！”

危亡之秋，比利·金在总经理位置上拍了板：不交易艾弗森，继续以他为核心升级球队。“我们有 500 万工资空间能用来签自由人，还有一个高位选秀权。请个新教练，一切都会好的！”

但是，媒体自有他们的看法。76 人已夕阳西下，小修小补也无法冲击东部冠军。就像一个老人，即便多加锻炼强身健体，也无法恢复年轻时的冲劲，不如推倒重新来过。但是比利·金提醒他们：

1992 年，费城用巴克利交易了霍纳塞克、佩里和朗等三位球员，低谷来临；1968 年，他们用张伯伦去交易了湖人的一堆垃圾球员，一败涂地。费城每次交易支柱王牌都会一败涂地。何况，阿伦·艾弗森声名仍在，依然是联盟顶级球员。在他的黄金年龄 29 岁交易他？比利·金会被费城人民生吞活剥的。

2003 年，费城迎来了“大狗”罗宾逊这位 2001 年东部决赛的对手；2004 年，新来的主教练也曾与费城不共戴天：2002 年带领波士顿凯尔特人淘汰费城的主教练吉姆·奥布莱恩。这位出生在费城北部的先生与拉里·布朗天上地下。布朗永远西装笔挺在教练席指挥若定，而奥布莱恩却喜欢蹲在技术台旁边单手支颐，恨不得趴到场上去观察比赛。奥运会前，他特意杀到土耳其去看艾弗森。

“阿伦，我要给你个新任务。埃里克·斯诺去了克里夫兰骑士，所以，我要你打控卫。你来推动进攻。你。”

2004 年夏天的 76 人令艾弗森倍感陌生。2001 年战斗的故友——斯诺、希尔、穆托姆博、林奇——全部走人。新来的主教练让他主打进攻，那是拉里·布朗从他手中夺走交给斯诺的权利。新来的主教练让他快速推动球队节奏，这更是拉里·布朗深恶痛绝的事。

可是，似乎这比较符合艾弗森的天性。

威列·格林可以分担他的进攻重任，射手科沃尔可以把他的传球送进篮筐。而且，球队又有了一个 AI——新秀摇摆人安德烈·伊哥达拉，一个身材颀长、弹跳劲爆的青年。新的费城年轻而富有天分。艾弗森的任务不再是单骑闯杀。

2004年的新赛季开始，29岁的艾弗森迎来几张陌生的新人面孔，就包括有小AI之称的伊哥达拉。如今，他是一个提携后生的老大了。

他 29 岁了，他要做这批孩子们的老大。

还有一个好消息在等候他。2004 年夏天，NBA 改变了规则：对防守球员手部动作严吹。事后证明，这对他这样的外围切入手大有裨益。

2004 年 11 月 3 日，赛季第一战，客战波士顿。艾弗森 22 投 13 中，取下 30 分 6 次助攻。费城旗开得胜。赛后他对新位置表示满意：控卫位置使他有足够的自由，可以随意施展他的速度和灵敏。球队的快节奏使他可以避免那些阵地战的复杂思考，用最快捷的丛林游击战方式打击对手。

一切仿佛又回到了汉普顿的街头，任他自由驰骋的日子。

然而，他毕竟在斯诺身边当了太久的射击手。由他来运筹帷幄，实在还需要时间来适应。76 人的战绩起起伏伏，与他的命中率一样不稳定。可是费城人民热爱这些：即便败北，至少如今的 76 人与艾弗森是在炫目的火花闪耀中败北，而不是呆滞沉闷垂头丧气地死去。

11 月 12 日，费城人感受了一次心脏破胸而出的刺激：比赛前 47 分 59 秒，艾弗森 22 投只中 4 球。104 平进入读秒，阿伦·艾弗森起手跳投：球进钟响，76 人 106 比 104 绝杀了步行者。艾弗森举起左手支起耳朵，听到两万颗心脏经历了一次悬空地震。

很奇妙：这是他职业生涯第一次地道的零秒绝杀。

他开始逐渐熟悉控卫的套路。11 月 24 日到 27 日三场比赛，他分别送出 10 次、13 次和 10 次助攻。11 月 26 日甚至是 28 分 13 助攻 0 失误的完美比赛。进入 12 月，他在传递组织与强攻得分间逐渐游刃有余。12 月 18 日，在密尔沃基，他 29 投 17 中 54 分，再次让布拉德利中心的球迷哑然。两天后，主场对决犹他爵士，他 31 投 18 中，51 分 7 次抢断——唯一的遗憾，终场前他被罚下，看着球队 2 分惜败爵士队。

自由奔放地奔驰了一整个冬天后，2005 年春天，30 岁已近在咫尺，艾弗森却回到了自己的巅峰。2 月 12 日，全明星之前，费城对决魔术。第一节，他取下 17 分，第二节 12 分。半场结束时 29 分。一切仿佛回到了 2001 年，那所向无敌，似乎随时都可以直冲 40 分的岁月。

第三节他得到 11 分后，40 分已经拿到。2004-2005 季，他第六次拿到 40 分——此前的五次，成绩是 4 胜 1 负。对面魔术的主教练面色惨变——那是可怜的约翰·戴维斯，艾弗森 1996-1997 季新秀季的主帅。

第四节，魔术队发现情况不对：艾弗森仍在进攻。防守者前赴后继地轮换来对付费城 3 号，但无一奏效。断球，被犯规，上罚球线得到第 50 和 51 分。全场起立鼓掌：费城球迷开始高呼：

“60 分！！”

“当他们站起来、大声呼喊来表达快乐时，你也会觉得很快乐。你会觉得人们都是为你而来。于是，你得做点让他们余生都会记得的事。”艾弗森说。

急停跳投，失手；突破分球给杰克逊，来不及接回传了。再一个回合，艾弗森强行加速，2004 年状元德怀特·霍华德犯规。艾弗森罚中两球——60 分到手。

2005 年 2 月 12 日，76 人对阵魔术！36 投 17 中，惊人的罚球 27 次出手 24 中，艾弗森拿到职业生涯最高的 60 分！

2005 年的全明星赛上，状态上佳的艾弗森率领东部队取胜。第二次举起全明星赛 MVP 奖杯。

“我从来没经历过如此伟大的表演。”奥布莱恩主教练说。

“我只是不断进攻，不断进攻，因此我有许多机会上罚球线。我不想跳投。”艾弗森说。全场 36 投 17 中，惊人的罚球 27 次出手 24 中。60 分，职业生涯新纪录。

“我真的感觉全身激动得起鸡皮疙瘩。我得到了职业生涯最高，我们赢了比赛。你想不出更完美的梦了——一切都显得那么不真实。”

更幸福的夜晚，在几天后的丹佛等待他。他去丹佛参加全明星周末，初到时被科罗拉多的高原搞到头晕目眩。然而一进入比赛，他便兴奋起来：在全明星赛担当全队组织者，这还是第一次。他不再着重于华丽的得分演出，而乐于不断助攻队友和防守端游弋。当夜他得到 15 分 9 次助攻 5 次抢断。全场结束，东部队获胜。距离 2001 年首次捧得全明星 MVP 之后四年，他再次举起了这座奖杯。

艾弗森揣着全明星 MVP 奖杯回到费城后，发现自己的球队变了样子。布莱恩・斯金纳、肯尼・托马斯、科里斯・威廉姆斯、格伦・罗宾逊走了，新来的是迈克尔・布拉德利、马特・巴恩斯、罗德尼・罗杰斯，以及 1994 年状元克里斯・韦伯。

巅峰时期的韦伯，是 NBA 最好的大前锋之一。2001 年，他甚至是艾弗森常规赛 MVP 的最大竞争者。208 公分的身高，匪夷所思的运动能力和体型，完美的直臂挺胸中投，冠绝联盟的后转身，强势的翻身小勾手，全面优雅的步伐，“魔术师”般的左右手技巧，NBA 史上最伟大的大个子传球手之一。他引领起 21 世纪初国王队那行云流水的进攻，2002 年更只差一点就击败湖人。当然，2005 年他已过了巅峰期。他和佩贾・斯托贾科维奇的矛盾，使国王决心放弃他。他的膝盖无法支撑他的弹跳了。

但韦伯的大局观、意识、传球和手上功夫，还是能令艾弗森的自由挥洒如虎添翼。2005 年 3 月 1 日，在密尔沃基，艾弗森再取 48 分。到 3 月 13 日为止，76 人 30 胜 33 负，媒体又在未雨绸缪，为 76 人跌出季后赛做舆论准备。然后，艾弗森火力全开：3 月 13 日开始的六场比赛，他场场劈落 31 分以上。

进入 4 月，76 人狂飙突进。艾弗森对山猫取下 48 分，对热队 38 分 16 次助攻，第二天在印第安纳 43 分。随后是 39 分 12 次助攻再破雄鹿。整个 4 月，76 人取下 7 胜 3 负，43 胜 39 负结束常规赛。

阿伦・艾弗森在 2004–2005 季出阵 75 场，场均 30.7 分取下自己第四次得分王，追上“冰人”乔治・格文，NBA 史上得分王次数，只有张伯伦的七次和乔丹的十次比他多。第二次全明星赛 MVP 之外，还拿下第三次年度第一阵容。2001 年之后，费城终于让人看到一线希望之光。

而命运的玩笑，接踵而来：2005 年季后赛第一轮，费城的对手，是拉里・布朗率领的底特律活塞队。

没有人比艾弗森更熟悉这样的队伍：底特律活塞打着联盟最慢的进攻，失误次数联盟最少，抢断次数被拉里・布朗约束到联盟倒数五位，充满大量掩护、跳投的队伍，三分球次数低于联盟平均。他们的比赛充斥着挡拆、掩护、无球空切、机械化的中距离跳投、24 秒读

I-VERSON 2005年春天，韦伯来到费城，两位才华横溢的选秀状元在费城聚首——只是，他们相聚得实在晚了一点。

秒时刻的出手、拖慢进攻节奏。这些缓慢重复的套路，一如伦敦大本钟那样古老而令人疲倦。这规行矩步、等待对手错误的，更适合由机器人而非人来施行胜利方式，是1999年开始一直阻在他面前的步行者所秉持的套路，也是他自己曾经被不断勒令施行的——

这些都是拉里·布朗的手笔。

可是，当他再度面对这令他厌倦的，促使他和布朗不断争吵的风格时，却发现依然不是对手。

4月23日，奥本山宫。艾弗森全场只休息了1分钟，取下30分10次助攻4次抢断，韦伯也拼力得到了27分。可是，76人以85比106被扫了21分。活塞靠着铁壁防守，使他在三分线内14投仅5中而且有7次失误，钳制了76人全队。三天之后，他的命中率低到24投7中，活塞以99比84再取一阵。

回到主场，4月29日，艾弗森打满全场，26投15中轰下37分，送出15次助攻：76人打出快节奏，115比104取胜。第四场，他打足全场带加时，24投14中36分，可是，在加时赛，活塞再度稳准狠的取下了胜利。3比1领先。

背水一战的第五场，76人前三节领先。可是在第四节，艾弗森投完篮后扭伤了脚踝。把他扶起来的是拉里·布朗。在这一时刻，他们似乎不再是对手，似乎一切又回到了2001年。艾弗森带着受伤的右踝撑完全场，得到了30分。比赛结束了，76人队以78比88败北。

2004-2005季就此结束。艾弗森和布朗友好的握手。

2004—2005 季 76 人队的季后赛首轮对阵布朗率领的活塞，师徒对峙的结果以艾弗森的失败告终。似乎只有分离之后，他们才愿意流露出对彼此的尊敬。

辉煌的2000—2001赛季后，费城缓慢地滑向低谷。艾弗森可以在2001年夏天独自支撑球队，但在更长的时间中逆天改命，却非他所能。

“我佩服他所做的。”布朗说，“他令人感动。”

“我们被打败了。”艾弗森说，“但我觉得，我们战斗到底了。”

2004-2005 季，阿伦·艾弗森似乎重回巅峰。然而，这却并非 2000-2001 季的王者归来。拉里·布朗的 76 人是一个坚实到无趣的团队，艾弗森在其中受到了压抑与限制，这令喜好自由的他并不快乐，但这个团队却依靠其秩序井然而所向无敌。2004-2005 季，吉姆·奥布莱恩没有对艾弗森予以限制，而是把他的能力最大化了。2005 年夏天的 76 人，完全是艾弗森与韦伯两个人的天地。这种狂放使艾弗森随心所欲，甚至取下了职业生涯最高的单场 60 分，但 76 人不再是一支整肃的团队，而成为了艾弗森一个人的附庸。2005 年季后赛的结果残忍无情，但却异常现实：一个人永远无法击败一个坚实的团队，即便这个团队中无一人的才华可与他媲美。

于是，虽然费城 76 人的成绩有所回升，但他悲剧英雄的孤单命运似乎已被锁定。2005 年夏天他 30 岁，要围绕他重新建立一个 2001 年般的团队，几乎已不可能。费城只有两种选择：放弃艾弗森，或者继续靠他一个人去对抗世界。

也就在 2005 年，当他接受采访时，艾弗森说出了那句迟到了多年的话——似乎远离之后，他们才会珍爱彼此：

“拉里·布朗，是 NBA 最好的主教练。”

08 最后的独舞

2005 年夏天，奥布莱恩被解雇了。新来的主教练是艾弗森的熟人：九年之前，那个奉命来考核他的前辈，76 人队史的杰出控卫马柳斯·奇克斯。论起战术调度，奇克斯远不能和奥布莱恩相比。费城管理层的心思是这样的：找一个有资历、有背景的教练来压住更衣室，而余下的战术运作，全体交给阿伦·艾弗森和克里斯·韦伯：两位状元统领着球队奔跑，萨穆埃尔·达勒姆波特、安德烈·伊哥达拉这些球队的未来跟随他们锻炼成长。

2005-2006 季，76 人以三连败开局，继之以六连胜。艾弗森打出一串得分波：35、31、29、29、25、34、28、34、42。11 月的最后四场，76 人队一胜三负，艾弗森取下一波 45、40、38、40 的得分浪潮。整个 11 月，他场均 34 分，命中率高到职业生涯罕见的 45%。这是他最炫目的时刻：费城在 50% 胜率线上下飘摇，把握命脉的是他投篮的双手和飞奔的双脚。

一个人决定一个城市的心情和一支球队的命运。这是他 2005-2006 季的宿命。

那是一个神光离合的赛季。他和科比，两个 1996 届的同行，两个与费城千丝万缕关联着的天才，两个 2001 年总决赛交战的对手，疯狂地竞争着得分。圣安东尼奥的防守大师布鲁斯·鲍文评价道：“和战术无关了，得分欲望是他们与生俱来的。”

赛季进行到 2006 年 1 月中，科比场均 33.7 分领跑联盟，艾弗森场均 33.1 分第二。艾弗森的成绩，包括赛季前两个月的场均 34 分，以及 2005 年 12 月 23 日在亚特兰大的 53 分。但是，他已经不再是 1998-1999 季那个杀神了。那时他刚练成绝世神剑，急于试锋，在全联盟球队身上铭下刺痕。可是 2006 年，他对自己的得分方式了如指掌。他倦了。

"得分只是一项指标。"他大彻大悟地说，"我已经完成过四次得分王了。说实话，我真愿意用我所有的得分王去换一个总冠军戒指。"

他开始云淡风轻了。科比对小牛之战得 62 分时，艾弗森在家手抱爆米花看比赛。"有时我真乐意当个观众。"

2006 年 1 月 22 日，当科比对阵多伦多猛龙得到 81 分后，得分王的头衔已随他绝尘而去。艾弗森在科比和世界之间悬在半空。他没有科比动辄 50 分的伟业，但是，全明星前，他取下 42 分，率队击败卫冕冠军马刺；3 月初，他连续两场 40 分 10 助攻以上的表演，在休斯顿和华盛顿身上取下两连胜。4 月，他最低分数是 26 分。

2005-2006 季，艾弗森打出了职业生涯最好的数据：场均 43.1 分钟联盟第一，场均 33 分联盟第二、职业生涯最高，场均 7.4 次助攻职业生涯第三。44.7% 的命中率为生涯罕见，11.5 次罚球也是职业生涯最高。

然而，费城仅以 38 胜 44 负结束了赛季，缺席季后赛。奇克斯打球时的敏锐，没能延续到教练席上。糟糕的是，比利·金并没有延续 2004 年的诺言——当时，他曾许诺要围绕艾弗森，继续升级球队的角色球员。但是，赛季中球队防守力量缺失时，比利·金还把大个子亨特给了黄蜂队。

奇克斯的措施便是任由韦伯和艾弗森需要大量持球，把两位天才巨星的能力最大化。他无意加强防守——首发阵容里，除了伊哥达拉外，其他四个人（科沃尔后来换成了萨尔蒙斯）都不具有良好的防守能力。于是，76 人在季末被团结而年轻的公牛赶超。费城人似乎认了命：

既然无法夺冠，那么季后赛也没什么意义；让艾弗森做做养老保姆，把年轻人带大，然后重建吧。

2005-2006 季，这职业生涯最高的场均 33 分，便如此似水无痕地划过。在他已经拥有四座得分王头衔无欲无求时，得分的机会却来临了；当他取下职业生涯最狂放的得分表现时，却已经无法逼近冠军了。因为科比惊世的场均 35.4 分和单场 81 分，于是他的华丽表演也被遗忘了。这惨淡凄凉、充满讽刺的一年，是他在费城最后的飞翔与绝唱。这最后的独行长歌，最后的逆天之舞，便仿佛是为了告别，而特意举行的聚会。

09 再见费城

2006 年夏天，阿伦·艾弗森 31 岁了。他再一次被卷入交易流言的潮流中，被全联盟咂

2006年12月6日，76人客场对阵芝加哥，球队94比121惨败，艾弗森25分7次助攻。这也是艾弗森在离开76人队前的最后一场表演。

摸了一番，然后留在了原地。他和费城就像一对老夫老妻。经常争吵，有时威胁离婚，但又总会平复如初，慢慢过日子。艾弗森心如止水地说：

“他们做什么决定，我都无所谓了。我没有选择。”

他明白球队的下降趋势，他明白夕阳西下无可挽回的历程。“球队需要做些改变，如果需要，他们也会改变我的位置。”

2006年夏天，当艾弗森在一个球迷聚会上迟到时，所有人都看得出他对费城的倦意。他在这里待了十年，是非荣辱过眼云烟。2004年后，76人总是在疑似要抛售他和要以他为核心的两点间旋转，而他是个喜欢简单的人。

2006年11月，赛季开始。他还是有不错的得分表演，但和球队多少有些貌合神离。他开始略过一些训练，拒绝参加球队的保龄球友谊赛。一周之后，他提出交易自己的要求。费城已经习惯了艾弗森要被交易的流言。一如往常：大家依然把这一套当作流言看，见怪不怪了。可是，球队已经不起如此欲走还留的折磨。2006年12月2日，芝加哥。费城76人94比121惨败，六连败，14场内第12场败局。阿伦·艾弗森无限失望。

“我们得做点什么。球队需要改变。”

这一晚，他得到 25 分 7 次助攻。韦伯、卡尼、格林等队友没有人站出来，试图阻止公牛的攻势。第一节，公牛就闪出了 39 比 16 的超级高潮。经历漫长的交易折磨，费城已人心散尽。

可是谁也没料到，艾弗森所言的“改变”立刻就发生了——这是他身披 76 人战袍的最后一场比赛。76 人队的主席埃德·斯耐德在全国电视直播上宣布：

费城 76 人会尊重他的要求。阿伦·艾弗森再也不会身披 76 人球衣出战了。

整整十年之前，阿伦·艾弗森带着迅疾和天才来到费城。他矮小、瘦削，快如闪电，无所畏惧。职业生涯第三战他得了 32 分，第十五战他犯了 10 次失误。在这两个极端之间——华丽的得分和大量的失误——之间，就是这个在费城存在了十年的人。

他总是以一人之力赢下比赛，同时也犯一些错误来让球队输掉。费城爱他，也许比爱张伯伦、巴克利、“J 博士”或摩西·马龙更爱他。因为他是如此炽烈的一个人。他拥有费城的精神：自由、粗砺、难以预测。虽然他是个天才，但他拥有费城的特质：他有一个工人的斗志和灵魂。

整整十年，费城在寻找一个艾弗森的合适搭档，失败了。也许他最合适的搭档是斯诺和穆托姆博，但他们不是搭档，而是配角。他们战斗或思考，但无法与艾弗森合力奔驰疆场。艾弗森在十年间投了超过 16000 次投篮。只要还能呼吸，他就能投篮，就能让人恐惧，就能让人激动。

他离开费城的理由，正是费城爱他的理由：费城 3 号是个至死不悔的男人。31 岁，他还和 21 岁时一样打球。他是费城最好的代言人。

就像你唐突鲁莽的少年时代，回首时总让你尴尬和好笑，但你却无法忘怀，也不肯把它们在你的履历表中剪去。他在这里战斗的十年，这自由边陲的色彩明丽如斯，总为你的血液添加温度。他那些喜忧参半的故事，和他自己的球风一样，是色彩浓丽的欢场，是羽化成仙之前的凡人乐园，是重视艺术甚于现实利益的热血乐队。

可惜，似乎他和费城一样，注定悲剧，是被上帝诅咒的、永远成不了王的角色。主角负责微笑到最后传播真善美，例如坚韧合理的凯尔特人（他们队史上一个得分王都没出过）或者紫金贵胄的湖人（他们买齐了历史上除了拉塞尔之外最伟大的中锋）。偶尔是公牛（因为他们有过一个不世出的帝王）以及马刺或活塞（他们绝少犯错、是完美的现实主义者）。

悲剧方则负责在死亡前展示华丽舞步，歌唱出至美与悲剧。在 1996-2006 年，没有一个人比费城 3 号阿伦·艾弗森更适合担任这一角色了。

而如今呢，这一切都没有了。他 2001 年的壮丽总决赛，他的缺席训练，他的被逮捕事件，他 2000-2001 季的常规赛 MVP，他在乔丹面前的华丽 Crossover，他的蝴蝶与秃鹫，他与拉里·布朗的拥抱和争吵，他支起耳朵聆听到的费城呼喊，这一切全部被封存在了记忆中。费城 3 号走出了更衣室，门在他身后关上了。

艾弗森的离去，代表着一段费城传奇的终结，那件 3 号球衣也留给费城人永恒的记忆。

ALLEN IVERSON

CHAPTER 6

妥协

“我把每一场球赛都当作我的最后一场。”

“生活就是生活，你会遇到很多事情。曾经我总是紧皱着眉头想改变一切，不过现在我更愿意微笑。或许多一点调侃，你会清楚生活的味道。”

01 初为丹佛客

2006 年，艾弗森去到西北区的丹佛掘金，他 2005 年拿到全明星赛 MVP 的所在。这支队伍才华横溢，以至于每个人的优缺点都那么分明。内线方面：艾弗森大学时的死敌，1996 年榜眼马尔库斯 · 坎比：NBA 最好的篮板手和盖帽手之一，论协防也许是联盟首席，但一对一防守则相当频繁；2000 年状元肯扬 · 马丁：跟随杰森 · 基德两闯总决赛的悍将，全面的防守者，扣篮怪兽，但已被伤病磨掉了大部分能力。内内，技巧娴熟的巴西大个子。

外线则有一个与艾弗森少年时略有类似的天才：J.R. 史密斯。一个可以在第一天 24 分钟内三分球 8 投 7 中罚球却 6 罚 2 中得到 29 分、两天后 8 投 3 中的神经质小怪物，一个高

艾弗森来到了掘金队，一支不缺少天才球员的球队。他和超级球员安东尼一起，组成了极具攻击力的“黄金双枪”组合。

兴起来可以单场进八九个三分球、追加两个壮丽扣篮，不顺起来一个球都投不进的天才，一个高中毕业就进 NBA 的孩子，一个时不时超速被吊销执照、在夜店朝女孩子吐口水、全身刺青疑似叛逆青年，却真心孝母的孩子。

以及掘金真正的王牌：

1984 年出生的卡梅罗·安东尼，在雪城读了一年大学就以一人之力拿到所有冠军头衔的超级得分手，2005-2006 季场均得分 28.9 仅次于科比、艾弗森和勒布朗·詹姆斯。拥有全套进攻技巧，在垫步过人、反方向垫步过人、西克玛转、三威胁第一步这些技巧环节，都可以作为教科书，还不用提他那惊人的屁股和大前锋般的禁区位置感。他可以像得分后卫一样无球跑动接球跳投，可以用标准的背身步伐取分，无论移动或静止时手感都精美柔和。一个卓越的得分型小前锋。

掘金送走的安德烈·米勒，是个纯粹的地面指挥官。不会远射；二年级时就拿到联盟助攻王（已被许多人忘却）；在犹他大学读完四年的学院派；从不缺阵的铁人。除了街球场上那些油滑的持球技巧和随心所欲的球感外，他和大多数大四的学院派后卫一样：不算快；很敦实；突破时依仗节奏和掩护，因为速度几无优势；看到机会便第一时间将球送到。他的某些东西是组织后卫们世代相传、电视镜头无法展现的，那是伟大控卫必须隐藏的一管血脉：视野，迅速判断，对传球力量、方位和时间的精确把握，各个角度观察队友位置的能力，对 24 秒进攻时间的把握，根据不同情况选择战术的需要。

艾弗森很清楚自己该干什么。他的新教练乔治·卡尔了解他。无巧不巧，又是冤家相逢——2001 年，艾弗森在东部决赛摧毁了卡尔的雄鹿，才挺进了总决赛。

艾弗森先赞美了掘金的球衣色彩动人——“蓝黄相间，联盟最好看的球衣”——然后宣称他想夺冠，“我可不想没赢下一个总冠军就退役。”在他为丹佛出战的第一场，他出手 15 次，9 次得手，得到 22 分送出 10 次助攻，仅 2 次失误。他打得谨慎，但球队却败北。于是四天后，他 28 分 13 个助攻，让球队赢下凯尔特人。又两天后，他 29 投 17 中砍下 44 分 10 次助攻，击败了超音速。

他并不能完全取代安德烈·米勒的分配球和快攻组织，就像他无法胜任斯诺或麦基的工作一样。但是，他的突破分球依然有效，他的攻击力在丹佛的快节奏下得到了释放。他到来时安东尼正处于禁赛期，后者由衷地赞美：

“对我来说，艾弗森简直就像个圣诞礼物！”

那么，这个球队是谁的呢？

“应该还是我的球队。”安东尼说，“看，艾弗森打第十一个赛季了。他已经厌倦了独扛一切。他想要个冠军。我的意思是，我知道他的感受。”

艾弗森则说：

“我不想每晚得 40 分。我做过这种事，不知道多少次了。安东尼 22 岁。他需要多得点分。只要我们能赢球，谁投篮都无所谓。”

艾弗森来到掘金的第一季季后赛遇到马刺，缺兵少将的掘金队被如日中天的“GDP”组合所率领的马刺队淘汰。两个月后，马刺夺冠。

“乔治・卡尔教练让我做什么，我就做什么。我只是这支军队里的一个将军。”

2007 年 1 月，艾弗森场均得到 26.5 分 7.4 次助攻，在安东尼禁赛期间独自支撑球队。安东尼复出的两战，艾弗森合计只出手 35 次，得到 44 分，倒送出 17 次助攻。双剑合璧，助球队取下两连胜。

他们还是经历了长久的磨合：2 月份，艾弗森受伤只出战 6 场。全明星赛后，艾弗森深自收敛。他一直试图扮演好组织后卫这一角色，对自己的投篮，比起以往出手如风的习惯，几乎抠搜到了谨小慎微的地步。

艾弗森先是减少出手增加传球，更多为安东尼制造机会。随着 2007 年春暖花开，他连传球也少了。他开始更多让队友分享球，和队友一起击掌，微笑。这种无私表现，终于令丹佛得到了他们梦寐以求的化学反应：

2007 年 4 月，35 胜 36 负在季后赛边缘徘徊的丹佛，轰出了 10 胜 1 负的惊人战绩。一整个月，艾弗森只有一场得分超过 30。他在忙于组织、思考，串联球队。整个 4 月，他场均 22.8 分 6.8 次助攻，命中率高到了职业生涯罕见的 46%。全明星赛前，他场均 28.7 分，而全明星赛后，他的数据是 23.5 分 6.8 次助攻。

2007 年 4 月，艾弗森在丹佛媒体的提问之前心平气和。想代替安东尼吗？不，我甚至不想做他的老师。我只想做他的朋友和队友。我经历过许多事，我希望可以为球队提供经验。费城？我为他们付出了一切，甚至在骨伤肩坏时拼命打球。

说一下在丹佛的生活？

每天在家陪孩子看电视。和几个哥们一起去活动。妻子会负责在丹佛买房子的事。越来越喜欢准时训练了……

他像一个老渔夫谈论洋流与气候一样，谈论他在丹佛的生活。似乎因为是初来乍到，他有一份客人的温柔和矜持。这里不是费城，不是他恣肆汪洋的舞台。虽然全世界都知道他年过而立，但在丹佛，你才能真正体会到，他真的有 32 岁了。

虽然他那些年少热血的事迹依然历历在目，但他终于是个老将了。

2007 年季后赛，艾弗森首场 22 投 11 中取下 31 分，率丹佛先下一城。此后，掘金被连破四阵，扫地出门。但是，结果并不那么令人绝望——球队因伤病缺兵少将，而且败北的对手乃是当年总冠军圣安东尼奥马刺。

2006-2007 季结束了。在到达掘金的 50 场比赛中，艾弗森场均 24.8 分和 18.9 次投篮都是进入 21 世纪之后的最低，45% 的投篮命中率则是 21 世纪以来最高。他洗尽铅华，把自己从最锐利、最凄绝的武器名单中摘除。这算是一种圆润的成熟，是拉里・布朗一直在等候他实现的境界。

“我想继续为掘金作战。看着这些年轻人成长将会是很有趣的。”

02 “终老”

2007年秋，安东尼踌躇满志地在更衣室踱步。看着几乎伤停整季的马丁和内内都复出了，他的脸上流露出招牌的娃娃脸甜笑。“我们的第五年，我还从来没看到所有人都这么健康。我不知道为什么。我每天醒来都觉得很快乐。”

“我们会一起制造惊喜的。”阿伦·艾弗森补充说。

多年以来，他第一次在一支队伍担任客将，如此谦虚低调。全联盟都在看出，他的速度正在较巅峰期下降。他依然可以随意突破，但以往只需要一步速度切过的距离，如今需要多做几个华丽的运球假动作来摆脱。

他真的有一点老了。

连他的对白都是如此。

2007年12月12日，阿伦·艾弗森说：他打算跳出最后一年合同，以便签份更丰厚的六年长约，“我打算打到39岁。我非常希望留在这里。我希望在丹佛结束职业生涯。”

他开始考虑养老的问题了。

2007年12月，翻开NBA.com的数据单，遮住名字，去寻找阿伦·艾弗森：就像你在喧嚷的酒吧里找一个已经不复愤怒的吉他手那样难。那曾经最触目的部分——无所顾忌的投篮数和骇人的高得分——已经让位给联盟其他的得分狂人们。

看一眼他的比赛吧……你真的相信那是阿伦·艾弗森吗？整晚有时只出手11次，在24秒限时中经常控球不到10秒，连续几个回合将球让给队友处理，而自己站在弱侧；偶尔接过一个传球，晃动，用手轻点球让它远离对手抢断的手，从底线闪过找准打板点，一个低手抛板。他会为一个比自己小9岁的年轻人传球，而且和一群比自己小10岁的孩子犬牙交错地争抢，断球时越来越像个深思熟虑的老赌棍。

你该欣慰地说“阿伦·艾弗森终于成熟了”吗？2007年12月5日对阵湖人，前三节，费城曾经的3号在百事中心还魂，在湖人后卫间穿梭如玩提线木偶，劈落49分。但最后一节，如梦初醒一般，他似乎忆起“我已经不在费城了”，于是，他最后一节只来得及出手4次，得了2分。

让人感伤的事实：当初，拉里·布朗在内，全世界在外，竭尽全力要把这个小个子的锋芒磨平，失败了。而在2007年，他却谨小慎微地在组织后卫位置上，自己把锋芒藏了起来。

组织后卫是一种奇妙而精纯的位置。与橄榄球的四分卫一样，它敏感而细致。如果你是个大个子，当你老去，你还可以靠身高、体重做个好的肉盾或掩护工具。而组织后卫则不同：或者如斯托克顿般可以将半场攻击如棋局般控制自如，或者如“魔术师”般对任何空档一望即知，或者如纳什般彻夜飞奔、对队友走位烂熟于胸，或者如基德般随时斟酌如何取舍某套既定战术——这一切都需要片刻不停地思考和判断，你必须时刻决定球的走向，乃至全局的节奏。艾弗森并不是一个天才指挥家，而他有自知之明。

于是他时常犹豫，在转型的路上摇摆不定。

张伯伦、沃顿、“天勾”、“鲨鱼”这些巨人们，在晚年失却了抗山之勇，却还有其他的选择：做做策应、抓抓篮板、掩护、防守、舒服地接传球完成进攻。但对艾弗森这样自少年时便必须比别人跑得更多、想得更快的人来说，转型却是艰涩而痛苦的。2006-2007 季，艾弗森和安东尼，可以说分别做出了牺牲：

艾弗森的出手次数职业生涯以来最低、命中率生涯最高，而且更高效地分配球。而为了给艾弗森腾出内线切入空间，原本擅长臀部要位、面筐虚步试探后突入篮下或者接球中投的“甜瓜”，开始更多地游弋到接近三分线的两翼，为艾弗森做了更多的掩护：可是，由于远离了篮筐，甜瓜的命中率多少不复从前稳定；而作为一个更擅长接球完成进攻的选手——他的受助攻率高达 60% 以上——甜瓜对传球的角度、速度都要求颇高。艾弗森并不具有已转会 76 人的前助攻王安德烈·米勒那样全面丰富的传球技巧。

当艾弗森与“甜瓜”竭力牺牲、为彼此营造发挥空间时，却发觉彼此甚难完美接榫。而丹佛掘金的其他人，无论是只擅远射的 J.R. 史密斯、内线战将内内与马丁，还是立陶宛人克雷扎、经常得0分的迪亚瓦拉等，都没有控制节奏、调度分配能力：这让艾弗森必须担负起组织者的任务，然后在自己和“甜瓜”的进攻比重之间斟酌平衡、调整角色。这样需要分配、考量、把握节奏的工作，也许传统控卫如斯托克顿、基德会驾轻就熟，但对艾弗森来说，另有一种繁琐冗杂、

因为艾弗森的到来，掘金队改变了风格，开始上演华丽的急速狂奔。而艾弗森无论到哪里，永远不缺少球迷的喜爱。

消磨斗志的沉重。全明星前，他小心谨慎，带领掘金打出了 32 胜 20 负。但是，从来不曾酣畅。

为了平衡这两个天才，乔治·卡尔在全明星赛期间给出了策略：和2004–2005季的吉姆·奥布莱恩一样，他要求掘金提速狂奔。艾弗森和安东尼在快攻中施展一对一切碎对手，J.R. 史密斯们宜将剩勇追穷寇地追击扫射。下半赛季，掘金场均轰下 112 分。艾弗森的速度成为了发动机。他乐于成为一个快速推进的领跑者。

2008 年，全世界看丹佛掘金犹如惊叹一匹野马的奔驰。他们快下，疯狂地投三分，把比赛变成简化的一对一、一对二，甚至一对三。有时还会变成一人对全队——比如，艾弗森会穿越对方全队投中。2008 年 3 月 16 日，这种狂野到达了极限：掘金以 168 比 116 大破西雅图超音速。匪夷所思的 168 分是 1990 年以来 NBA 单场最高。

卡尔为之兴奋：“无论我们的对手是马刺还是活塞或是其他人，只要我们手烫着，就无可阻挡。”开拓者主教练麦克米兰的看法是：“这种套路未免自由得有点过了分。”

但是，有人对这种极速狂飙表示了隐忧——讽刺的是，指摘这种快速的，正是联盟第一快的阿伦 · 艾弗森。

“我们的防守稍微有点散乱。我发现掘金经常不轮转，而且双人包夹也不太成功。”他说。

曾经拉里 · 布朗也是个野性十足的狂奔青年，时间把他磨炼成了一个老辣保守的主帅。同样，时间也把艾弗森磨老了。赛季最后 5 场，他 21 分 9 助攻助球队打败快船，打满全场拼下 33 分 9 助攻击败勇士，对火箭 20 投 13 中高效率的 33 分 7 助攻 4 抢断，收尾战 19 分钟内 21 分击败灰熊。掘金末尾五战四胜，取下 50 胜 32 负的战绩。最让人记忆深刻的，是他最后五战合计只有 16 次失误，有两场更是 0 失误。

2007–2008 赛季结束，他场均 19 次出手，职业生涯第二低，45.8% 命中率职业生涯第二高。26.4 分极尽低调，场均更只有职业生涯最低的 3 次失误。他的锋芒随着他的老辣一起收敛。他始终保持着一种独在异乡为异客的姿态，与 1996 届的天才们一起老去。

2008 年季后赛，掘金遭遇湖人，于是又一次，艾弗森遇到了科比。上一次他们在季后赛相逢，还是 2001 年总决赛的事。只是，那时科比血气方刚，艾弗森正在世界之巅；而此刻，科比在朝自己的人生高峰攀爬，艾弗森却在考虑终老于丹佛。

对掘金系列赛第一场，卡尔使用肯扬 · 马丁去防科比。这位主打大前锋的 2000 年状元，在大学时便拥有可以防 3、4 号位的步伐和防守基本功，身高臂长也可以尽量干扰对手的投篮。全新的防守布置打乱了科比的投篮节奏。前 12 投，他仅有 2 中。

似乎掘金成功了？

但安东尼 · 卡特做了件很傻的事：在企图阻止科比扣篮时，他把科比推进了底线的摄影师群里。科比开始叨咕垃圾话。和场外那个谦逊温雅的 MVP 不同，2008 年季后赛，场上的科比几乎是个魔鬼。他罚中了三球，然后，接下来 4 投 3 中。第三节过半，他在空中遭肯扬 · 马丁犯规，却依然投中。他始终没有停止对马丁的羞辱：他摇着头，说：

“NO。”

第四节，当他的三分远射、他的切入、他的后仰跳投奏效时，他对 J.R. 史密斯摇头了。“NO。”

他的后 14 投中了 7 次，全场 32 分。

艾弗森在这一夜 24 投 11 中，得到 30 分。然而，名过于实的年度防守球员马库斯·坎比，却放任湖人的保罗·加索尔，得到职业生涯季后赛最高的 36 分，外加 16 个篮板 8 次助攻。艾弗森一直抗争到比赛结束前 2 分钟，吃到自己第二个技术犯规被罚下场。他不再是联盟最宠爱的人，世态炎凉，体现在裁判的哨子中。

系列赛第二场，艾弗森依然有 21 投 10 中 31 分的优异表现。可是，湖人依然轻取掘金：科比全场得到 49 分。这一晚他没有说“NO”。他晃过突破 J.R. 史密斯，遭后者拉人犯规后，他盯了对方一眼，然后不断点头，说：“YES。”

说了十次之多。

这是科比的 MVP 姿态：他在场上像黑曼巴蛇一样凶残准确。他不会宽容或软弱，会一直朝对手打击，至死方休。他总是给自己找点对手，有时甚至是故意激怒自己。他需要进入到那种“一个人对抗世界”的状态。

而这样的强势与霸道，本来是艾弗森的风格。

系列赛第三场，艾弗森 16 投 5 中，15 分，掘金再败。第四场，他 22 投 10 中。丹佛人像七年前的费城人一样绝地反击，直到最后 5 分半钟，然后，就在这段时间里，科比送予追击者绝望的 14 分：全场 31 分，湖人的 24 号让掘金成为历史上第一支首轮被横扫的 50 胜球队。

“我们被一支优秀的球队击败了。”艾弗森如是说。

艾弗森和掘金被淘汰出 2008 年季后赛，科比率湖人直奔总决赛。他们从 1996 年开始的故事，到 2001 年 6 月 6 日划一段落，是为五年；到这个夏天为止，是七年。他们长期在东西两岸逆流而行，也许没有人真正把他们当作对手……只有在观看 1996 年夏天入行的名单时，你才会恍然发觉，他们之间有一种奇妙的对称与对比。

重新回到 1997 年 2 月，科比有过另外一个 31 分。那时他还是个渴望扣篮王、主力阵容的孩子，和多年后一样，对任何荣誉向往无比。自那以来的十二年，他一直慢艾弗森一步。1999 年的得分王，2001 年的常规赛 MVP。只是，在 2008 年的这一晚，科比占到了一次先。艾弗森被留在梦想的门外，而科比捧起自己的第一个常规赛 MVP，正在逼近属于自己的，完全的，第一个冠军。这与 2001 年相似乃尔：只是，独自带队冲向西部之巅，从阿伦·艾弗森，换成了科比·布莱恩特。

阿伦·艾弗森，在被淘汰的这夜，看见了另一个自己。科比纵横疆场无敌手的霸道，与他当年肖似。但是命运在这个夜晚此消彼长了。他来到丹佛，消减了桀骜之气，开始细水长流地推想职业生涯的尾声。他已经倦于与世界为敌。他的锋芒藏起时，他的色彩也开始由鲜明变恬淡。2008 年夏天，他 33 岁了。世界一直在期待他成熟，变成一个真正的男人。

但是，谁都未曾料想到，竟是以这样的方式。

DENVER
3

TOYOTA

费城的两个儿子

一个是费城之子却去了洛杉矶，一个是弗吉尼亚人却成为了费城的上帝。一个在史上最伟大豪门磨砺终于功成名就，一个在盛产孤星的自由之城孤单奔驰。他们在 1997 年新秀全明星赛对决，2001 年总决赛再度会面。2008 年，湖人与掘金对战西部季后赛第一轮时，他们再度相遇。每一次相遇，都是他们各自的命运转折点。

BOOGIE
adidas

ALLEN IVERSON

C H A P T E R 7

底特律

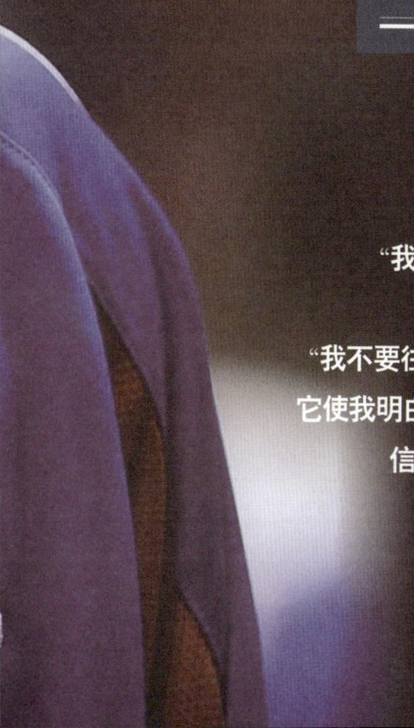

“我想在自己的墓碑上，刻上两个字——误解。”

“我不要往回看！我的过去教了我很多很多，我并不引以为耻，它使我明白身边的东西是一眨眼就会失去的。它告诉我永远相信自己而不去管别人怎么看是多么的重要。”

01 交易

“我打算打到 39 岁。我非常希望留在这里。我希望在丹佛结束职业生涯。”

这是2007年底，艾弗森的愿望，话语中浸透着倦鸟知还的安静。得分王、抢断王？无所谓了。冠军？如果可以，那就最好。费城岁月的尾声，对他不免有些伤筋动骨。他不想再奔波了。

他一向的愿望，只是好好打球，把一切都处理得简简单单而已。

可是，2008 年 11 月，为丹佛打了 2008-2009 季的三场比赛后，艾弗森被交易了：丹佛掘金把他送到了底特律活塞，得到了比卢普斯、麦克戴斯（立刻裁掉）和无名球员桑布。生意就是生意，商人不懂得人情。

对双方来说，这都是赌博。

1997 年入行的比卢普斯和 1996 年入行的艾弗森都已是职业生涯的暮年。前者在活塞的优异发挥，一般被认为与活塞的体系有关；艾弗森则因为与拉里·布朗的纠葛，而被联盟一半以上的球队望而却步。

在球风上，他们几乎是两个极端。艾弗森绚丽多彩，昌西·比卢普斯苍劲古拙。

用放大镜在联盟版图上搜索，你也很难再找出这样奇妙的对比：同一个位置，居然可以有风格悬殊至此的两个人。上帝依照对偶法制造了他们两个人：在这个位置上，比卢普斯是高大、硬朗、沉稳、冷静观察局势，分配球，谨慎地把握机会，弱侧游弋协防，站位不留破绽，绝少赌博，一击必中，精确，远距离投篮像用标尺反复计量；艾弗森是矮小、华丽、迅速、灵感不断、戏耍篮球如绕指柔，大胆出击抢断，才气纵横，用舞步与裙摆迷惑对手，无中生有地创造机会，切入内线之后飞扬灵动地寻找机会。持重与天才，指挥家与第一小提琴手。

但是，掘金自有其算盘：

他们一直在怀念因为交易艾弗森而失去的安德烈·米勒。在内内、马丁和 J.R. 史密斯健康的前提下，掘金有足够的天才。他们不需要艾弗森轻盈灵巧的月光流转切入，或是钢琴家拨弄手指般的一对一。他们只要一个负责梳理、分配、指挥的人物。比卢普斯更稳定，更像一个稳健的司机。

对艾弗森来说，33 岁，他却要去到底特律，试图熟悉一个新的环境。他可不像比卢普斯：后者是科罗拉多人，回到丹佛属于落叶归根。离开费城削夺了艾弗森的一重傲气，去到底特律则再次削夺了他的自信。命运就是这么无常：拉里·布朗统率过又放弃了的队伍，艾弗森总是要再去尝试一遍。

当然，他还是可以为底特律提供许多东西：底特律缺少天才单打手，缺少切入。这都是他可以为活塞提供的。如果调制得当，那么，活塞可以重现 2001 年费城的气质，而艾弗森对这种环境并不陌生。

但是，底特律已经不是 2005 年拉里 · 布朗手下，击败艾弗森的那支铁胆雄师了。

02 活塞的景况

2008 年夏天，底特律活塞连续第六年征战东部决赛。这是拉里 · 布朗为世界贡献的第二部机器——前一部是 90 年代七年内五战东部决赛的印第安纳步行者。截止到此，他们的战绩是 2004 年总冠军、2005 年东部冠军、2006、2007、2008 连续三年东部亚军。

但在 2005 年击败 76 人、征服东部、与马刺大战七场血花飞溅的决赛后，活塞的巅峰岁月却开始逐渐下坡流逝。2005 年败给马刺，2006 年败给韦德的迈阿密热队，2007 年败给勒布朗 · 詹姆斯的骑士，2008 年败给复兴的凯尔特人。活塞每年准时赶到东部决赛，把过程演绎得紧张刺激、血肉横飞。他们总是会打出一些让人不禁脱帽致敬的球，大厦将倾，诸方神佛不佑，壮士带伤，对方大军雪崩般压境，可还是会卓然而立，不带感情色彩地灰着脸，把一场反派的戏演到底。底特律每年总在东部决赛伺候着你，让去到总决赛的队脱一层皮。他们是刑吏、狱卒和传达室老大爷，无论你是带介绍信开车明闯还是带着姑娘翻墙，总不那么轻松。但最后，他们还是会很像个反派一样掩面而走。

虽然拉里 · 布朗当初把他们培养成了职业体育界最接近机器的一群人，但他们毕竟是人。

机器零件会在长时间使用中磨损，而底特律的风格是那样磨损人的意志。活塞总经理乔 · 杜马斯在 2006 年骄傲地宣称“我们的高效已成习惯”。但一年之后，活塞却因为内部争吵而失掉了东部决赛。和 2001 年之后的费城一样：

一架机器，也总有老去的一天。

2008 年夏天之前，乔 · 杜马斯做了一个经理可以做的所有事。有些事情是他无法改变的：冠军前锋普林斯需要续约，五大首发都在老去，大本需要大合同。2006 年，因为大前锋拉希德 · 华莱士的高薪和普林斯的新合同，活塞无法匹敌公牛开出的价码，只得放弃大本。失去本 · 华莱士之后，活塞的火气消失了。

神奇的是，2007–2008 季，当世界目送他们老去时，他们依然有卓越的发挥。这是杜马斯调度之功：在老引擎们继续轰鸣咆哮时，他找来了一些新的零件。新人后卫阿弗拉罗、斯塔基，以及此前已经作为零件开始工作的前锋马克希尔和阿米尔 · 约翰逊。底特律没有找到让老引擎功率加快返老还童的润滑油，只是找到了另一套新引擎。

这是杜马斯给活塞的新方案：

1999 年步行者名将老去后，伯德任用杰伦 · 罗斯为首席攻击手；1998 年尤因皱纹横生时，纽约引进外围双枪斯普雷维尔与阿兰 · 休斯顿。同理，底特律面对着一个钢铁王朝不得不面对的事实。萧规曹随了许多年后，他们必须做新老交替换一种生存方式。世界将沉，诺亚方舟必须及早打造。于是，底特律在 2008 年夏天全盘换新：毫无经验的主教练迈克尔·库里上任了。

2008 年 11 月，阿米尔·约翰逊成为活塞首发。即便如此，这也只是一个阵容的微调。只要普林斯、汉密尔顿、比卢普斯、拉希德这四大首发还在，活塞就会永葆青春。他们俨然是自白垩纪生活到现在的化石级存在，他们还要一直存在到宇宙毁灭那天。

直到昌西·比卢普斯的离去。

球队最高荣誉头衔拥有者、队史第三位总决赛 MVP、五年以来球队甚至全联盟最稳定的远射手、最好的罚球手，最好的对球防守者，就这样被交易了。换来了阿伦·艾弗森。

活塞的乔·杜马斯经理的思考路数可以归纳如下：

——2007-2008 季末尾，斯塔基和阿弗拉罗已经开始接管球队的后场；斯塔基在 2008 年季后赛的卓越表现，获得了全底特律的爱。球队势必要以斯塔基为核心重建。因此，挪走比卢普斯，是给斯塔基让路。

——普林斯、汉密尔顿、比卢普斯、拉希德·华莱士，这万年不变的四人组在一起已打得太久，他们的所有套路全世界已烂熟于胸。如果继续过渡，活塞只能尽量挽留他们的下滑趋势，而无法变得更强。球队已经在为伟大四人组找后备，交易比卢普斯只是把一切提前。

——比卢普斯的合同 2012 年到期，艾弗森的合同 2009 年到期。为期一年的赌博，值得一行。

这就是 2008 年 11 月，阿伦·艾弗森来到底特律时的景况。活塞已经结束了他们漫长的流水线机械战斗生涯。他们无意向冠军冲击，只是想尽可能培养新人，新老交替。一个菜鸟主教练，一支新老混杂、夕阳西下的铁军。

阿伦·艾弗森不小心撞进了这座死火山。

而且，他披上了比卢普斯留下的 1 号球衣。当全世界的天才后卫——克里斯·保罗、德文·韦德——身披 3 号球衣所向披靡时，这个 NBA 的 3 号之王却穿了一件面目全非的衣裳。

来到了一个面目全非的地方。

03 牺牲

乔·杜马斯给艾弗森的开门欢迎词是：

“我们已经制造了一种文化，人人都要拼命防守，分享篮球。这是我们的立身之本！”

2008 年 11 月 7 日，艾弗森身披底特律 1 号所打的第一场比赛：活塞一度领先 14 分，但对面网队的组织后卫德文·哈里斯却一骑绝尘。接球，晃动，绕开第一个人，然后大步直

在活塞，艾弗森将号码换为 1 号。似乎他的光荣也随 3 号球衣一起随风而逝。

线飞进。在他加足马力时，他的步频比场上任何人都快，他可以在合围形成之前穿过人群，然后完成上篮。全场比赛，他像年轻时的艾弗森一样轰下了 38 分，逆转取胜。艾弗森在赛后初次面对底特律媒体，低调到近乎羞涩地说：

“好多次我都撞到了自己人。我还没习惯这种防守轮换。我要多训练，然后尽量制造化学反应。”

迈克尔 · 库里，连主教练架子都没学会端的菜鸟教头，张嘴就说：“我希望艾弗森保持他职业生涯以来的风格。我觉得艾弗森周围云集了足够多的天才，他应该可以获得更多的胜利了！”

可惜，他说的话毫无分量。

在艾弗森去到活塞的前几场比赛，习惯了比卢普斯传球的超级中投手理查德 · 汉密尔顿，投出职业生涯最糟的命中率。后来球队就发生了一些变化：阿米尔 · 约翰逊撤出首发，斯塔基入替；艾弗森的数据变到令人陌生的低；活塞在 50% 胜率处旋转，赢下湖人和骑士，输给其他一些弱队。然后，等麦克戴斯归来，活塞三连胜。至于阿伦 · 艾弗森？他在掘金时期的偏低得分和极少出手，已经让人对他的数据不再惊讶。

所以，没人会去注意到他的牺牲、妥协和改变。

在三连胜期间，活塞用了一种教条但有效的思路：转换快攻的时刻，球交给艾弗森，由他在乱战中施展冠绝天下的速度，一对一解决对手。半场进攻，斯塔基是实际的指挥者，负责决定进攻走向，以及为汉密尔顿送出最后一传。艾弗森则不断跑动、绕掩护，接球跳投。

对山猫之战，三分球 5 投 4 中，除了第二节，在底线用虚步和媚眼飘开新秀奥古斯丁后远射，余者全是接球跳投。他做了许多汉密尔顿般的动作。

——这也是当初拉里 · 布朗与他大吵三六九、小吵天天有，逼迫他接受的进攻方式。

自从离开费城之后，他一直在变。在丹佛，他已经放低了姿态，职业生涯最低的投篮次数，更多参与组织；在底特律，他索性连组织都不干了，几乎回到了 2000-2001 季的费城状态：跑动，接球，进攻。在乱战场合发挥一对一，在半场战则融入球队做等球射手。斯塔基两场合计送出 20 次助攻，而他则在对山猫与奇才的连续两战，74 分钟内得到 48 分。

这肯定还不是最理想配置，但至少是短期内活塞使用艾弗森的，最简洁的方法。至于一个 33 岁的前常规赛 MVP、四届得分王，把球权交给一个二年级生，任他来指挥自己——谁又能理解其中的牺牲？

有许多牺牲，比如持枪者把自己化身为枪，把扳机交给别人操纵，并不是那么容易被发觉的。而且，按照大多数规律，失败者的牺牲是没资格被记录下的。这种转变的价值，也许就是在熟悉他的人望见他时，所产生的陌生感和震惊。

但是，他的牺牲，并不能换来球队的前进。

04 活塞崩溃

艾弗森的出现，使活塞拥有了更多的机动和可能性，但他无法立刻补回球队多年培养起的默契。首当其冲受到影响的，是神射手汉密尔顿：他马不停蹄手不释枪的神射，需要比卢普斯在他拉枪栓的瞬间及时补上弹药。这显然大非艾弗森之长。而拉希德·华莱士，连睡梦之中都可以为比卢普斯做一个掩护后外切三分线，接球起手远射，如今同样不复得见；而他在内线倚靠到位置后张手要球，也时常不能如意。活塞赖以制胜的两样自动武器火药受潮，只得依靠斯塔基、艾弗森、普林斯们的个人天分随机应变。于是，96 比 89 击败骑士之后，他们可以立刻 18 分败北凯尔特人，再输给森林狼队 26 分。这辆汽车忽快忽慢、颠簸不定，而且你不知道哪个零件随时又会出问题。

迈克尔·库里被迫继续做他呆滞的改革。

2008 年 12 月，活塞进退维谷：已是半老徐娘，犹且穿红戴绿，显然不成样子。艾弗森和比卢普斯的风格区别，犹如蜜糖与老姜。做一味菜食材不变，单把老姜换成蜜糖，显然不是办法。12 月 9 日，库里摆出活塞五年来仅见的怪阵：汉密尔顿、艾弗森、斯塔基首发，普林斯、拉希德担任锋线。

诡异的三后卫阵容在 12 月中下旬拿下 5 胜 2 负，库里一度摸出了套路：斯塔基充当组织者，艾弗森专司转换快攻与阵地战得分，第四节派上经典活塞压阵。但内线防守不力的缺陷、三后卫齐任首发后替补的孱弱，又在圣诞节前后阴影滋生，爬上了活塞的温床。库里此时势如骑虎：火烧眉毛，且顾眼下。12 月 27 日，艾弗森、斯塔基首发后场，汉密尔顿降为替补。

至此，活塞经典阵容基本消灭。

2008 年圣诞节前一天，直至 1 月 4 月，活塞打出赛季最长的七连胜，一度把问题遮盖了。但败北于开拓者和犹他之后，球队再次变回三后卫阵形：这一次，库里终于坚持得久了一点。三后卫阵形打足五连败，他才再次变回艾弗森 + 斯塔基后场。

伤病是不稳定的因素之一：以往的活塞犹如铜浇铁铸，或是内部有员工维修，伤病阴影吹拂联盟列强，却从来伤不了四大首发分毫。但在 12 月，汉密尔顿、艾弗森腹股沟拉伤，麦克戴斯、普林斯左腿受伤。但底特律媒体公开批示：三后卫小个阵容是活塞队伤病之源。“身高不及，你必须跑得更多、冲撞更多。”而库里也无可奈何：资历浅淡如他，只好闻过则改。于是朝秦暮楚，零件更换频仍。球队倾颓在所难免。

而矛盾的爆发，则在 1 月初。

三后卫阵形在 12 月下旬已遭完全否决，但斯塔基、艾弗森和汉密尔顿谁做第六人？这个问题实在太难解决。艾弗森表示“我不希望干扰球队，但我从小到大没打过第六人”，汉密尔顿则是“我愿意接受任何安排，只要球队能赢球——但任何一名球员都不愿打替补。”最后，汉密尔顿做出牺牲坐上板凳，但球队内部却因此而枝节横生：对艾弗森的不满、对库里的抱怨，由此而来。库里小心谨慎地表示过，“他们俩都没打过替补，我们现在只能一天天观察，最终做出对球队有益的决定。”

斯塔基的飞速成长、汉密尔顿的稳定状态和艾弗森的个人才华，本来足以成为球队的幸福烦恼。但对库里来说，却势如油煎：他是菜鸟教练，毫无资历。他所做的决定不像拉里・布朗一样，让人不敢噤声。而在 1 月下旬，球队已逐渐崩坏成三个团体：

拉希德、汉密尔顿等老团体；斯塔基、阿弗拉罗、马克希尔等新人；艾弗森自己。

如果是过去五年的任何一年，取舍都极为容易：信奉老将，打压新人，活塞可以继续他们的自动化四人组，继续拿下 50 胜。但比卢普斯的离去，削弱了老将团体之外，还减轻了汉密尔顿的作用；杜马斯又正在宠信斯塔基的时候，坚信这是球队不可放弃的未来。于是，1 月初，《底特律自由报》做了球迷调查：谁该担任活塞第六人？36% 的球迷选择了艾弗森——斯塔基是底特律的新宠，汉密尔顿是积年老将，只有你是新来的。

全明星前最后一战，活塞主场败北鹰队，近七个主场葬送了六场。此前一天，他们在芝加哥被年轻人们第四节逆转了 19 分。艾弗森依然自称信心高涨，但普林斯却强调，“我们一直没在正轨，我们只剩半支球队”，以及最重要的：

“我们却不能持之以恒地拼 48 分钟了。”

2009 年夏天，艾弗森受伤，没能出席底特律活塞的季后赛。底特律人连续六次东部决赛的历史做古：他们被克里夫兰骑士扫荡，结束了悠长的时代。

到此为止，这就是底特律的悲剧，谁都有难处。底特律的汽车城犹如《疯狂的赛车》那纠结的思路：一切恰好撞上了。

对杜马斯：

经典四人组必然会老，他必须为球队储备未来，他必须给斯塔基所有的信赖。唯一的问题：他也许不应该把迈克尔・库里这可怜的傻瓜派上任，把他放在进退维谷的境地折磨。

对库里：

他只是恰好遇到了这种新老交替又插入外来者需要平衡安排的糟糕情况。他已经尽了全力拼命斡旋、转换和满足每个人，可惜，他的威望与能力，都驾驭不了球队。活塞这套老打法锤炼了五年，仓促间整合一套人人满意的阵容，不是一个一年级教练能做的。

当然，他的愚蠢也会留之于史册。2001 年以来，活塞仅有一次未能霸占中区首席，那是 2003-2004 季，他们的夺冠之年。除此之外，库里还有以下创举：他成功使一支过去六年都至少杀到东部决赛的队伍跌到接近 50% 胜率；2004—2008 年间，活塞阵容只变过一次；2008 年 12 月 9 日至 2009 年 1 月 4 日间仅一个月，库里就为活塞变换了三套阵容。最后，他成功做到了拉里・布朗、乔治・卡尔以及全联盟所有球队在十三年间都没做到的事——让阿伦・艾弗森场均得分低于 20 分、场均出手低于 15 次。

对艾弗森：

他只是恰好来到了这个本来就在新老交替中迟疑不定的团队。教练让他怎么打他就怎么打，但即便他有时不上场，活塞还在输球。他的到来把老家伙们经典的赢球方式带走了（不是他的错），而活塞还没有新的赢球模式和阵容，而球队在不断输球后动荡、矛盾，如此而已。他一直在竭力做好自己分内的事，牺牲到了几乎没有底线。

但是，他在错误的时间来到了一个错误的地点。于是，一如《绿野仙踪》里的那句话：

“兄弟，我有种感觉。我们再也回不去了。”

05 易服剃发

2005 年，大卫·斯特恩做了一项煮鹤焚琴的规定：NBA 全体球员，不再允许穿松散的嘻哈服或家常的衬衣。只要在镜头前出现，全都要一本正经地穿上商务装。

斯特恩是个商人。他比任何人都清楚：70 年代，ABA 可以在体制不完备、组织散乱的情况下，依然与 NBA 分庭抗礼，不是因为那彩色的花球。人们奔到体育场去，看到了朋克发型蓬松而起的“J 博士”，看到了街头篮球般无羁的大卫·汤普森。嬉皮士的衣着并不都是为了骇人耳目，一如二十年后“白巧克力”的传球也并不纯粹为了助攻队友。身体与灵魂在很多方面是一致的，这里面包括美感。美国的观众们能够花得起票钱坐到场边，他们大多数人都有很明晰的是非观和很准确的判断能力。他们很清楚地知道自己不是来听一场温文尔雅的康塔塔演奏会。

而现在呢，大卫·斯特恩希望让这四百多人穿上白领的衣服，让他们像一群提着皮包去电脑公司上班的男人。他像一个中学道德政治课的老师一样，在大多数中学生都知道这个世界腐朽而色情的时刻，还在宣扬禁欲主义和伪道德。这就像一个暴发户发财后故作姿态地戒掉二锅头咂摸红酒一个道理。

而他的政策，首当其冲的受害者就是阿伦·艾弗森的街头装扮，以及蒂姆·邓肯的休闲衬衣。

这是 NBA 对阿伦·艾弗森的缓慢阉割。就像大卫·法尔克一直要求艾弗森收起他的自由个性，去装扮成人见人爱的偶像，就像 1999 年《体育时空》杂志删除了他那些刺青。

而最悲哀的是，阿伦·艾弗森自己在缓慢又缓慢地被压垮。当世界最初妖魔化他时，他挺身而出与媒体斗争，一度用自己的成功击败了他们。而在他缓慢滑坡的阶段，媒体又开始落井下石。他的一切元素都成为了负面形象。他的刺青、垄沟头、发辫，甚至于他那些朋友。

2009 年 2 月，阿伦·艾弗森把头发剃平了。

本来剪削头发，为 NBA 球员日常生活的一部分。蒂姆·邓肯在 2006 年经历短发—毛熊头—

全明星赛 艾弗森剃掉了标志性的垄沟头，而他之后的个性，也随发型一起渐趋平和。

短发的变迁，斯蒂夫·纳什也曾剪去自己飘扬的长发；德鲁·古登八爪鱼般的长须和脑后一撮毛，是和朋友打赌。依此推论，阿伦·艾弗森这次理发并不特别——掘金的前队友卡梅罗·安东尼，还在 2008 年夏天推平了可爱的垄沟头呢。

但是……

自 1997 年顶着这离经叛道的垄沟头连续得到 40 分、和前辈们争吵、2001 年只手托天带领 76 人杀进总决赛、成为历史上最矮的得分王、拿下四届得分王：艾弗森将这一头型保持了十二年之久。他的头型，加上 2005 年“禁衣令”颁行之前的那身街头嘻哈打扮，是他的商标。一如“J 博士”的朋克巨发、库科奇的华丽分头：这代表着一种为人的态度。

他正经历职业生涯的最低谷：离开费城去到掘金，他大量减少了出手；来到活塞，他不断变更角色，而掘金因离开他而崛起，活塞因他到来而沉沦。2009 年 1 月，底特律 36% 的受访者认为他应该去当第六人。而令他百思不得其解的是，他是活塞唯一一个每场都拼到最后的选手，他已经做出了他可以做的所有改变——场均 18 分是他职业生涯最低。

虽然在热爱他的人心中，他永远是费城黑白分明、烈火奔腾的 3 号，但现实是，他已经经历了丹佛的海蓝和底特律的深蓝，成为了汽车城的 1 号。在这个轰鸣、凶猛、坚韧、保守的团队里，他显得格格不入。

普林斯已经暗示“球队现在只有一半”，交易期截止日将近，而活塞已经把大量筹码放到桌上以图交易。他处于风暴中心，而他一而再、再而三地宣称，他想要改变。

2009 年夏，他的大合同就要结束。

这是他职业生涯的转折之春。2006 年离开费城以来，他不断寻求改变。如今的他与费城时奔行如风、独自在世界丛林里穿梭的勇士已经截然两人，但在失却自己最锐利武器——孤绝、性情、速度、个人突击——之后，他却并没有离胜利近一点。2007 年 12 月他说想在丹佛终老，2008 年 12 月他说他服从活塞的所有安排。2009 年 2 月，他把自己标志性的发型剃掉了，仿佛为了证明，他已经不再是以前的他了。

就像少年时看到的声嘶力竭的吉他手，头发像火红的太阳。你本以为他会如夸父追日一样一直歌唱到死，却在多年后看他穿上了蓝若秋水的衣裳，剃去长发，在一个西餐厅弹钢琴。你能责怪他的改变，还是时光与命运?

IVERSON
3

ALLEN

IVERSON

CHAPTER 8

英雄末路

“我不想成为迈克尔·乔丹，

也不想成为‘魔术师’约翰逊，

我只是想在我职业生涯结束后，

面对着镜子，可以问心无愧地对自己说，

我还是那个阿伦·艾弗森。”

01 滑过孟菲斯

2009 年夏天。

埃里克·斯诺还在克里夫兰骑士领工资，但已不出场。

迪肯贝·穆托姆博结束了他伟大的十八年职业生涯，宣布退役。

“鲨鱼”去了克里夫兰骑士，这是他五年内第三支球队。

雷·阿伦在 2007 年去了凯尔特人，和 2002 年击败艾弗森的皮尔斯一起，拿到了他的第一枚戒指。

文斯·卡特从猛龙到了网队，再从网队转去了魔术。已经懒于炫示他冠绝天下的扣篮。

1996 届获得常规赛 MVP 最多的人——斯蒂夫·纳什——所统率的凤凰城太阳队夕阳西下。

费城 76 人连续第二年闯入季后赛，首轮被淘汰。

1996 届的安托万·沃克、斯蒂芬·马布里、阿布杜勒·拉希姆们，或是退役，或是合同被买断。

科比·布莱恩特取下了自己职业生涯第一座总决赛 MVP。

拉里·布朗在夏洛特山猫重起炉灶，开始组建一支自己的铁军。

昌西·比卢普斯带着丹佛掘金，达到了丹佛史上最伟大的战绩——西部决赛。

由于比卢普斯在丹佛掘金的成功，由于阿伦·艾弗森在底特律活塞的失败，再一次，阿伦·艾弗森成为了反派角色。媒体没法指责他自私了，于是转而讨论他如何不利于球队更衣室，如何不如比卢普斯有大将之风。他们很少注意到，2008-2009 季的掘金也不过比前一季多赢了 4 场——而且，2007-2008 季缺赛的巴西巨人内内，在 2008-2009 季归来。

这些都已无所谓了。阿伦·艾弗森的形象已经被四面八方的媒体坐实。媒体从来不喜欢他的姿态，在他巅峰时给予的勉强赞美，到 2009 年又变成了倾盆而下的追击。他的牺牲、改变和妥协无人理会。

而这就是世界的真相：

当世界不想赞美你时，无论你如何改变与牺牲，都无法获得他们的谅解。

2007 年 12 月，他说他想在丹佛终老。当被问起他何时会退役时，他说：

“当我不再是我，当我不再能击败对手让对手恐惧时，我就退役。”

他依然可以击败对手，但讽刺的是，2009 年夏天，他最后的一点骄傲使他无法接受像迈克尔·芬利们一样，在板凳上为一支强队做贡献。于是，世界不想再给他机会了。

2009 年，与活塞合同终了之后，艾弗森成为自由球员。全联盟你来我往交易选秀门庭若市，却都无视身为前常规赛 MVP、四届得分王的他。34 岁的年纪是一重因素，他最后的自尊是另

艾弗森本想在灰熊涅槃重生，证明自己。但事与愿违，灰熊之行最终以不欢而散收场。

一个原因——他要求继续担任首发。

限于身高和视野，他不可能成为比卢普斯式的高个指挥官，不可能在防守端封阻高大射手。如果可以扭转，十三年的职业生涯足够他改变。因此，不可能指望他再去迁就——在掘金，在活塞，他已迁就得太多太多了。

因此，他只能寻找一支适合他的队伍，以便发挥他的优点。他的抢断手法、球路判断仍在，他的一对一能力与速度，虽已不比当年，但依然在联盟中屈指可数。他需要去到一支可以容忍他的缺点，更重视他优点的球队中去。

但是，成型的强队无法给予他首发位置：组织后卫是一个太敏感的位置，没有强队敢为了他再大动干戈。像拉里·布朗一样为他量身定做一套队友？他已 34 岁了。

那段时间，与他接触的球队包括印第安纳步行者和迈阿密热。他们都是中游球队，打法迅疾，在 1 号位恰好需要艾弗森的抢断、奔袭和一对一。热队的控卫是一年级生查尔莫斯，与艾弗森一样热爱抢断，进攻更不稳定。步行者的控卫是速度之王 T.J. 福特，当初参加选秀时，他的招牌是“比艾弗森更快”。

但是，艾弗森在掘金和活塞的经历，使热队和步行者对他望而却步。他们都是处于上升期的年轻球队，宁肯战绩平庸，也不敢赌博：他们希望球队内部平稳，希望年轻人成长，为此不惜放弃对艾弗森的赌博。

2009 年 8 月，一道光芒曾经逼近了艾弗森。拉里·布朗，那离开了才知道珍贵的老头子，对他流露出了兴趣。老头子在夏洛特山猫，已经初步打造出了又一支铁军。我们已经知道：艾弗森会熟悉那套体系。因为布朗老头子，永远只是复印自己的理想阵容。

可惜，谈判没能继续下去。

2009 年 9 月 11 日，艾弗森签了约，成为孟菲斯灰熊的一员。当然，这并不算是一个美好的结局。灰熊对艾弗森的定位，无非是一个带着年轻人成长的老大哥，以及用来吸引观众的票房热点。而艾弗森依然壮心不已。他认为，在活塞的失败经历，是因为球队内部问题所致。他希望在孟菲斯能够踏实打球从而重振声名：毕竟，即便上季如此颠沛流离，他依然保有那些不朽的财富——他的速度、技巧和一对一。他迫不及待想要证明“那些过去一年来诋毁我的人都是错的”。

但是，灰熊并没打算成为他老骥伏枥的场所。他们有康利，有 O.J. 梅奥，有一堆年轻人等候成长。2009-2010 季开始前，艾弗森缺席了整个季前赛，灰熊觉得，他理应在替补凳上坐着——何况，球队本来就已宣布，他在赛季开始将担任替补。而对艾弗森来说，这一切简直荒诞：他想来证明一切，他在活塞如此风尘潦倒的情况下依然坐稳首发，但现在却必须给一群毛头小子做替补，而且球队没有给他的出头之日，没有提供任何允诺。于是艾弗森去找了老板谈话，自然没有好结果——2009-2010 季，他为灰熊打了三场，便不了了之。2009 年 11 月 7 日，他被灰熊开掉了，随后他宣布了退役。

仅仅半个月后，他重新上岗了。神奇的所在：费城 76 人签下了他。

02 落叶归根

2010 年 12 月，艾弗森签约费城之前，76 人已经与他四年前离开时截然不同。主教练是埃迪·乔丹，王牌是伊哥达拉。

艾弗森三年后重披费城 3 号，仅论首战，身体状况和防守都偏软。但是，进攻端他却翩然出众：2009 年 12 月 7 日，当他重新穿着费城 3 号出场时，费城人民依然欢声雷动：仿佛是巧合似的，他的对手正是当日他离开费城后，接手他的丹佛掘金。

全场比赛，他打了 37 分钟，11 投 4 中，11 分 5 篮板 6 助攻。他和伊哥达拉交替持球

2009 年 12 月 7 日，艾弗森重回费城。

启动进攻，和布兰德做高位传跑配合，第一次助攻就是传跑之后回传布兰德的跳投。第一次得分是无球游走到内线，接球跳投失手后的跟进补中。半场下来，6 投 3 中 6 分 5 篮板 5 助攻。仅有的一次主动进攻，是半场结束前一对一突破后的急停跳投。第三节，艾弗森依然大量在翼侧游动。本场最后一球是无球反跑后翼侧接球，晃动后底线切入跳投。当伊哥达拉的跳投手感冷却后，艾弗森开始突破，连续站上罚球线。

大体而言，艾弗森和三年前在费城的角色大大不同。全场比赛 37 分钟内，他倒有些像 2007 年身披掘金球衣时期：和队友分享球权，自己时常在弱侧做无球跑动寻找机会，持球突破不多，每次突破都第一时间找分球；个人单打寥寥无几；尽量在快攻中找机会。或者是初战过于拘谨的缘故，费城 3 号经典的侵略性和杀伤力，只在第二节末的单打和第三节的几次突破罚球中显现。更多时间，艾弗森负责穿针引线，甚至有过于无私的嫌疑。

他真的变了，但也老了。

又两天后，对活塞，他 10 投 3 中，11 分。对火箭，他找回了点儿手感：18 投 7 中，20 分。他每次投中或造成罚球时，费城人民还是山呼海啸为他鼓掌，但时光已经无法回头了。这段时间，他跟名记者丹·帕特里克做了次对谈。帕特里克问他："如果你继续打橄榄球四分卫，现在你和迈克尔·维克（2001 年 NFL 选秀状元）哪个棒？"他淡淡笑着说：

"我！"

当被问到"你和 NBA 还有多久会缘尽"时，他承认："已经快了。我能做的不多了。只是我妻子和孩子还不知道我们该住在哪里，不知道孩子该去哪里上学。当我离开灰熊宣布退役时，我真的感觉很好。我努力发胖。我能跟妻子和孩子随时随地在一起，当个好爸爸……"

帕特里克很好奇："你努力发胖？"

艾弗森回答："是的。我经常很积极很活跃，努力保持体型，但退役后那几天，我就躺着……我吃炸鸡，吃千层面，吃一切不健康食品，吃点心……"

当帕特里克问他是否会再打一个赛季时，他没有给答案。"我只是想开心。"他说，"至少现在，能每天去打球和训练，我还蛮开心的。"

但事实是，他的斗心已经淡去了。他相信自己还能靠华丽的运球扭断对手的脚踝，但是，"我更愿意用我的斯托克顿式技艺了。"如果你记得 1996 年，他曾经热爱佩顿而切克斯却建议他学斯托克顿时，你就明白：艾弗森成熟了——但也老了。

于是这一切不再继续。他回到费城，仿佛只是为了落叶归根。2010 年 3 月 2 日，费城 76 人结束了跟他的合同。5 天之后，有传闻说艾弗森已经被底特律和大西洋城的赌场禁止入内，而塔瓦娜已经和艾弗森分居。

2010 年秋天，他签了两年 400 万合同，去土耳其贝西克塔斯。他还是很倔强，"我不觉得我的篮球天分已经不足以在 NBA 立足，只是我犯了许多错误。"他是对的。2010 年夏天他在 NBA 继续谋工作时，大多数球队都认为"签他是个冒险。他说他愿意打替补，但没人敢信了。"

去欧洲打球的得分王，阿伦·艾弗森不是第一个。多米尼克·威尔金斯去了。乔治·格

I-VERSON 艾弗森只为土耳其贝西克塔斯打了两场球，而这也是他职业生涯最后两场球。

文去了。但是，去了之后，果断地说“我不会再回 NBA”的，只有他一个：渡海去到土耳其后，艾弗森就宣布，“我不会回 NBA 了！”

在全 NBA 对他说“NO”之前，他对 NBA 说“NO”了。

虽然年已 35 岁，但土耳其人相信，艾弗森依然保有他的速度、敏捷和一对一技巧。他的魅力依然惊人，以至于 NBATV 会特意直播土耳其贝西克塔斯的比赛。很简单：大洋彼岸，

当地时间 2013 年 10 月 30 日，在费城 76 人主场瓦乔维亚中心球场，艾弗森宣布自己退役的消息。

依然有无数美国人在守望着他。

讽刺的是，2011 年 1 月他就回了美国，完成小腿手术。他只为土耳其贝西克塔斯打了两场球，而这也是他职业生涯最后两场球。最后的大新闻出在 2011 年 4 月 18 日，他在亚特兰大开着辆兰博基尼，被警察拦下来。他对警察愤怒地说：

“把车拖走了好了！我还有十辆呢！”

2013 年 1 月，艾弗森得到最后一份报价合同：NBA 发展联盟的德克萨斯传奇队邀他前去打球，但他拒绝了。那年 10 月 30 日，艾弗森正式宣布他篮球生涯的结束。

“我把我拥有的一切给予了篮球。我的热情仍在，但继续打球的欲望已经消失了。这是一段伟大的旅程。”

2013 年 10 月 30 日，距离他身着 3 号球衣首次为费城 76 人出战整整十七年后，艾弗森重新出现在费城主场。汤普森教练、“J 博士”和两万球迷给了他一个全场鼓掌，在掌声里，艾弗森再次确认，“我到死都是个费城 76 人”。

2014 年 3 月 1 日，他的 3 号球衣正式退役。当日 76 人两万球迷、“J 博士”和马龙全部在场，当然，还有帕特・克罗斯。

就这样结束了，他的 3 号球衣如旗帜般升起，他的传说燃烧殆尽。“答案”阿伦・艾弗森的篮球生涯到此终结。如他自己所说：

“这是一段伟大的旅程。”

2014年3月1日，费城76人队为艾弗森的3号球衣举行了退役仪式，传奇的3号球衣将永远悬挂在76人队的主场。

3
ALLEN
IVERSON
76ers
Philadelphia 76ers
NBA MVP

尾声

ALLEN IVERSON

1996年夏天作为状元入行后，艾弗森便离传统组织后卫的宗旨扬尘而去。他的嘻哈作风、他的街头背景、他那被媒体诟病的处处露富的奢华作风——其实只为了补偿母亲穷困的生活，与他的球风一样离经叛道。然而，在非议流碎的世上逆天而行，他几乎就用成功改变了周遭的眼光——2001年，他以几乎是NBA史上仅见的一人之力，让费城接近了总冠军。你难以设想，如果那年他夺冠了，历史的成见将发生怎样的改变——所以，湖人卫冕冠军成功，至少使大多数人松了一口气。艾弗森撼动了传统的力量，但在最后一刻倒下了：这对于他个人而言是个悲剧，但在编写NBA历史时，却是个不错的剧本。

2001年那次绝唱之后，他便失去了昙花一现的宰割山河的夺权者气象，在邓肯、“鲨鱼”们将冠军版图分蛋糕一样充做巨人私藏时，他却每晚与比自己更高更壮的家伙们比拼速度和技巧，生死时速、争分夺秒，然后用一个灵巧的转身晃动或是一个飞龙在天的怒扣令球迷激动得扔掉爆米花放声怒吼。

然而，世界恰又是势利现实的。刚则易折，中庸才能长存。艾弗森孤绝锐窄如剑，于是未等老去，便开始经历寒霜。专家们知道如何批评那些没得到冠军的球队和人。在艾弗森拿到得分王和常规赛MVP时，他会被赞为历史上最矮的得分王、历史上最可怕的切入机器。而在他失败的时刻，人们开始评论他自私、独断、防守薄弱、无法与队友和睦相处。媒体跟踪着他的那些小道新闻，和妻子的争执，和母亲一起身上缀满珠宝首饰的暴发户气焰，中学时在保龄球馆卷入纷争被判入狱，等等。

这是这个时代的无奈，成王败寇的惯例。

人们似乎不能理解一个1975年出生于贫民区的少年灵魂。贫穷的出身使他和他的母亲迫不及待地需要煊赫财富，被生父遗弃又目睹养父入狱的他对世界充满了警惕和愤懑。在以胜负论英雄的时代，人们逐渐对他日复一日的带伤强行切入，以用183公分身高和74公斤的体重对抗那些远远比他庞大的身躯的壮举感到审美疲劳。最后，2006年，艾弗森31岁，被费城和势利的世界消磨尽了耐心，去到了丹佛，再去到了底特律。从那里一路滑入时光的阴影。

他个子很小，但却坚硬绝伦。在巅峰时期，他像个永动机一样奔驰不休，穿过无数掩护和铁肘一如鹿穿越森林。他可以这样奔跑48分钟，全身上下伤痕罗列却仿佛没有痛觉。他得分时就像在玩电子游戏，视对手如无物。

他充满活力，全身电光四射。他可以一个人承担起一支球队、一个城市的期望。他可以随意决定用得分还是分球来解决对手。他不可预测，无法防范，而且使你永生难忘。他可以用一个动作使球馆蒸腾。

他只喜欢球迷。他在记者面前会羞涩得像个孩子。他很诚实，不懂得撒谎和矫饰。他在家、街头、球馆与摄像机前都是一个样子。他和高中同学们招摇过市。他是一个家庭第一的人。他从没让名声和钱改变他。

但是，他始终忠实于自己。忠实于街区与母亲，忠实于那些直白的精神。

“我是个巨人，你们都是侏儒。”

“我们去和他妈的世界干一架吧。”

他用简单的方式取得了一连串的胜利，世界曾经惶恐不安：这个违背篮球金科玉律的天才是哪儿出来的？这个雷霆般的天才为什么可以逆着天意走得那么高那么远？在传统与自由之间，产生了不可和解的仇恨。2010 年，仇恨走到了尽头。庸人的胜利。多数人的慰藉。上帝同意了这种讽刺，让一个喜好自由和简单的天才，陷落到了人生的十字路口。

但是，即便在人生最低潮的时刻，他依然试图证明他那永远不会枯竭的热情。签约灰熊当天，他做了如下宣言：

“这一年对我来说很私人。这是我的又一个新秀赛季。我看电视、读报纸、听人们说我如何失败，诸如此类。很痛苦，但我看到了一切。他们想为我盖棺定论。”

“我会证明，他们是错的。”

自从高中在迈克·伯利手下作战、大学时为乔治城鏖战、1996 年 12 月与乔丹对决、1997 年 4 月的连续 40 分、1999 年的得分王、“蝴蝶与秃鹫”、2000 年的无私、2001 年的常规赛 MVP、全明星赛逆转、东部季后赛、2001 年总决赛第一场击败湖人，一路走来，他不断在创造着这样那样的奇迹，证明“那些早早认定的人，他们是错的。”直到 34 岁，直到人生的最低谷，直到全世界都觉得他无从反弹了，他还是不肯认输。他还是做出了那样大胆的宣言，仿佛完全意识不到，人们会在他失败后用这些作为口实来攻击他。

也许他已命中注定，要做一个悲剧英雄。

或者，用另一种方式来思考。当他在费城披着黑白两色的鲜明战衣奔跑时，他是悲剧英雄。当他去到丹佛和底特律时，他却不伦不类了。性格即命运。他命中注定是永远做不了主角中神通的边陲游侠。孤高绝艺、信手拈来，铁蹄狂飙，不知悔改。他身披费城 3 号的那些故事，那些年轻而真实的面目，也许不如在丹佛或活塞时那么成熟老到，但却是最为明晰而迷人的形象，所以命中注定他最后还得回到费城，落叶归根。虽然那些辉煌已成往事，但他的身影横亘在 NBA 的历史上，再苛刻的历史学家也无法将他抹去，因为他与世界为敌的身影过于高大以至于无法忽略。阿伦·艾弗森在篮球史中的形象便是如此：

永远年轻，永远让人热泪盈眶。

阿伦·艾弗森在篮球史中的形象便是如此：永远年轻，永远让人热泪盈眶。

艾弗森档案

阿伦·埃泽尔·艾弗森（Allen Ezail Iverson）

国　籍：美国
生　日：1975 年 6 月 7 日
出生地：美国弗吉尼亚州汉普顿
身　高：183cm

效力球队

费城 76 人队（1996-2006；2009-2010）

丹佛掘金队（2006-2008）

底特律活塞队（2008-2009）

孟菲斯灰熊队（2009）

贝西克塔斯（2010）

主要荣誉

NBA 最佳新秀（1996-1997）

NBA 东部联盟冠军（2000-2001）

NBA 常规赛 MVP（2000-2001）

两届 NBA 全明星赛 MVP（2000-2001，2004-2005）

三届 NBA 抢断王（2000-2001，2001-2002，2002-2003）

四届 NBA 得分王（1998-1999，2000-2001，2001-2002，2004-2005）

十一次入选 NBA 全明星阵容

职业生涯总得分：24368分，历史第二十二名

职业生涯平均得分：26.6分，历史第六名

职业生涯季后赛场均得分：29.8分，历史第二名

赛季荣誉

1996：NBA选秀状元，NBA历史上个子最矮的状元

1996-1997：新秀全明星MVP、年度最佳新秀、新秀第一队

1998-1999：常规赛得分王（NBA史上最矮的得分王）、最佳阵容第一队

1999-2000：最佳阵容第二队

2000-2001：常规赛得分王、抢断王、最佳阵容第一队、全明星MVP、常规赛MVP、东部联盟冠军

2001-2002：最佳阵容第二队、常规赛得分王、抢断王

2002-2003：最佳阵容第二队、常规赛抢断王

2004：美国男篮队长，奥运会男篮季军

2004-2005：全明星MVP、常规赛得分王、最佳阵容第一队

2005-2006：最佳阵容第三队

2006-2007：最佳阵容第三队

2008-2009：东部全明星首发阵容

2009-2010：东部全明星首发阵容

金城出版社体育类图书推荐作品

只出版名家名作，对品质极尽苛求。

专注体育图书出版，我们永远不忘初心。

定价：82.00元
ISBN：9787515512938
作者：《天下足球》
《那些年，我们一起追的球星》

定价：49.90元
ISBN：9787515515099
作者：《天下足球》
《谁与争锋：蒂埃里·亨利传》

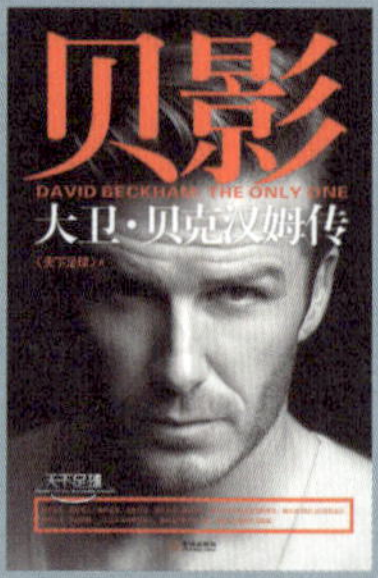

定价：49.90元
ISBN：9787515508511
作者：《天下足球》
《贝影：大卫·贝克汉姆传》

定价：55.00元
ISBN：9787515512594
作者：张佳玮
《永不退场：蒂姆·邓肯传》

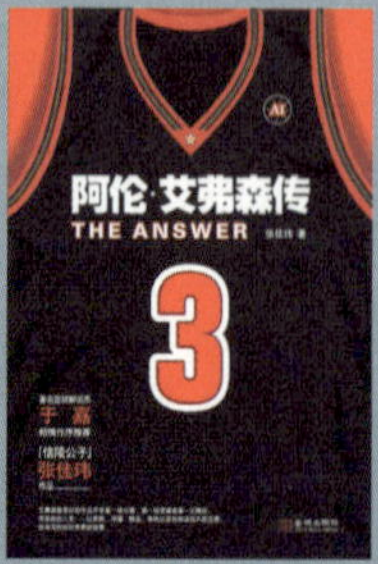

定价：49.90元
ISBN：9787515511368
作者：张佳玮
《THE ANSWER：阿伦·艾弗森传》

定价：49.90元
ISBN：9787802511415
作者：张佳玮
《那个被叫做"皇帝"的男人：勒布朗·詹姆斯传》

敬请期待

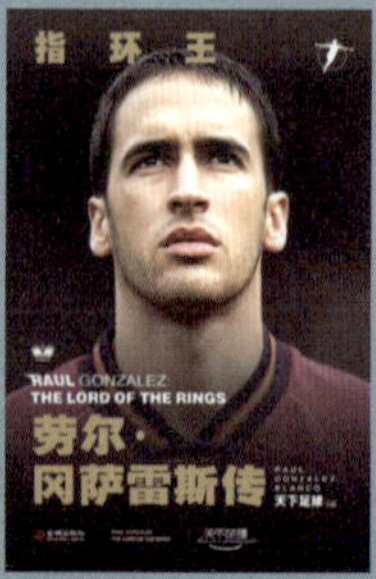

出版日期：2015年12月
定价：49.90元
作者：《天下足球》
《指环王：劳尔·冈萨雷斯传》

出版日期：2016年1月
定价：49.90元 ISBN：9787515512648
作者：（葡）佩雷拉，（西）加利亚多
译者：小中
《C罗：进球的秘密》